AF761047

Libérez votre flux financier

Libérez votre flux financier

La manifestation rencontre la gestion de l'argent

Arman Lefèvre

Mindful Pages

Publié en 2025

ISBN: 9789371349062 (PB)
ISBN : 9789371343329 (**eBook**)

Publié par

Mindful Pages
Mentions légales d'Alpha Editions LLC
312 W. 2nd St #1834
Casper, WY 82601, États-Unis

 Ce livre a été développé à l'aide d'outils d'écriture avancés pour faciliter la rédaction et la conceptualisation. L'ensemble du contenu a été soigneusement organisé, peaufiné et révisé afin d'en garantir la qualité et la pertinence.

Contenu

Introduction
Là où l'esprit rencontre la feuille de calcul

Nichée discrètement entre les rangées pragmatiques de feuilles budgétaires et l'attrait chatoyant des tableaux de visualisation, se cache une réalité dérangeante : beaucoup peinent à concilier leurs décisions financières avec leurs valeurs profondes. Ils dévorent des guides de finances personnelles, participent à des ateliers sur la manifestation, ouvrent parfois des comptes d'investissement ou murmurent des affirmations quotidiennes, et pourtant, la prospérité authentique et durable continue de leur filer entre les doigts. Ce n'est pas un manque d'effort ou d'intention. Cela découle plutôt du clivage persistant entre deux discours financiers dominants – le stratégique et le spirituel – obstinément tenus à l'écart. Le postulat ici est audacieux, mais fondé : il est grand temps de rapprocher ces deux mondes.

Prenez Alisha, par exemple, une créatrice brillante et ambitieuse qui s'est lancée dans toutes les tactiques financières imaginables. Elle suivait scrupuleusement les idées reçues : épargne automatisée, suivi détaillé des dépenses, sources de revenus multiples. Sur le papier, tout semblait solide. Pourtant, sous ces feuilles de calcul impeccables se cachait un malaise persistant. Même un solde bancaire sain ne parvenait pas à dissiper son anxiété. Croyant que le problème résidait dans l'émotionnel, elle a changé de cap. Elle s'est plongée dans les enseignements de manifestation, a créé des tableaux de visualisation, a récité des affirmations d'abondance et a attendu patiemment la réponse de l'univers. Pendant un temps, les choses semblaient prometteuses, jusqu'à ce que les factures s'accumulent, que le travail en freelance se tarisse et que ces outils spirituels commencent à lui sembler moins puissants, s'apparentant davantage à une forme d'évitement.

Le tournant est survenu lorsqu'Alisha a commencé à aborder ses finances non pas comme de simples tactiques ou rituels superficiels, mais comme une relation psychologique et spirituelle nuancée. Elle a découvert comment son corps portait les empreintes du manque depuis l'enfance, a reconnu les croyances héritées qui orientaient subtilement ses choix et a trouvé des moyens d'intégrer la gratitude à ses pratiques budgétaires. Plus important encore, elle a réalisé que l'énergie qu'elle mettait dans ses décisions financières comptait autant que les chiffres eux-mêmes. Elle n'a pas mis la logique de côté ; elle l'a enrichie d'intuition. Elle n'a pas abandonné la manifestation ; elle l'a tempérée par une structure intentionnelle. Le résultat a été une transformation, non pas parce qu'elle a choisi une voie plutôt qu'une autre, mais parce qu'elle a cessé de choisir entre elles.

Le parcours d'Alisha est loin d'être un cas isolé. Il reflète un combat silencieux que beaucoup mènent. La finance traditionnelle, qui met l'accent sur le contrôle, la rationalité et les indicateurs externes de réussite, offre des conseils judicieux – épargner avec diligence, investir tôt, éviter les dettes – mais néglige souvent les dimensions émotionnelles et énergétiques liées à l'argent. Elle suppose des êtres rationnels naviguant dans des systèmes prévisibles, alors que le comportement humain est tout sauf harmonieux.

À l'inverse, les cercles spirituels et de développement personnel promettent l'abondance grâce à la croyance, à l'alignement et à la loi de l'attraction. Ces enseignements sont édifiants, permettent de rêver en grand et suggèrent que la richesse peut être obtenue par la seule pensée. Bien qu'inspirantes, ces approches risquent de sombrer dans le vœu pieux si elles sont détachées d'une action concrète et concrète. Résultat? Une génération prise entre feuilles de calcul et bâtons de sage, entre plans financiers et rituels de pleine lune, sans jamais parvenir à trouver la paix ni la prospérité.

Ce clivage n'est pas seulement théorique : il a des conséquences concrètes. Les conseils financiers conventionnels négligent souvent le rôle du système nerveux, l'empreinte du traumatisme, l'influence de l'identité et le poids du conditionnement culturel. Parallèlement, de nombreuses pratiques de manifestation éludent la responsabilité personnelle, sous-estiment la stratégie ou maintiennent involontairement les privilèges. Nous avons besoin d'un nouveau paradigme, car les anciens, cloisonnés comme ils le sont, ne s'adressent qu'à des fragments de la personne entière. La fragmentation ne nous sert plus.

Le paysage financier actuel exige des nuances qui transcendent la pensée binaire. Nous vivons dans un monde marqué par l'inflation, les fluctuations économiques et les bouleversements numériques, associés à un désir accru de sens et d'authenticité. Les gens ne cherchent plus seulement à accumuler des richesses : ils veulent se sentir bien, vivre avec intégrité et investir pour le bien commun. Ils souhaitent que leur argent soit en résonance avec leurs valeurs, que leur budget reflète leurs vérités et que leurs investissements soutiennent un monde auquel ils croient. Ce livre répond directement à ce désir.

Libérez votre flux financier : La manifestation rencontre la gestion de l'argent n'est pas un guide financier ordinaire, ni un simple manuel métaphysique. C'est une synthèse : un savant mélange de principes énergétiques spirituels et de stratégies financières fondées sur des données probantes. Il relie la transformation intérieure à l'action extérieure, honorant à la fois la métaphysique de l'abondance et l'arithmétique des intérêts composés. Après tout, la richesse ne se résume pas à ce que l'on possède, mais à la façon dont on la gère, à la façon dont on la gère et à la conscience qui guide ces actes.

Le voyage commence par décortiquer vos habitudes financières actuelles. Le premier chapitre explore les racines de votre histoire financière, retraçant comment les dynamiques familiales précoces, les récits culturels et les traumatismes héréditaires sèment des schémas subconscients qui freinent ou accélèrent votre prospérité. Vous explorerez pourquoi la peur du succès peut parfois être plus handicapante que la peur de l'échec, et comment des efforts de manifestation bien intentionnés peuvent déraper spirituellement lorsque le fondement psychologique est ignoré.

Le chapitre deux explore ensuite le monde quantique, non pas comme une spéculation fantaisiste, mais comme un modèle solide pour comprendre la mécanique énergétique de l'argent. Vous découvrirez comment l'alignement fréquentiel, la résonance émotionnelle et l'effet d'observateur façonnent activement votre réalité financière. Ce chapitre présente également le concept de portefeuille quantique, une perspective multidimensionnelle englobant l'émotion, l'intention et la conception stratégique.

Le chapitre trois nous ramène au corps. Les pratiques somatiques de gestion de la richesse et la régulation du système nerveux occupent une place centrale, révélant que le traumatisme financier ne se limite pas à l'esprit, mais réside dans le physique. S'appuyant sur la théorie polyvagale et la thérapie somatique, cette section montre clairement que la sécurité est le fondement de toute stratégie, et que la respiration et la conscience corporelle peuvent libérer la capacité d'augmenter ses revenus, de prendre des risques et d'atteindre le calme intérieur.

Dans le chapitre quatre, nous abordons le récit de front. Les schémas internes autour de l'argent – ce qu'il signifie, qui le mérite et ce que le fait d'en avoir plus révèle sur vous – exercent une influence considérable sur vos résultats financiers. Vous y trouverez des outils de recadrage cognitif, des introductions aux archétypes de la richesse et des stratégies linguistiques pour remodeler votre identité de l'intérieur.

Vient ensuite le cœur du sujet. Le chapitre cinq invite à repenser radicalement la gestion budgétaire, non pas comme une corvée, mais comme un alignement sacré. Vous apprendrez à organiser vos dépenses autour de vos valeurs les plus élevées, à détecter les fuites d'énergie dans vos finances et à utiliser la gratitude pour remodeler votre relation aux revenus et aux dépenses. Le chapitre six élève ensuite l'investissement d'une tâche technique à une pratique spirituelle. Que votre style soit plutôt intuitif ou analytique, vous trouverez des conseils pour honorer votre approche tout en appliquant les principes concrets de croissance financière et de création de patrimoine durable.

Au chapitre sept, l'accent est mis sur les revenus et l'identité. Ce chapitre explore comment l'estime de soi, le travail de l'ombre et le conditionnement culturel limitent le potentiel de gain. Il propose des exercices pour renforcer votre capacité à percevoir de l'argent et créer des sources de revenus en harmonie avec vos objectifs financiers et votre mission profonde.

Le chapitre huit aborde les inévitables revers, détours et déceptions, non pas comme des échecs, mais comme des éléments d'un processus de croissance en spirale où le progrès s'approfondit et évolue. Vous y trouverez des outils pour traverser les perturbations financières sans perdre le rythme, notamment des techniques de réinitialisation mentale et de recalibrage émotionnel.

Enfin, le chapitre neuf adopte une perspective plus large : votre héritage. La richesse consciente est une question de circulation, et non de thésaurisation. Ce dernier chapitre explore la guérison générationnelle, la générosité intentionnelle et la planification d'impact visionnaire, posant la question : quel genre d'ancêtre espérez-vous devenir?

La conclusion tisse tous les fils, rappelant que le flux financier est autant un état d'être qu'une question d'avoir. Libérer son flux financier, c'est passer de la fragmentation à la plénitude, de la peur à la fluidité, des scénarios de rareté à une gestion souveraine. Gérer son argent devient alors un acte qui façonne le sens, l'identité, l'énergie et l'impact.

Ce livre s'adresse aux esprits rationnels désillusionnés par des conseils froids et impersonnels. Il s'adresse aux chercheurs spirituels frustrés par des visions défaillantes et sans structure. Il s'adresse aux entrepreneurs, aux créatifs, aux aidants et aux acteurs du changement qui croient que la richesse doit non seulement procurer du plaisir, mais aussi être bénéfique et bénéfique. Surtout, il s'adresse à ceux qui sont prêts à cesser d'opposer l'âme à la stratégie et à les laisser enfin travailler de concert.

Bienvenue dans un nouveau paradigme de l'argent.

Chapitre 1
Mythes et jeux d'esprit sur l'argent

Avant même de commencer à attirer ou à gérer notre patrimoine d'une manière qui reflète véritablement qui nous sommes, il y a une vérité plus difficile à cerner, souvent négligée, à laquelle il faut faire face : une grande partie de nos croyances sur l'argent n'est pas vraiment choisie, mais héritée. Ces croyances ne sont pas le fruit d'une réflexion délibérée ou d'une prise de décision consciente ; elles s'infiltrent en nous discrètement, absorbées par l'expérience, l'observation et la répétition. Ainsi, nombre d'entre nous évoluent dans la vie en suivant des scénarios financiers écrits bien avant notre décision. Ce chapitre lève le voile sur ces récits profondément ancrés, en retraçant leurs origines, en explorant leur influence et en proposant une voie vers une refonte financière délibérée.

Au cœur de cette recherche se trouve la théorie des schémas financiers, une approche psychologique qui révèle comment des croyances financières profondément ancrées se forment, généralement dès l'enfance, et continuent d'orienter notre comportement adulte, la plupart du temps sous la surface de la conscience. Ces schémas fonctionnent comme des schémas internes, des modèles cognitifs qui façonnent la signification de l'argent, qui le mérite, comment il doit être géré et ce qu'il révèle de notre identité. Tout comme les schémas émotionnels hérités de l'attachement, les schémas financiers se développent dans le contexte des interactions familiales, des signaux sociaux et du conditionnement culturel.

Imaginez un enfant élevé dans un foyer où l'argent était synonyme de tensions. Les disputes à propos des factures étaient monnaie courante, et des phrases comme « on ne peut pas se le permettre » ou « l'argent ne pousse pas dans les arbres » étaient ancrées dans les conversations quotidiennes. Même si cet enfant gagne plus tard un salaire confortable, il peut encore nourrir des angoisses financières, protéger compulsivement ses fonds ou éviter de consulter son solde bancaire. Son système nerveux, programmé très tôt, a appris à associer l'argent au conflit et à l'insécurité – un schéma qu'aucune logique adulte ne peut contrecarrer sans un travail conscient.

À l'inverse, certains héritent d'un schéma opposé : l'argent comme marqueur d'estime de soi. Peut-être n'ont-ils été loués que pour leur réussite matérielle, ou ont-ils appris que l'amour et l'acceptation dépendaient de la performance et de la productivité. Ces individus peuvent devenir des individus infatigables, animés par la peur de ne jamais être à la hauteur, cherchant sans cesse à obtenir toujours plus, mais se sentant rarement épanouis. Quelle que soit la forme que prennent ces croyances, les schémas financiers font plus que dicter nos habitudes de dépenses ou d'épargne ; ils influencent notre sentiment même de sécurité, d'identité et d'appartenance.

Et c'est là que les jeux d'esprit commencent sérieusement. Parmi les plus subtils, mais omniprésents, figure ce que Gay Hendricks appelle le « problème de la limite supérieure » : un frein subconscient qui se déclenche lorsque la vie commence à paraître trop belle. Le succès s'envole, les opportunités s'accumulent, et l'auto-sabotage fait son apparition. Soudain, une erreur d'inattention survient, une dispute inutile éclate ou la procrastination s'installe. Non pas par peur de l'échec, mais par peur de ce que le succès exige : visibilité, responsabilités ou assumer des rôles inconnus.

La neuropsychologie éclaire ce phénomène. L'amygdale cérébrale, conçue pour protéger la survie plutôt que pour favoriser la réussite, préfère souvent l'inconfort ressenti de la pénurie à la menace perçue de l'abondance, perçue comme imméritée ou dangereuse. Nos points de consigne émotionnels – ces sentiments familiers auxquels nous revenons habituellement – agissent comme des thermostats de notre bien-être. Si votre état de base est l'inquiétude ou la culpabilité, votre système nerveux vous ramènera à ces états, même lorsque des circonstances extérieures suggèrent que vous pourriez vous détendre. Ainsi, ceux qui sont pris dans des cycles de sous-gain ne sont souvent ni paresseux ni indisciplinés ; ils ont plutôt maîtrisé l'autolimitation de manière subtile et complexe.

Cela explique également pourquoi certains pratiquants assidus de la Loi de l'Attraction se retrouvent bloqués ou découragés. Ils visualisent la richesse, récitent des affirmations et élèvent leur vibration, mais les résultats souhaités restent frustrants et hors d'atteinte, voire disparaissent peu après leur apparition. Il s'agit souvent d'un cas de contournement de la manifestation : un déni nuancé où le langage spirituel occulte des vérités dérangeantes, des blessures non cicatrisées ou des actions concrètes nécessaires. Au lieu d'affronter leurs peurs liées à l'argent ou leur évitement des systèmes financiers, ils peuvent s'accrocher à une pensée magique, croyant à tort que la positivité seule suffit.

Mais la manifestation ne consiste pas à faire semblant que tout va bien. Il s'agit d'un alignement authentique, qui exige courage, clarté et cohérence. Lorsque la positivité est utilisée comme moyen de défense plutôt que comme source d'autonomisation, elle se transforme en une cage dorée se faisant passer pour la liberté. Ceux qui réussissent à intégrer la manifestation à leur vie financière le font en respectant à la fois les réalités émotionnelles et les exigences pragmatiques. Ils reconnaissent que la fréquence énergétique et les tableaux financiers ne sont pas ennemis, mais collaborateurs dans la danse de la création.

Pour sortir de ces cercles invisibles, la prise de conscience est essentielle. L'un des outils les plus précieux de ce chapitre est l'Échelle de Monnaie Émotionnelle, un outil de diagnostic conçu pour vous aider à évaluer vos sentiments face à l'argent. En évaluant vos réactions émotionnelles dans des domaines clés – percevoir un revenu, payer des factures, discuter de finances, investir et donner – vous commencez à cartographier votre paysage financier interne. Par exemple, ressentir de l'excitation à l'arrivée d'argent et de la culpabilité à la dépense peut suggérer que l'argent n'est « bon » que lorsqu'il est thésaurisé et non mis en circulation. Ou si investir suscite de la peur, cela pourrait indiquer un traumatisme non résolu lié au risque et à l'incertitude.

Cet exercice est loin d'être un jugement ; c'est une invitation à la prise de conscience. Tout comme un médecin ne peut traiter l'invisible, vous ne pouvez pas modifier vos habitudes financières sans les avoir d'abord mises en lumière. L'Échelle de Monnaie Émotionnelle agit à la fois comme un miroir et une carte : elle reflète votre état actuel et vous indique les voies possibles pour progresser. Utilisée régulièrement, elle cultive une pratique d'honnêteté envers soi-même et de clarté énergétique.

Pour approfondir cette question, envisagez cette expérience de pensée : et si vous héritiez soudainement de 10 millions de livres sterling? À première vue, beaucoup imaginent que cela apporterait joie, sécurité ou liberté immédiates. Pourtant, lorsqu'on les pousse à explorer les dessous, des émotions surprenantes émergent : panique, culpabilité, incrédulité, voire peur. Vos relations changeraient-elles? Pourriez-vous vous faire confiance pour gérer une telle richesse? La passion resterait-elle votre boussole, ou l'absence de pression financière vous laisserait-elle à la dérive? Cette réflexion révèle non seulement vos rêves, mais aussi votre résistance à l'abondance – un aperçu rare de ces recoins d'ombre où l'argent est encore synonyme de danger, d'aliénation ou de perte de soi.

Des exemples concrets illustrent la puissance de ces idées. Prenons l'exemple de Ravi, un consultant en technologie qui pratiquait des tarifs trop bas malgré une forte demande et un portefeuille exceptionnel. Lorsqu'il a finalement osé augmenter ses tarifs, un malaise physique l'a saisi. Grâce au coaching et à l'introspection, il a retrouvé un souvenir d'enfance : le jugement sévère de son père sur les clients fortunés, jugés cupides et exploiteurs. Sans le savoir, Ravi avait intériorisé la conviction que facturer plus cher compromettait son intégrité. Après avoir réécrit cette histoire, ses revenus ont doublé et, surtout, sa tranquillité d'esprit est revenue.

Il y a aussi Amara, une professeure de yoga qui s'est consacrée avec zèle à la manifestation. Elle méditait, visualisait régulièrement et tenait un journal de gratitude avec ferveur. Pourtant, l'instabilité financière persistait ; elle peinait à payer son loyer, ignorait ses obligations fiscales et échappait à la systématisation. Son succès n'est venu que lorsqu'elle a associé discipline spirituelle et planification financière rigoureuse, stabilisant et augmentant ainsi ses revenus.

Ces récits soulignent une vérité essentielle : la croissance financière ne se résume pas à en faire plus, mais à devenir différent. Elle exige de dépasser les schémas hérités et les schémas émotionnels inconscients pour devenir auteur conscient. Pour y parvenir, il faut accepter l'inconfort, déconstruire les préjugés et reprogrammer les réponses aux niveaux neurologique, émotionnel et comportemental.

Tout au long de ce chapitre, vous serez invité à réfléchir, à tenir un journal et à cartographier en détail vos liens émotionnels avec l'argent. Cette base est indispensable. Aucun budget, plan d'investissement ou rituel de manifestation ne peut à lui seul créer une richesse durable si votre subconscient y résiste. Mais une fois que vous aurez identifié et réécrit ces scénarios intérieurs, vous ouvrirez la porte à l'abondance – non seulement en chiffres, mais aussi en confiance, en aisance et en pouvoir.

Les mythes et les blocages financiers ne disparaissent pas par la seule connaissance ; la transformation est essentielle. Ce chapitre marque votre point de départ : une exploration minutieuse des strates qui ont façonné silencieusement votre monde financier jusqu'à présent. Il vous invite à examiner vos hésitations, à ressentir ce que vous avez ignoré et à prendre la plume pour écrire une nouvelle histoire financière, qui honore à la fois votre héritage et votre liberté.

Le plan hérité : comment vos croyances financières se sont formées

Avant même de faire notre premier achat, de recevoir notre première allocation ou d'ouvrir notre premier compte bancaire, nous avons déjà assimilé un réseau complexe de croyances sur l'argent. Ces croyances opèrent souvent sous la surface de notre conscience, guidant nos comportements, façonnant nos réactions émotionnelles et limitant notre potentiel financier. Elles ne proviennent pas de la logique ou de la culture financière ; elles sont assimilées par l'observation, la répétition et l'empreinte émotionnelle de l'enfance. À l'image des fondations d'une maison, ces schémas précoces forment notre *plan financier* , une carte profondément ancrée qui influence silencieusement chacune de nos décisions financières. Pour comprendre comment transformer notre réalité financière, nous devons d'abord retracer les origines de cette architecture cachée.

Au cœur de cette exploration se trouve *la théorie des schémas financiers* , un concept ancré dans la psychologie cognitive et développementale. Un schéma est un cadre mental – une structure interne que nous utilisons pour interpréter et prédire les expériences. Les schémas financiers sont des variantes spécifiques de ces cadres, englobant des croyances sur la rareté, la valeur, le contrôle, le risque et la signification sociale de l'argent. Ces schémas ne sont pas innés ; ils sont appris. Une fois intériorisés, ils tendent à s'auto-renforcer, façonnant nos interprétations des événements et confirmant nos préjugés.

Ces scénarios internes commencent à se former dès la petite enfance, souvent par des messages indirects plutôt que par un enseignement explicite. Un enfant n'a pas besoin qu'on lui dise que « l'argent est dangereux » pour intérioriser cette croyance. Il peut être témoin de disputes entre parents au sujet des dépenses, ressentir les tensions d'un foyer où les factures restent impayées ou éprouver de la gêne à porter des vêtements d'occasion. À l'inverse, un enfant issu d'un foyer aisé peut recevoir le message tacite que l'amour, l'attention ou le statut social sont liés à des manifestations matérielles. La charge émotionnelle entourant ces expériences précoces les imprime profondément dans le système nerveux, codant des croyances non seulement dans l'esprit, mais aussi dans le corps.

Les recherches sur la théorie de l'attachement et le développement émotionnel précoce le confirment. Les travaux de psychologues tels que John Bowlby et Mary Ainsworth ont montré que nos premières relations, notamment avec les personnes qui s'occupent d'eux, façonnent notre rapport à la sécurité, à la confiance et à l'estime de soi. Ces modèles se prolongent dans notre relation à l'argent, qui devient un indicateur de ces besoins plus profonds. Si l'amour était conditionné à la performance ou à la réussite, l'argent pourrait plus tard symboliser l'approbation. Si l'environnement familial était imprévisible, la sécurité financière peut sembler insaisissable, même à l'âge adulte.

L'un des aspects les plus révélateurs de la théorie des schémas financiers est la manière dont ces croyances héritées peuvent fonctionner indépendamment de la situation financière réelle. Par exemple, une personne élevée dans la précarité peut être portée par la croyance qu'il n'y en a jamais assez, même après avoir accumulé des richesses. Elle peut thésauriser, éviter d'investir ou éprouver de la culpabilité face aux dépenses – des comportements non pas liés aux circonstances, mais au conditionnement. À l'inverse, une personne ayant intériorisé l'idée que l'argent est corrupteur peut inconsciemment repousser la richesse par un manque de revenus, une mauvaise planification ou l'auto-sabotage. Dans les deux cas, l'individu ne réagit pas au présent, mais à un récit chargé d'émotions du passé.

Un exemple concret et convaincant est celui de Martin, cadre supérieur gagnant un salaire à six chiffres. Malgré sa réussite professionnelle, Martin était souvent angoissé par l'argent. Il refusait d'améliorer son niveau de vie, se consacrait rarement aux loisirs et surveillait ses comptes de manière obsessionnelle. En thérapie, il a redécouvert des souvenirs d'enfance de la faillite de ses parents, notamment des nuits où l'électricité était coupée. Même si sa situation financière était stable, son corps s'attendait toujours à un effondrement. Son système nerveux ne s'était jamais rééquilibré. Ce n'est que lorsqu'il a commencé à dissocier consciemment le passé du présent – par le travail somatique, la tenue d'un journal et des exercices de reparentalité – que son anxiété s'est atténuée et que son rapport à l'argent s'est adouci.

Le contexte culturel joue également un rôle important dans l'élaboration des stratégies financières. Les discours sociétaux autour de l'argent sont ancrés dans tous les domaines, des enseignements religieux aux économies nationales. Dans certaines cultures, la richesse est perçue comme une récompense divine ; dans d'autres, elle est associée à la cupidité et à la déchéance morale. Les normes de genre aggravent encore ce phénomène. Les femmes, en particulier, ont historiquement été socialisées à reporter les décisions financières ou à associer la richesse à la perte de féminité. Aujourd'hui encore, malgré une indépendance financière croissante, de nombreuses femmes expriment un sentiment de culpabilité ou de peur à l'idée de gagner plus que leur partenaire, d'investir avec assurance ou de privilégier leurs propres besoins matériels.

L'héritage de la colonisation, les inégalités systémiques et les traumatismes générationnels ajoutent à la complexité. Pour les communautés historiquement exclues des systèmes de création de richesses, l'argent se charge non seulement de sens personnel, mais aussi de blessures collectives. Le traumatisme de la pauvreté, de l'exploitation ou du déplacement ne se dissipe pas simplement avec les progrès financiers d'une génération. Des recherches épigénétiques, comme celles menées par Rachel Yehuda sur les traumatismes intergénérationnels, suggèrent que les réactions au stress peuvent être biologiquement héréditaires. Cela signifie que même lorsque les individus atteignent la réussite matérielle, ils peuvent être porteurs de peurs subconscientes, d'une honte héritée ou d'un état d'hypervigilance qui altère leur comportement financier.

Prenons le cas de Leila, diplômée universitaire de première génération issue d'une famille d'immigrants à faibles revenus. Malgré un emploi bien rémunéré dans le secteur des technologies, elle sous-estimait constamment sa propre valeur lors des négociations et se sentait mal à l'aise face à ses économies croissantes. Elle a plus tard réalisé qu'elle nourrissait une profonde loyauté envers les difficultés de sa famille, assimilant richesse et trahison. Son schéma financier ne se limitait pas à la sécurité personnelle : il était intimement lié à l'identité, à l'appartenance et à la culpabilité du survivant. Ce n'est qu'en reconnaissant ces aspects qu'elle a pu commencer à construire une relation à l'argent qui respecte à la fois son héritage et ses aspirations.

Alors, comment ces schémas évoluent-ils – ou se dissolvent-ils? La première étape est la reconnaissance. La plupart des gens fonctionnent en pilotage automatique financier, ignorant que leurs décisions relèvent moins de la stratégie que de l'histoire. En identifiant le récit dominant, chacun peut commencer à réécrire son expérience. Des outils comme la tenue d'un journal financier, le dialogue avec l'enfant intérieur et la thérapie centrée sur les schémas peuvent éclairer les scénarios en jeu. Même de simples questions réflexives – Qu'ai-je appris sur l'argent en grandissant? De qui suis-je porteur des croyances? Quand me sens-je en sécurité ou en danger avec l'argent? – peuvent catalyser des changements de conscience significatifs.

Mais la prise de conscience seule ne suffit pas. Le traitement émotionnel est essentiel. Ces schémas n'étant pas purement cognitifs, les connaissances intellectuelles doivent être intégrées somatiquement. Cela peut impliquer un travail corporel par la respiration, le tapotement (EFT) ou l'expérience somatique pour libérer les tensions physiologiques liées à de vieilles blessures financières. Cela peut également impliquer de s'engager dans une démarche de guérison relationnelle, en ayant des conversations franches avec les membres de la famille ou les réseaux de soutien pour briser le secret, la honte et le silence autour de l'argent.

Une fois la charge émotionnelle atténuée, un changement de comportement devient possible. De nouvelles habitudes financières – qu'il s'agisse de suivre ses dépenses, de négocier son salaire ou d'investir en toute confiance – peuvent désormais être codées sans déclencher les anciens signaux d'alarme. Ces actions constituent non seulement des améliorations stratégiques, mais aussi des mécanismes de recâblage neuronal. Chaque nouveau comportement qui contredit un schéma obsolète envoie un signal au cerveau : il est possible de recevoir, de gérer et de faire fructifier son patrimoine en toute sécurité.

Pour soutenir ce processus, les techniques de visualisation peuvent s'avérer efficaces. Par exemple, l'imagerie guidée invitant la personne à imaginer une scène d'enfance impliquant de l'argent – mais cette fois, en présence de son moi adulte, lui offrant réconfort ou nouvelle perspective – peut modifier l'association émotionnelle liée à ce souvenir. Les recherches sur la neuroplasticité confirment que le cerveau ne fait pas de distinction nette entre les expériences réelles et celles imaginées avec intensité. Ainsi, réimaginer le passé devient une forme de guérison, et non de fantasme.

L'éducation financière joue également un rôle essentiel, mais seulement lorsqu'elle est associée à une prise de conscience émotionnelle. Apprendre à quelqu'un le fonctionnement des intérêts composés est utile, mais cela ne changera pas son comportement s'il considère qu'investir est imprudent ou immérité. Un apprentissage financier efficace doit s'adresser à la fois à l'esprit et au cœur. Il doit reconnaître que l'argent n'est pas que des chiffres : c'est une histoire, une identité, une mémoire et une énergie.

En fin de compte, transformer votre modèle hérité est un acte de libération. C'est la décision de remettre en question ce qui a été transmis, de rompre avec les schémas inconscients et de concevoir une vie financière qui reflète des valeurs conscientes plutôt qu'une programmation inconsciente. Il ne s'agit pas de blâmer, mais d'en être l'auteur. Que votre passé ait été marqué par la pénurie, l'excès ou l'instabilité, vous n'êtes pas lié par ses termes. Vous avez la capacité de réécrire les règles, d'améliorer le logiciel émotionnel qui régit votre vie financière et de créer un nouvel héritage, ancré non pas dans la réaction, mais dans la résonance.

Pour commencer ce travail, demandez-vous : quelles étaient les règles financières tacites chez vous? Comment les adultes de votre entourage se comportaient-ils face à la richesse ou au manque? Quels messages les médias, la religion ou la communauté ont-ils relayés? Et surtout, quelles croyances êtes-vous prêt à abandonner?

Comprendre le modèle hérité n'est pas une révélation ponctuelle ; c'est une exploration continue. Chaque strate découverte offre plus de liberté, plus de clarté et plus de pouvoir. En parcourant ce livre, rappelez-vous : votre avenir financier ne doit pas nécessairement refléter votre passé financier. La prise de conscience est la première forme de richesse. De cette prise de conscience, tout commence à couler.

La boucle du sabotage : pourquoi vous craignez le succès (plus que l'échec)

Il est tentant de penser que la peur de l'échec est ce qui empêche les gens d'atteindre leurs objectifs financiers. Après tout, l'échec est souvent associé à la honte, au risque et à la perte de contrôle. Pourtant, sous la surface, une peur plus paradoxale opère : *la peur du succès* . Bien que cela puisse paraître contre-intuitif, la recherche psychologique et les perspectives en développement personnel suggèrent que le succès peut être tout aussi menaçant que l'échec, surtout lorsqu'il remet en question nos bases émotionnelles. Le phénomène connu sous le nom de « *problème de la limite supérieure* » , introduit par Gay Hendricks dans *Le Grand Saut* , éclaire cette dynamique cachée. Il décrit le thermostat interne du bien-être que nous portons tous – une zone de confort inconsciente qui limite le bonheur, la richesse, l'amour ou la facilité que nous pensons pouvoir connaître. Lorsque la vie commence à dépasser ce seuil interne, de nombreuses personnes sabotent inconsciemment leur réussite afin de retourner à un état de lutte familier.

Ce concept repose sur ce que les psychologues appellent *les points de consigne émotionnels* , un terme popularisé en neuropsychologie et en économie comportementale. Tout comme un thermostat régule la température d'une pièce, les points de consigne émotionnels régulent notre état intérieur. Ces points de consigne sont façonnés par les expériences de la petite enfance, la dynamique relationnelle et les croyances profondes sur ce qui est sûr, mérité ou possible. Si votre point de consigne est ancré dans la rareté, l'abondance peut sembler menaçante, même si c'est exactement ce que vous recherchez. Dès que vous commencez à ressentir plus d'argent, de reconnaissance ou de bien-être que ce à quoi votre système nerveux est habitué, l'inconfort apparaît – non pas parce que quelque chose ne va pas, mais parce que c'est inhabituel.

Ce malaise se manifeste souvent de manière subtile et insidieuse : procrastination après une promotion, dépenses excessives après une aubaine, oubli d'envoyer un courriel important qui aurait pu conclure un accord majeur. Ces comportements ne sont pas des rejets conscients du succès ; ce sont des stratégies de protection visant à rétablir l'équilibre émotionnel. Pour un esprit non averti, cela ressemble à de la paresse ou de l'incohérence. Pour un observateur attentif, c'est le signe que la personne a atteint sa *limite supérieure* , et que son subconscient fait tout son possible pour la ramener à un niveau où elle se sent émotionnellement cohérente.

Les neurosciences offrent un éclairage convaincant sur les raisons de ce phénomène. Le cerveau est programmé pour la prévisibilité et la sécurité, et non pour la croissance et l'expansion. L'amygdale, qui régit nos systèmes de détection des menaces, scrute en permanence les écarts par rapport à ce qui nous est familier. Lorsque nous abordons une réussite inhabituelle, le cerveau peut l'interpréter comme un danger, non pas parce que la réussite est néfaste, mais parce qu'elle est nouvelle et inexplorée. Comme le souligne le Dr Rick Hanson, neuropsychologue, le cerveau a un biais de négativité ; il est bien plus sensible aux menaces potentielles qu'aux récompenses. Ce biais peut nous conduire à minimiser, voire à déconstruire, nos propres victoires, non par masochisme, mais par une tentative malavisée de nous sentir « normal ».

Des histoires vécues illustrent l'ampleur et la diversité de ce phénomène. Prenons l'exemple de James, un petit entrepreneur qui a lutté pendant des années pour atteindre la rentabilité. Après avoir enfin décroché un client important et doublé son chiffre d'affaires, il a soudainement commencé à manquer les délais et à éviter les appels des clients. Six mois plus tard, le client a résilié le contrat. James était dévasté, mais a admis plus tard qu'il commençait à se sentir dépassé par la pression de maintenir le succès. L'argent était arrivé, mais émotionnellement, il se voyait toujours comme quelqu'un qui lutte pour sa survie. La prospérité est devenue une menace pour cette identité, et son comportement s'est adapté en conséquence.

Prenons l'exemple de Tanvi, une professionnelle de première génération issue d'un milieu ouvrier. Lorsqu'on lui a proposé un poste à responsabilité avec un salaire à six chiffres, son enthousiasme initial a rapidement cédé la place à l'anxiété. Elle s'est retrouvée incapable de prendre des décisions, remettant en question son expertise et s'isolant de ses collègues. Sous la surface, elle se sentait coupable de surpasser financièrement sa famille, comme si sa réussite allait l'éloigner de ses racines. Son sabotage n'était pas dû à la peur du poste, mais à la peur du changement d'identité qu'exigeait la réussite.

Ces cas ne sont pas des anomalies ; ils reflètent une vérité plus large sur la façon dont les êtres humains s'adaptent à leurs limites perçues. Lorsque le succès menace de perturber notre image de soi ou nos liens relationnels, nous choisissons souvent la familiarité plutôt que l'expansion. Ce choix n'est pas rationnel ; il est ancré dans le système nerveux. Mais avec de la prise de conscience et du soutien, il peut être réécrit.

La première étape pour démanteler le cercle vicieux du sabotage consiste à en reconnaître la présence. Cela nécessite souvent de s'arrêter un instant pour analyser les moments où le progrès semble se retourner contre vous. Si, à chaque percée financière, vous ressentez un sentiment inexplicable d'appréhension ou de culpabilité, votre équilibre émotionnel est peut-être en train de réagir. Si le succès est suivi de chaos, de maladie ou de crises auto-infligées, cela peut être le signe que votre thermostat interne est réglé trop bas. L'objectif n'est pas de juger ces réactions, mais de les comprendre comme des mécanismes de protection développés à une époque où la sécurité signifiait rester modeste.

Une fois identifié, le schéma de la limite supérieure peut être atténué par *un reconditionnement émotionnel* . Il s'agit d'accroître progressivement votre capacité à maintenir des états émotionnels plus positifs – succès, bien-être, richesse – sans déclencher de repli sur soi. Les pratiques somatiques sont particulièrement utiles à cet égard. Des techniques telles que la respiration, la tonification vagale et le balayage corporel peuvent aider à réguler le système nerveux face à de nouveaux niveaux d'abondance. Lorsque le corps se sent en sécurité, l'esprit est plus susceptible d'interpréter le succès comme durable plutôt que comme une menace.

De plus, *le travail sur l'identité* devient essentiel. Si vous vous êtes toujours considéré comme l'opprimé, le combattant ou le lutteur, la réussite peut être ressentie comme une trahison de cette identité. Recadrer votre identité de manière à inclure la réussite – non pas comme une exception, mais comme une expression de votre évolution – est crucial. Cela peut passer par la visualisation, le travail sur l'enfant intérieur ou la réécriture de vos récits intérieurs. Par exemple, au lieu de vous dire : « Je ne suis pas le genre de personne à gagner beaucoup d'argent », commencez à affirmer : « J'apprends à recevoir et à maintenir l'abondance avec aisance et intégrité. »

Une autre façon efficace de recadrer le succès consiste à le considérer non pas comme un état final, mais comme un processus fluide. Considérer le succès comme une destination signifie lui imposer une pression énorme : et si nous ne parvenions pas à le maintenir? Et si nous étions démasqués comme des imposteurs?

Mais lorsque le succès est repensé comme une relation continue, avec ses courbes d'apprentissage, ses fluctuations et ses redéfinitions, la pression se dissipe. Il devient une chose avec laquelle nous pouvons évoluer, plutôt qu'une chose que nous devons protéger ou défendre.

La planification financière peut également être un outil d'ancrage pour favoriser l'intégration du succès. Avoir des objectifs clairs et fondés sur des valeurs, des systèmes automatisés et une vision à long terme peut réduire le sentiment d'accablement qui accompagne souvent une croissance financière soudaine. L'essentiel est de veiller à ce que vos stratégies externes soient en phase avec vos capacités internes. Si votre corps panique, mais que votre feuille de calcul indique que vous êtes en pleine forme, vous avez un décalage qu'il faut résoudre, non seulement en calculant, mais aussi en renforçant la sécurité.

Des modalités thérapeutiques telles que les Systèmes Familiaux Internes (SFI), la thérapie des schémas et le conseil psychodynamique peuvent également contribuer à lever les blocages plus profonds. Ces approches permettent aux individus de se connecter aux parties plus jeunes d'eux-mêmes qui ont appris à associer visibilité et danger, ou réussite et abandon. En re-parentalisant ces parties intérieures, il devient possible de réécrire les règles qui les régissent.

L'une des prises de conscience les plus efficaces est que *l'auto-sabotage n'est pas un défaut, mais une forme de protection.* En comprenant le sabotage comme une stratégie loyale mais dépassée, nous pouvons l'affronter avec compassion plutôt qu'avec honte. Cela nous fait passer du statut d'adversaires de notre propre comportement à celui d'alliés de notre propre transformation.

Pour y réfléchir, pensez à des moments de votre vie où tout allait remarquablement bien – financièrement, professionnellement, relationnellement. Quelque chose s'est-il effondré peu après? Avez-vous minimisé votre réussite, créé des conflits inutiles ou renoncé à la joie? Quelle part de vous-même se sentait indigne, mal préparée ou en danger face à l'abondance? Ces questions ne sont pas faciles, mais elles sont libératrices. Elles mettent le subconscient en lumière.

En fin de compte, la peur du succès ne concerne pas le succès lui-même, mais ce qu'il menace de changer. Elle remet en question nos croyances, bouleverse nos rôles et nous invite à évoluer vers des versions de nous-mêmes que nous ne reconnaissons peut-être pas encore pleinement. Mais de l'autre côté de cette peur se cache une immense liberté : celle de recevoir sans culpabilité, de s'épanouir sans saboter et de réussir sans s'effondrer.

La boucle du sabotage peut être brisée, non par la force, mais par la conscience, la compassion et une expansion progressive. En élevant votre niveau émotionnel et en vous sentant plus en sécurité, non seulement vous atteignez le succès, mais vous apprenez à l' *habiter* . Vous cessez de retomber en arrière. Vous cessez de diminuer votre luminosité pour vous adapter aux schémas d'atténuation de votre passé. Et vous commencez à vivre dans un état de fluidité continue, où la prospérité n'est pas un pic, mais un état.

La manifestation qui tourne mal : quand la positivité devient déni

Le paysage moderne du développement personnel est saturé de promesses d'abondance illimitée, d'attraction magnétique et du pouvoir de la pensée positive. Au cœur de ce mouvement se trouve la Loi de l'Attraction, l'idée selon laquelle nos pensées, nos émotions et nos intentions façonnent la réalité que nous vivons. Ce concept, popularisé par des ouvrages comme *Le Secret* , a captivé des millions de personnes par sa suggestion convaincante : pensez abondamment, et l'abondance suivra. Bien qu'ancrée dans de véritables perspectives psychologiques et métaphysiques, l'application des principes de manifestation s'est, dans bien des cas, éloignée de son objectif initial. Le danger ne réside pas dans la croyance que notre monde intérieur façonne notre réalité extérieure, mais dans la simplification excessive et séduisante de ce processus, où la positivité devient une forme de déni et la compréhension spirituelle réduite à un mantra performatif.

La loi de l'attraction, utilisée de manière responsable, offre de précieux conseils. La psychologie cognitivo-comportementale soutient l'idée que nos croyances influencent nos comportements, qui à leur tour façonnent nos résultats. La visualisation, la fixation d'objectifs et l'alignement émotionnel contribuent tous à cultiver la motivation et la persévérance. La neuroplasticité, la capacité du cerveau à se reprogrammer en fonction de la pensée et de l'expérience, donne un poids scientifique à l'idée qu'une intention ciblée peut transformer les réalités internes et externes. Cependant, des problèmes surgissent lorsque ces outils sont utilisés pour contourner l'inconfort, se soustraire à la responsabilité personnelle ou ignorer la complexité des expériences vécues.

L'une des utilisations erronées les plus répandues de la manifestation provient de ce que les psychologues appellent *la positivité toxique* : l'insistance à maintenir une attitude joyeuse et vibrante à tout prix, même face au deuil, à la peur, à l'injustice ou à l'échec. Lorsqu'on dit aux individus de « se concentrer sur le bien » ou d'« élever leur vibration » en réponse à une douleur profonde ou à des barrières systémiques, ils ne sont pas responsabilisés ; ils sont réduits au silence. Cela crée une double contrainte : exprimer sa peur, sa colère ou sa frustration est perçu comme une immaturité spirituelle, tandis que réprimer ces émotions est récompensé par une pensée éclairée.

Les conséquences sont profondes. Les gens intériorisent l'idée que tout malheur est de leur faute – que la maladie, les difficultés financières ou la perte résultent forcément d'une pensée basse fréquence ou d'une visualisation erronée. Cette vision du monde manque non seulement de compassion, mais déforme également la réalité. Elle néglige les inégalités structurelles, les traumatismes héréditaires et la nature imprévisible de la vie elle-même. Elle remplace la compréhension nuancée par la pensée magique, encourageant les individus à spiritualiser l'évitement plutôt qu'à développer leur résilience.

Un exemple frappant de cette dynamique est celui de Clara, coach bien-être indépendante qui suivait chaque protocole de manifestation avec un zèle religieux. Elle créait des tableaux de visualisation, scénarisait sa vie idéale et prononçait quotidiennement des affirmations dans son miroir. Mais lorsque son activité a stagné, elle a redoublé d'efforts, non pas sur la stratégie ou le développement des compétences, mais sur la pensée positive. Elle refusait d'admettre ses dettes croissantes, ignorait les courriels de clients réclamant plus de structure et se persuadait que l'univers pourvoirait à ses besoins si elle restait simplement en phase. Lorsque Clara a cherché du soutien, elle était non seulement épuisée financièrement, mais aussi émotionnellement engourdie, ne comprenant pas pourquoi son optimisme inébranlable ne s'était pas traduit par une stabilité concrète. Son histoire est loin d'être unique.

Clara, et beaucoup d'autres comme elle, ont sombré dans une forme de *contournement spirituel* – un terme inventé par le psychologue John Welwood pour décrire le recours à des idées et pratiques spirituelles afin d'éviter des problèmes émotionnels non résolus, des blessures psychologiques ou des difficultés comportementales. Dans le contexte financier, le contournement spirituel consiste souvent à considérer chaque échec comme une « épreuve de l'univers », à rejeter la planification financière pratique comme étant trop « faible » ou à croire que toute discussion sur la pénurie est en soi un aimant à davantage de manque. Ces schémas freinent la croissance au lieu de la favoriser. Ils encouragent la stagnation sous couvert d'illumination.

Pour comprendre ce phénomène, il faut s'intéresser à l'attrait émotionnel des enseignements de manifestation simplifiée. Dans un monde marqué par l'incertitude et l'insécurité, la promesse du contrôle – de pouvoir accéder à la richesse, à l'amour ou à la santé par la pensée – offre un immense réconfort. Elle procure un sentiment d'autonomie, en particulier à ceux qui se sont sentis impuissants. Mais ce confort peut devenir addictif. Si vous croyez que votre état d'esprit est la seule variable qui compte, vous pourrez éviter l'inconfort de la complexité : la lenteur de la création d'entreprise, la vulnérabilité de la demande d'aide, l'inconfort d'affronter ses propres contradictions.

Cependant, la véritable autonomisation ne réside pas dans le déni, mais dans l'intégration. Les principes de manifestation fonctionnent mieux lorsqu'ils sont associés à la conscience de soi, à une action stratégique et à une compréhension émotionnelle. La positivité, ancrée dans l'authenticité, devient un moteur de persévérance, et non un masque derrière lequel se cacher. Et la visualisation, éclairée par la réalité, devient un outil d'expansion créative, et non un moyen d'échapper à ses responsabilités.

La recherche neuroscientifique étaye ce modèle intégré. Des études sur la motivation, comme celles menées par la psychologue Gabrielle Oettingen, montrent que visualiser le succès n'est efficace que lorsqu'elle est associée à ce qu'elle appelle *le contraste mental* : la pratique consistant à visualiser à la fois l'avenir souhaité et les obstacles à surmonter pour l'atteindre. Les participants qui pratiquaient le contraste mental étaient significativement plus susceptibles d'atteindre leurs objectifs que ceux qui se concentraient uniquement sur le résultat positif. Cela suggère que le réalisme, et non un optimisme inébranlable, est la clé d'une manifestation efficace.

De même, la recherche sur les traumatismes révèle que, pour les personnes dont le système nerveux est dérégulé – souvent marqué par des épreuves infantiles ou un stress chronique –, forcer la positivité peut être contreproductif. Le corps ne peut être induit en sécurité par de simples affirmations. Il a besoin de régulation, de traitement et de réparation. Des pratiques telles que l'expérience somatique, la technique de libération émotionnelle (EFT) et la réduction du stress par la pleine conscience offrent des voies plus durables vers l'alignement. Associées à la visualisation ou à la définition d'intentions, elles permettent une pratique de manifestation plus incarnée et intégrative, qui honore à la fois la lumière et l'ombre.

Une approche plus constructive de la manifestation reconnaît que les émotions sont des données, et non des ennemis. La peur signale que quelque chose compte. La colère indique qu'une limite a été franchie. La tristesse révèle où la guérison est nécessaire. Plutôt que d'être des obstacles à l'abondance, ces émotions sont des guides, des indicateurs vers des domaines où une intégration plus profonde est nécessaire. Les réprimer au nom de la positivité revient à ignorer des retours essentiels et à risquer de construire sur des fondations instables.

Prenons l'exemple d'Amir, un designer produit qui a passé des années à réprimer son anxiété financière en répétant des affirmations telles que « Je suis financièrement libre » et « L'argent coule à flots ». Bien que ces affirmations fussent ambitieuses, elles manquaient de crédibilité. Son corps ne le rassurait pas et ses habitudes de consommation ne reflétaient pas la cohérence. Lorsqu'il a finalement pris le temps d'écouter – d'admettre sa peur, d'examiner ses habitudes et de se pardonner ses erreurs passées – il a pu prendre de nouvelles mesures. Il a établi un budget, cherché un mentor et progressivement stabilisé ses finances. Le tournant n'a pas été une attitude plus positive, mais une présence plus active.

Cette distinction entre *positivité véritable* et *positivité performative* est essentielle. La véritable positivité naît de la confiance, qui se construit grâce à un alignement constant entre pensée, sentiment et action. Ce n'est pas un masque, mais un état d'esprit né de l'intégration. Elle reconnaît les échecs sans se laisser définir par eux. La positivité performative, en revanche, est fragile. Elle craque sous la pression, faute de profondeur. Elle se nourrit de l'image, et non de l'incarnation.

Les implications culturelles plus larges de ce phénomène sont considérables. Lorsque la positivité est instrumentalisée – comme lorsqu'on incite les gens à « vibrer plus haut » plutôt qu'à affronter l'injustice ou l'inégalité –, cela devient une forme de manipulation psychologique. Cela individualise les problèmes systémiques et sous-entend que toute personne en difficulté a simplement de mauvaises pensées. Cela compromet non seulement l'empathie, mais aussi le changement social. La véritable abondance est collective. Elle tient compte du contexte. Elle invite à la fois à la responsabilité individuelle et à la conscience collective.

Pour dépasser le déni, nous devons cultiver ce que le maître bouddhiste Pema Chödrön appelle *la présence courageuse* : la volonté de rester dans l'inconfort suffisamment longtemps pour en extraire la sagesse. Cela ne nie pas la valeur de la vision, de l'écriture ou des affirmations ; cela les place simplement à leur juste place, en tant qu'outils et non en tant que doctrines. Utilisés de concert avec l'introspection, la réflexion stratégique et le traitement des émotions, ces outils deviennent véritablement transformateurs.

Pour ceux qui s'engagent dans des pratiques de manifestation, l'invitation n'est pas d'abandonner la positivité, mais de l'approfondir. Demandez-vous non seulement ce que vous souhaitez manifester, mais aussi *pourquoi* . Quelle part de vous-même recherche la validation, la sécurité ou l'évasion? Vos affirmations renforcent-elles la croyance ou masquent-elles la peur? Êtes-vous en phase avec l'abondance ou évitez-vous de vous responsabiliser?

En fin de compte, la manifestation ne consiste pas à obtenir tout ce que l'on désire ; il s'agit de devenir la personne capable de maintenir ce qu'elle reçoit. Ce processus est rarement linéaire et jamais purement mental. Il est émotionnel, comportemental, spirituel et incarné. En honorant cette complexité, nous cessons de contourner et commençons à construire. Nous passons de la pensée magique à l'action significative, du déni au discernement, et de l'alignement superficiel à un flux durable.

Ce n'est qu'alors que la manifestation fonctionne vraiment, non pas comme un fantasme, mais comme un processus profondément intégré de croissance, d'expansion et d'incarnation.

L'échelle de la monnaie émotionnelle : mesurer les forces cachées derrière les flux financiers

L'argent est rarement une simple question d'argent. Derrière chaque transaction, budget ou investissement se cache un réseau complexe d'émotions, de souvenirs et de croyances subconscientes qui façonnent silencieusement notre façon de gagner, de dépenser, d'épargner et de donner. Si l'éducation financière offre des outils pratiques et que le travail sur les mentalités tente de modifier les récits intérieurs, il manque un chaînon dans la relation de nombreuses personnes à l'argent : la conscience émotionnelle. Sans comprendre ce que nous *ressentons* face à l'argent – comment notre système nerveux réagit à sa réception, à sa dépense, ou même à sa pensée – nous ne pouvons pas modifier durablement nos résultats financiers. C'est là que le concept de l' *Échelle de Monnaie Émotionnelle* prend tout son sens.

L'Échelle de Monnaie Émotionnelle n'est ni un planificateur budgétaire, ni un test psychologique destiné à vous cataloguer. C'est un outil de diagnostic, un miroir qui reflète votre relation émotionnelle à l'argent dans les domaines clés de votre vie financière. Contrairement aux évaluations financières traditionnelles, qui se concentrent uniquement sur des données numériques ou des lacunes de connaissances, cette échelle cartographie vos réactions émotionnelles à différents scénarios financiers. Elle révèle où vous êtes énergétiquement ouvert à la circulation et où, souvent sans vous en rendre compte, vous la bloquez. En mesurant la « charge » émotionnelle dans des domaines tels que gagner, dépenser, investir, épargner et donner, cet outil vous aide à identifier les empreintes émotionnelles spécifiques qui favorisent ou entravent votre bien-être financier.

L'idée derrière cette échelle s'inspire de multiples cadres interdisciplinaires. Elle s'appuie sur les neurosciences affectives, qui explorent la façon dont les émotions façonnent la perception et la prise de décision ; la psychologie somatique, qui considère le corps comme un lieu de mémoire émotionnelle ; et la finance comportementale, qui étudie les biais cognitifs et les heuristiques émotionnelles à l'origine des choix financiers. Ensemble, ces disciplines démontrent ce que nous savons intuitivement, mais que nous omettons souvent d'exprimer : les décisions financières ne se prennent pas en vase clos. Elles se prennent dans des corps façonnés par des expériences passées, au sein de récits culturels et sous l'influence de schémas émotionnels profonds.

Pour illustrer cela, prenons le cas de Darren, un consultant aux revenus élevés qui se sentait constamment stressé malgré une abondance financière. Sur le papier, ses finances étaient impeccables : placements diversifiés, épargne d'urgence, zéro dette. Pourtant, dès qu'il consultait ses comptes bancaires, il ressentait une pointe d'anxiété. Il évitait d'ouvrir les e-mails relatifs à la facturation et ressentait un sentiment persistant de manque. Lorsque Darren a rempli l'Échelle de Devise Émotionnelle, il est devenu évident que, s'il se sentait à l'aise pour *gagner* et *épargner* , il avait de fortes associations négatives avec *la gestion* et *les dépenses* de son argent, liées, en fin de compte, à son enfance marquée par l'instabilité et les conflits parentaux autour des factures. Ces déclencheurs émotionnels, invisibles dans un tableur, étaient suffisamment puissants pour miner son sentiment de sécurité.

L'échelle elle-même encourage les individus à évaluer leurs réactions émotionnelles face à diverses activités financières sur un spectre allant de la facilité et de l'autonomisation d'un côté à l'anxiété, la honte ou l'évitement de l'autre. Par exemple, comment vous sentez-vous lorsque vous recevez un revenu inattendu? Exalté ou méfiant? Lorsque vous payez une facture importante, vous sentez-vous autonome, neutre ou plein de ressentiment? Lorsque vous envisagez d'investir, cela suscite-t-il de la curiosité ou de la peur? Ces questions apparemment simples ouvrent une réflexion approfondie sur le *climat émotionnel* de votre vie financière.

Pourquoi est-ce important? Parce que l'émotion précède le comportement. Selon l'hypothèse des marqueurs somatiques, lancée par le neuroscientifique Antonio Damasio, la prise de décision n'est pas purement rationnelle : elle repose largement sur des signaux émotionnels qui nous guident vers ou loin de certains choix. Si ces signaux sont mal calibrés – si, par exemple, vous associez l'investissement au danger dû à des pertes passées ou à la prudence parentale – vous risquez d'éviter inconsciemment les stratégies de création de richesse, même si vous en connaissez intellectuellement l'importance. De même, si donner de l'argent donne l'impression de perdre du pouvoir en raison d'un problème de limites non résolu, la générosité peut devenir une source de ressentiment plutôt que d'épanouissement.

Cartographier ces schémas grâce à l'Échelle de Monnaie Émotionnelle ne se limite pas à une prise de conscience ; cela crée une feuille de route pour la transformation. Une fois les zones de résistance émotionnelle identifiées, vous pouvez commencer à reconditionner en douceur vos réponses. Il ne s'agit pas de forcer la positivité, mais de favoriser *la congruence émotionnelle* , un état où vos pensées, vos sentiments et vos actions sont en harmonie. Par exemple, si dépenser engendre un sentiment de culpabilité, au lieu de le surmonter par des affirmations, il s'agit d'explorer l'origine de ce sentiment. Provient-il d'une croyance familiale selon laquelle profiter de l'argent est égoïste? A-t-il été renforcé par une relation passée où dépenser a été source de conflits? Seul le traitement de l'origine émotionnelle peut permettre un changement durable.

Des exemples concrets soulignent la valeur de cette approche. Leena, professeure de yoga à la fin de la trentaine, peinait à sous-facturer ses services. Elle justifiait cela par le souci de rester « accessible », mais au fond d'elle-même, elle se sentait indigne de facturer plus cher. Après avoir utilisé l'Échelle de Monnaie Émotionnelle, elle a identifié un schéma : facilité à donner et à servir, mais blocage à recevoir. Son malaise face à la facturation trouvait son origine dans les messages de son enfance selon lesquels l'argent ne se gagnait qu'au prix d'un travail pénible et pénible. Enseigner le yoga, qu'elle adorait, ne lui semblait pas « mériter » une bonne rémunération. Cette incohérence émotionnelle orientait ses décisions tarifaires. Une fois cette croyance digérée, elle a restructuré ses tarifs et, plus important encore, elle a cessé de s'en excuser.

Au-delà de la guérison individuelle, l'échelle permet également de mettre en lumière les schémas relationnels liés à l'argent. Les partenaires, les familles et les équipes sont souvent confrontés à des conflits non pas en raison d'objectifs financiers divergents, mais à des déséquilibres émotionnels. L'un peut considérer l'épargne comme une sécurité, l'autre comme une restriction. L'un peut apprécier les dépenses spontanées comme une forme d'expression personnelle, tandis que l'autre les perçoit comme irresponsables. En nommant ces différences émotionnelles, l'échelle peut servir d'outil de dialogue, de compassion et de planification collaborative.

Pour que l'Échelle de Monnaie Émotionnelle soit pratique, il est conseillé de la consulter régulièrement, comme on consulte un tableau de bord financier ou un suivi de bien-être. Les émotions évoluent selon le contexte. Ce qui semblait valorisant en période d'abondance peut être différent en période de crise. Une utilisation régulière de cet outil permet de suivre les progrès émotionnels, et pas seulement les résultats financiers. Au fil du temps, cela développe l'agilité émotionnelle : la capacité à aborder la vie financière avec souplesse, perspicacité et bienveillance envers soi-même.

Il est important de noter que cette approche ne nie pas la valeur des outils financiers traditionnels. Elle les renforce. Un budget sans conscience émotionnelle peut devenir une source de honte. Un plan d'épargne sans prise en compte des déclencheurs émotionnels peut paraître restrictif. Une stratégie patrimoniale sans adéquation avec les valeurs peut laisser un sentiment de vide, même aux personnes les plus prospères. L'Échelle de la Devise Émotionnelle fait le lien entre les chiffres et le récit, rendant l'argent personnel, dynamique et humain.

Les critiques de la finance émotionnelle affirment parfois que se concentrer sur les émotions nuit à une planification objective. Pourtant, les données montrent le contraire. L'économiste comportementaliste Richard Thaler, lauréat du prix Nobel, a montré que les gens ne se comportent pas comme des calculateurs rationnels face à l'argent. Ils suivent des raccourcis mentaux, des signaux émotionnels et des incitations contextuelles. Ignorer cela revient à concevoir des conseils financiers pour des robots, et non pour de vraies personnes. Intégrer la conscience émotionnelle à la planification financière n'est pas une indulgence, c'est de l'intelligence.

De plus, reconnaître ses émotions ne signifie pas se laisser dominer par elles. Il s'agit de les comprendre, afin qu'elles ne soient plus inconscientes. Tout comme un bon PDG prend en compte le sentiment du marché au même titre que les états financiers, une personne financièrement autonome prend en compte les schémas émotionnels au même titre que les objectifs chiffrés. Il ne s'agit pas de fragilité, mais d'une prise de conscience globale.

En fin de compte, l'Échelle de la Monnaie Émotionnelle nous invite à considérer l'argent non pas comme un outil isolé, mais comme une relation, un miroir de notre monde intérieur, de notre conditionnement passé et de notre capacité à évoluer. En nous connectant à cette relation avec honnêteté et curiosité, nous créons les conditions d'un flux. Non seulement un flux financier dans le monde extérieur, mais aussi un flux émotionnel et énergétique en nous-mêmes.

Ainsi, l'échelle n'est pas une simple évaluation, c'est un exercice d'introspection. Elle nous invite à nous demander : où est-ce que je me sens ouvert face à l'argent? Où est-ce que je me contracte? Quelles histoires sont encodées dans ces réactions? Et surtout, que ressentiriez-vous si votre vie financière était plus libre, plus authentique et plus sereine?

L'argent circule là où les émotions le permettent. Plus le canal émotionnel est clair, plus le flux est fort. En utilisant l'Échelle de Monnaie Émotionnelle comme miroir et boussole, vous commencez à localiser les blocages, à relâcher les tensions et à repenser votre relation à l'argent – non pas comme une source de stress ou de confusion, mais comme une expression dynamique de votre alignement intérieur. C'est là que commence la véritable abondance – non pas dans les chiffres, mais dans le système nerveux. Et de là, les changements extérieurs suivent.

Expérience de pensée : si vous héritiez de 10 millions de dollars aujourd'hui...

C'est un fantasme fascinant, presque universellement partagé : l'arrivée soudaine d'une fortune qui change une vie. Le coup de fil imaginaire d'un notaire, la grand-tante oubliée, la manne inattendue : dix millions de dollars, tout à vous, exonérés d'impôts. Finis les corvées au travail que vous détestez, finis les soucis liés aux factures, finies les limites de vos choix. Juste une liberté financière totale et inattaquable. Du moins, c'est ce qu'il semble.

Mais que se passe-t-il lorsque ce fantasme est traité non pas comme une échappatoire, mais comme un outil de diagnostic? L'expérience de pensée : « Si vous héritiez de 10 millions de dollars aujourd'hui, que feriez-vous? » offre bien plus qu'un simple divertissement. Elle offre un miroir révélateur de notre relation profonde à l'argent : les rêves auxquels nous nous accrochons, les valeurs qui nous sont chères et les peurs que nous tentons de réprimer. Elle exhume les récits subconscients et les blocages émotionnels qui régissent notre comportement financier, souvent plus puissamment que n'importe quel tableur ou stratégie.

Cet exercice, d'une simplicité trompeuse dans sa forme, est psychologiquement puissant. Il déjoue les rationalisations habituelles qui expliquent pourquoi on ne poursuit pas ses désirs, car il élimine l'obstacle financier. Lorsque l'argent n'est plus un facteur limitant, que reste-t-il? Que désirons-nous réellement? Et, plus inconfortable encore, de quoi avons-nous peur?

Au cœur de cette expérience se trouve une invitation à dépasser les présupposés superficiels qui façonnent notre pensée quotidienne. La plupart des gens supposent que leurs objectifs financiers sont pragmatiques : rembourser leur prêt immobilier, épargner pour leur retraite, voire voyager davantage. Mais lorsqu'on leur donne la permission de rêver sans retenue, des vérités plus complexes émergent souvent. Derrière les fantasmes initiaux de voitures de luxe ou de villas tropicales se cache quelque chose de plus profond : des désirs d'autonomie, de sens, de repos, d'expression ou de guérison. Tout aussi important, des peurs et une culpabilité latentes font souvent surface.

Prenons le cas de Priya, une responsable marketing qui a fait cet exercice dans le cadre d'une retraite de leadership. Lorsqu'on lui a demandé ce qu'elle ferait avec 10 millions de dollars, sa réponse immédiate a été : « Je quitterais mon emploi, je voyagerais à travers le monde et j'écrirais un roman. » Mais quelques instants plus tard, son expression a changé. Elle a admis que l'idée d'avoir autant d'argent la mettait mal à l'aise. « Et si les gens commençaient à attendre quelque chose de moi? Et si je devenais une cible? Et si je faisais une erreur et que je perdais tout? » Son fantasme révélait non seulement un désir de liberté créative, mais aussi une peur de la visibilité, de la confiance et de l'estime de soi. Cette expérience de pensée n'a pas seulement illuminé ses rêves ; elle a aussi révélé les récits intérieurs qui les entravaient.

Cette ambivalence interne est fréquente. Les psychologues financiers constatent depuis longtemps que de nombreuses personnes entretiennent une relation paradoxale avec la richesse : elles désirent consciemment l'abondance, mais la redoutent inconsciemment. Cette peur découle souvent d'un conditionnement précoce : l'idée que la richesse est corruptrice, qu'elle isole ou qu'elle engendre une pression plutôt qu'une paix.

Pour les personnes issues de milieux modestes ou ouvriers, l'enrichissement soudain peut déclencher une dissonance identitaire : un conflit entre leur image actuelle d'elles-mêmes et celle qu'elles croient nécessaire pour gérer des sommes importantes. Ces tensions, si elles ne sont pas traitées, deviennent des limites qui limitent discrètement l'ambition et sabotent la croissance financière.

L'expérience de pensée des 10 millions de dollars fournit également un canevas pour cartographier les valeurs. Lorsque les gens expriment ce qu'ils feraient d'une fortune soudaine, ils révèlent souvent inconsciemment ce qui compte le plus pour eux. Certains parlent de faire des dons à des causes, de lancer des projets communautaires ou de soutenir des membres de leur famille. D'autres parlent de construire quelque chose de durable : une école, une entreprise, un héritage créatif. Ces désirs ne sont pas futiles ; ce sont des affirmations de valeurs. Ils mettent en lumière des motivations fondamentales : le sens, la contribution, le lien, et révèlent l'écart entre les habitudes financières actuelles et les aspirations réelles.

Prenons l'exemple de Jeremy, un ingénieur logiciel qui a expliqué comment, avec 10 millions de dollars, il financerait des programmes de santé mentale dans des écoles défavorisées. Pourtant, lorsqu'on lui a demandé comment il répartissait actuellement ses ressources, il a admis que ses dépenses étaient en grande partie réactives, motivées par le stress, la commodité ou la comparaison sociale. Cet exercice l'a aidé à prendre conscience de la dissonance entre ses valeurs profondes et ses choix financiers quotidiens. Ce fut un signal d'alarme : ne pas attendre une aubaine pour vivre en harmonie, mais commencer dès maintenant à prendre des décisions fondées sur des valeurs.

Au-delà des valeurs et des peurs, cet exercice met également en lumière des fantasmes potentiellement compensatoires. Par exemple, une personne qui s'imagine acheter plusieurs maisons, des objets de luxe ou vivre des expériences extravagantes n'est peut-être pas superficielle ou matérialiste. Elle cherche peut-être plutôt à apaiser des besoins non satisfaits – sentiment d'appartenance, sécurité ou estime de soi – par la consommation symbolique. Plutôt que de juger ces pulsions, l'essentiel est de comprendre les vides émotionnels que ce fantasme cherche à combler. Ce faisant, on peut commencer à satisfaire ces besoins plus directement et durablement, sans compter sur un miracle financier pour une guérison émotionnelle.

Il est important de noter que cet exercice n'est pas purement hypothétique. Les émotions qu'il suscite – qu'il s'agisse d'excitation, de honte, de résistance ou de lucidité – sont de véritables indicateurs de la psychologie financière actuelle d'une personne. Elles révèlent sa capacité à recevoir, gérer et conserver un patrimoine. Cette capacité émotionnelle est tout aussi cruciale que le sens pratique. Sans elle, même la stratégie la plus sophistiquée échouera.

L'économie comportementale apporte un soutien supplémentaire aux conclusions tirées de cette expérience de pensée. Les recherches menées par les lauréats du prix Nobel Daniel Kahneman et Amos Tversky sur *l'aversion aux pertes* montrent que les individus sont davantage motivés par la peur de perdre de l'argent que par la perspective d'en gagner. Cela explique pourquoi certains paniquent à l'idée de gérer des sommes importantes, même hypothétiquement. La peur de perdre un objet de valeur ou de commettre une erreur publique peut être paralysante. De même, *le biais du statu quo* – la tendance à préférer les choses telles qu'elles sont – contribue à expliquer pourquoi certains fantasment vivement mais peinent à progresser, même modestement, vers ces rêves. Le confort du familier, même s'il est sous-optimal, l'emporte souvent sur le risque perçu du changement.

Pour tirer le meilleur parti de cet exercice, il faut l'aborder avec une curiosité sincère plutôt qu'avec une volonté de performance. Il n'y a pas de bonne réponse. Que vous rêviez de solitude dans une ferme ou d'un penthouse à Manhattan, ce qui compte, c'est le *pourquoi* . Qu'espérez-vous ressentir? Qui espérez-vous devenir? Et quelles facettes de cette vision vous sont accessibles dès maintenant, de manières plus modestes mais néanmoins significatives?

Prenons l'exemple de Ruth, une institutrice qui imaginait utiliser son héritage hypothétique pour passer plus de temps avec ses enfants et se remettre à la peinture. Elle fut surprise de constater qu'aucun de ces désirs ne nécessitait 10 millions de dollars. Ce qu'ils exigeaient, c'était une permission : celle de privilégier la joie, la créativité et la présence. Cet exercice devint un portail par lequel elle réévalua son temps, son budget et ses limites. La richesse, réalisa-t-elle, était moins une question d'accumulation que d'alignement.

La leçon la plus importante de cette expérience est que l'argent n'est pas une fin en soi, mais un amplificateur. Il amplifie qui vous êtes, ce à quoi vous tenez et votre rapport au pouvoir, à la sécurité et à la liberté. Si vos croyances actuelles concernant l'argent sont ancrées dans la peur, la culpabilité ou la honte, une manne financière a peu de chances de dissiper ces sentiments. Au contraire, elle pourrait les intensifier. À l'inverse, si votre relation à l'argent est fondée sur la clarté, le sens et la régulation émotionnelle, la richesse devient un outil, non seulement pour votre bien-être personnel, mais aussi pour un impact significatif.

C'est pourquoi la question à 10 millions de dollars est si puissante. Elle vous invite à vivre de l' *intérieur* , à définir la richesse non pas par des indicateurs externes , mais par une cohérence interne. Elle vous encourage à aligner votre comportement financier sur votre moi authentique, non pas dans un futur lointain, mais dès maintenant.

Face à cette question, résistez à l'envie de vous précipiter dans la planification. Observez plutôt vos réactions. Êtes-vous enthousiaste, dépassé, sceptique, plein d'énergie? Quels aspects de ce fantasme vous semblent réels? Quels aspects vous semblent inaccessibles, et pourquoi? Quelles croyances limitantes surgissent lorsque vous imaginez détenir une fortune importante? Ces réflexions ne sont pas de simples exercices mentaux ; elles sont essentielles pour accéder à votre prochain niveau d'épanouissement financier et personnel.

L'expérience de pensée des 10 millions de dollars ne concerne pas l'argent. Elle est une question de vérité émotionnelle. Il s'agit de reconnaître l'écart entre ce que vous dites vouloir et ce que vous autorisez actuellement. Il s'agit de faire émerger les contrats inconscients que vous avez passés avec vous-même concernant ce que vous méritez, ce qui est possible et ce que le succès exigera de vous. Plus important encore, il s'agit de reprendre le contrôle de votre récit financier, afin que, lorsque l'abondance véritable arrivera, elle trouve un foyer prêt à l'accueillir.

Vous n'hériterez peut-être jamais de 10 millions de dollars. Mais la clarté que vous obtenez en les imaginant peut avoir encore plus de valeur. Cela vous permet de commencer à vivre – et à dépenser – avec intention. Cela fait remonter à la surface des schémas inconscients et vous rappelle que l'essence de ce que vous recherchez à travers l'argent – liberté, paix, créativité, générosité – peut naître ici même, avec conscience, courage et choix.

Chapitre 2
Le portefeuille quantique

Nous avons tendance à considérer l'argent comme une entité matérielle simple, un simple instrument échangé contre des biens et des services. Pourtant, sous ce vernis pratique se cache une réalité bien plus riche : l'argent est en réalité énergétique. Il est porteur d'intentions, d'émotions et de sens. Il reflète qui nous sommes, signale nos valeurs et influence nos interactions sociales. Si l'on examine cela à travers les prismes croisés des neurosciences, de la physique quantique et de la psychologie comportementale, il apparaît clairement que la façon dont nous attirons l'argent vers nous – ou le repoussons – n'est pas seulement une question de logique, mais aussi de vibration. Ce chapitre vous invite à envisager la richesse dans toute sa complexité en introduisant un concept qui peut paraître abstrait à première vue, mais qui repose sur une science de pointe : le portefeuille quantique.

Le terme « Portefeuille Quantique » peut sembler tiré d'un roman de science-fiction, mais il décrit quelque chose de très concret : comment vos pensées, vos émotions et votre état énergétique influencent les mouvements d'argent dans votre vie. Et non, ce n'est pas une simple métaphore. Les avancées contemporaines de la physique et de la neurobiologie confirment ce que la sagesse ancienne enseigne depuis longtemps : la conscience influence la réalité. L'endroit où vous portez votre attention est important. Votre tonus émotionnel signale une opportunité ou une résistance. La cohérence de votre énergie intérieure influence la concrétisation de vos objectifs ou leur maintien au stade d'espoirs lointains.

À l'origine de tout cela se trouve ce que l'on appelle parfois la finance fréquentielle – un domaine en plein essor qui fusionne science vibratoire et comportement financier. Pour le comprendre, il faut rappeler une vérité fondamentale de la mécanique quantique : la matière elle-même est énergie. Ce qui apparaît solide à l'œil nu est en réalité composé de particules et d'ondes vibrantes, sensibles non seulement aux forces extérieures, mais aussi à l'observation elle-même. La célèbre expérience de la double fente l'a démontré de manière frappante : les particules se comportent différemment lorsqu'elles sont observées. Cet « effet observateur » n'est pas seulement une étrangeté ; il témoigne du pouvoir profond de l'attention dans la formation de ce qui devient réel.

Appliqué à l'argent, l'effet d'observateur agit comme une métaphore, certes puissante, de l'intention. L'endroit où se concentre votre attention consciente – votre visualisation, votre stratégie, votre investissement émotionnel – façonne littéralement les résultats. Des objectifs financiers vagues ou passifs? Ils restent un potentiel non réalisé. Mais des objectifs clairs, chargés d'émotion et soutenus par une action cohérente? Leur concrétisation est de plus en plus probable. Il ne s'agit pas d'un vœu pieux, mais d'une précision énergétique mise en pratique.

Prenons l'exemple de Rayna, une entrepreneuse sociale prise dans un cycle d'abondance et de disette, la croissance de sa marque oscillant entre espoir et hésitation. Pendant des années, elle a connu des moments de succès – subventions, visibilité virale – pour finalement sombrer dans l'anxiété. Lorsqu'elle a fait équipe avec un coach expert en techniques somatiques et en psychologie énergétique, un subtil changement s'est opéré. Ils ont utilisé la cartographie émotionnelle pour ancrer ses objectifs financiers dans des détails sensoriels – la véritable sensation de réussite, la façon dont elle se comporterait, la personne qu'elle deviendrait. Des mois plus tard, le chiffre d'affaires de Rayna a doublé et, surtout, elle s'est sentie en phase comme jamais auparavant. Voici la finance fréquentielle en action.

Notre système nerveux joue un rôle crucial dans cette dynamique. Faisant le pont entre l'expérience intérieure et le monde extérieur, il est constamment à la recherche de sécurité et d'opportunités. Un facteur souvent négligé est l'influence des neurones miroirs, ces cellules cérébrales remarquables qui s'activent non seulement lorsque nous agissons, mais aussi lorsque nous sommes témoins des actions des autres. Ces neurones sous-tendent l'empathie et l'apprentissage social, mais aussi ce que l'on pourrait appeler la contagion financière : l'absorption inconsciente des attitudes, des peurs et des attentes financières de notre entourage.

Si votre entourage est imprégné de pénurie – des personnes inquiètes pour leurs factures, réfractaires à la croissance ou nourrissant du ressentiment envers la richesse – il devient extrêmement difficile, neurologiquement et émotionnellement, de maintenir un état d'esprit d'abondance. Votre système nerveux reflète leurs tensions et leurs contractions, généralement sans même que vous vous en rendiez compte. À l'inverse, passer du temps avec des personnes qui entretiennent un rapport à l'argent avec confiance, gratitude et intégrité peut redéfinir vos valeurs émotionnelles. Vous intériorisez de nouvelles normes de normalité, de sécurité et d'accessibilité. L'environnement est donc bien plus que physique ; il est profondément énergétique.

Les neurosciences sociales corroborent ce point de vue. Des études révèlent que les émotions sont contagieuses et que les comportements financiers – qu'il s'agisse d'épargne, de dépenses ou d'investissement – sont façonnés par nos réseaux sociaux. Par exemple, une recherche publiée dans le *New England Journal of Medicine* a révélé que l'obésité se propage dans les cercles sociaux non pas en raison de régimes alimentaires partagés, mais par l'évolution des normes. Il en va de même pour l'argent. Votre thermostat financier est, dans une certaine mesure, le produit de votre champ relationnel.

Cette idée souligne la nécessité d'une pratique intentionnelle. Construire votre portefeuille quantique exige de prêter attention non seulement aux chiffres, mais aussi à la narration et aux émotions. Les tableaux de visualisation traditionnels peuvent être une source d'inspiration, mais restent souvent trop statiques et symboliques pour catalyser un véritable changement. Ce dont nous avons besoin, c'est de la Visualisation 2.0 : une approche plus riche et incarnée de la manifestation, intégrant le mouvement, l'émotion et la narration.

Au lieu d'afficher des images de voitures de luxe ou de villas de vacances, cette nouvelle méthode vous invite à *vivre* vos visualisations au présent. Revivez votre avenir à travers votre corps : marchez, parlez, agissez comme si vous habitiez déjà la réalité financière souhaitée. Écrivez des récits qui capturent non seulement vos désirs, mais aussi vos pensées et vos sentiments. Les neurosciences nous apprennent que le cerveau peine à distinguer clairement les expériences réelles des expériences imaginées avec intensité. Associer la visualisation à l'incarnation physique et à l'engagement émotionnel active la neuroplasticité, cette remarquable capacité du cerveau à créer de nouvelles voies vers des habitudes et des réponses différentes.

Prenons l'exemple de Léo, un travailleur indépendant bloqué au même niveau de revenus depuis cinq ans. Ses ambitions étaient claires, mais son corps trahissait son incrédulité – épaules crispées, respiration saccadée – dès qu'il imaginait gagner plus. Grâce au coaching, Léo a appris à combiner ses objectifs avec la respiration profonde, le mouvement et les affirmations. Au lieu de méditer passivement, il marchait de long en large en répétant : « J'apporte une valeur immense. Je détiens plus de revenus facilement. J'investis en toute confiance. » Avec le temps, son système nerveux s'est adapté à la richesse, la considérant comme un état sûr et accessible. Sa confiance a explosé, il a négocié de meilleurs honoraires et ses revenus ont augmenté régulièrement.

Au cœur de cette pratique se trouve un outil de journalisation appelé « *Build Your Quantum Wallet* » . Il ne s'agit pas d'un simple journal de transactions ; c'est une cartographie vivante de votre identité financière : votre relation à l'argent sur les plans émotionnel, énergétique et stratégique. Les questions suscitent la réflexion : à quelle fréquence est-ce que je reçois de l'argent? À quoi suis-je réellement ouvert financièrement, et qu'est-ce que je rejette inconsciemment? Quelles croyances limitent mon potentiel financier? Comment mon corps réagit-il à l'idée de détenir davantage de richesses? Ces questions créent une cohérence entre vos intentions et la manière dont vous les incarnez, rendant vos objectifs financiers à la fois réalisables et familiers.

Ils révèlent également des lacunes, ces zones d'ombre où vos ambitions affichées ne correspondent pas encore à votre état intérieur. Vous souhaitez peut-être augmenter vos revenus, mais vous vous figez dès qu'il est temps d'investir en vous-même. Vous visez peut-être la liberté financière, mais vous remettez à plus tard des tâches élémentaires comme la budgétisation ou la facturation. Ces écarts ne sont pas des échecs, mais des invitations à se réaligner. Construire un Portefeuille Quantique, c'est harmoniser chaque aspect de vous-même : pensées, émotions, habitudes et régulation du système nerveux.

Le message ici est profond : la richesse ne se gagne pas simplement ; elle s'accorde. L'argent coule à flot lorsque vos valeurs, vos émotions, vos comportements et vos actions s'harmonisent. Mais lorsque votre esprit aspire à plus tandis que votre corps se rétracte, ou lorsque vos ambitions grandissent tandis que votre image de vous-même se contracte, l'argent hésite.

Nul besoin de devenir physicien ou neuroscientifique pour comprendre et appliquer cela. L'important est de devenir un observateur conscient de votre propre champ intérieur : les pensées que vous nourrissez, les émotions que vous rejouez, les environnements que vous habitez et les histoires que vous vous racontez. Le Portefeuille Quantique n'est pas un fantasme mystique, mais un cadre fondé et fondé sur des preuves pour aligner votre paysage intérieur sur la prospérité extérieure.

Ce chapitre vous guidera pas à pas dans ce voyage : en commençant par la science des fréquences et des fonctions cérébrales, en progressant grâce à des méthodes de visualisation sophistiquées et en concluant par un système pratique de journalisation pour cartographier votre énergie financière. À la fin, vous comprendrez non seulement ce qu'est un portefeuille quantique, mais vous aurez commencé à en créer un. Non pas grâce à des applications ou des registres, mais grâce à l'alignement, à la prise de conscience et à une relation renouvelée avec la richesse elle-même.

Finance de fréquence: ce que dit la science sur les vibrations et la valeur

Nous reconnaissons de plus en plus que l'argent est plus qu'un simple moyen de transaction: c'est le reflet d'une énergie. Alors que l'éducation financière traditionnelle se concentre presque exclusivement sur les chiffres, les stratégies et les comportements, une dimension plus profonde de la réalité est souvent négligée: la fréquence énergétique à l'origine de ces comportements. Il ne s'agit pas d'une métaphore superficielle ni d'une rhétorique new-age. Le domaine émergent de la « finance fréquentielle » fait le lien entre la physique quantique, la neurobiologie et les sciences du comportement pour éclairer la manière dont notre état intérieur – notre « vibration » – influence notre capacité à attirer, maintenir et accroître la richesse.

Pour comprendre la finance fréquentielle, il faut partir d'un principe fondamental de la mécanique quantique: tout est énergie. Ce qui paraît solide est, à l'échelle subatomique, constitué de particules vibrant à différentes fréquences. Ces particules n'existent pas isolément, mais en interaction constante avec leur environnement. Les implications sont profondes: l'observateur influence l'observé, l'intention peut influencer la matière, et la cohérence fréquentielle peut déterminer la stabilité ou la rupture de systèmes complexes. Il ne s'agit pas d'hypothèses marginales ; ce sont des principes bien établis en physique moderne. Extrapolés au domaine des finances personnelles, ils suggèrent que notre façon de *ressentir*, de penser et de diriger notre attention n'est pas seulement psychologique, mais énergétique.

Mais que signifie « fréquence » en termes pratiques et observables? En physique, la fréquence désigne le nombre d'oscillations qu'une onde effectue au cours d'une période donnée. En termes humains, la fréquence peut être comprise comme notre état émotionnel et physiologique prédominant. Les émotions ont des signatures électromagnétiques mesurables. Des études utilisant l'EEG et la technologie de variabilité de la fréquence cardiaque (VFC) montrent que des émotions comme la gratitude et l'amour produisent des schémas cohérents à haute fréquence, tandis que le stress et la peur génèrent des champs désordonnés à basse fréquence. L'Institut HeartMath a été pionnier dans la recherche dans ce domaine, démontrant que la cohérence cœur-cerveau, obtenue grâce à une respiration régulée et une concentration émotionnelle positive, peut améliorer les fonctions cognitives, la résilience émotionnelle et même influencer l'environnement extérieur par résonance électromagnétique.

Il ne s'agit pas de romantisme spirituel, mais d'une approche empirique. Si notre état émotionnel possède un schéma vibratoire, et si ce schéma influence à la fois la perception et l'action, il s'ensuit logiquement que les décisions financières sont prises dans un état de cohérence ou de dissonance. Les états cohérents favorisent la clarté, la concentration et une prise de décision sereine. Les états dissonants engendrent impulsivité, confusion et évitement. Cette constatation a à elle seule des implications considérables sur notre approche de l'argent.

Prenons l'exemple de Nadia, décoratrice d'intérieur, constamment inquiète face à ses finances. Malgré un bon salaire, elle épargnait systématiquement moins et dépensait trop. Aucun budget ni aucune application ne semblait résoudre le problème. Grâce au coaching, elle a pris conscience que son système nerveux était constamment activé, coincé dans un état de combat ou de fuite subtil mais persistant, dû à une instabilité financière vécue durant son enfance. Ce dysfonctionnement affectait son jugement, la poussant à éviter la planification financière, car il lui rappelait inconsciemment une menace. Après avoir commencé à pratiquer des techniques quotidiennes de cohérence – respiration centrée sur le cœur, journal de gratitude et présence intentionnelle – son rapport à l'argent a changé. Elle a commencé à gérer son budget non pas par peur, mais par autonomie. Ses économies ont augmenté, tout comme sa sérénité.

La fréquence ne consiste donc pas à souhaiter ou à vouloir que la richesse existe. Il s'agit d' *entraînement* – un terme issu de la physique et de la biologie qui décrit la synchronisation des systèmes rythmiques. Les lucioles entraînent leurs cycles de clignotement ; les cycles menstruels humains s'entraînent lorsqu'ils cohabitent ; et votre champ énergétique interne s'entraîne avec les énergies dominantes qui vous entourent. Si vous vivez fréquemment dans le stress, la honte ou le manque, vous entraînez votre système nerveux – et finalement votre comportement – vers la pénurie. En cultivant la cohérence, l'alignement et l'anticipation positive, vous commencez à vous entraîner vers l'abondance. Ce ne sont pas des états moraux ; ce sont des conditions physiologiques. Et elles peuvent être entraînées.

Fondamentalement, cela recadre le débat sur la richesse, le faisant passer d'une dimension purement tactique à une dimension vibratoirement stratégique. Cela explique pourquoi deux personnes aux compétences et aux opportunités similaires peuvent produire des résultats radicalement différents. L'une peut évoluer dans un état de doute et de réticence à basse fréquence, repoussant subtilement les opportunités. L'autre, empreinte de confiance et de réceptivité, devient naturellement attirée par des résultats alignés. Les entrepreneurs décrivent souvent ce phénomène de manière anecdotique: « Les choses ont commencé à s'enchaîner », « Les clients sont arrivés de nulle part », « Je n'ai pas insisté, ça a tout de suite fonctionné. » Ce sont des expressions d'un alignement énergétique qui se manifeste par des résultats concrets.

Il existe également un parallèle convaincant avec l'économie comportementale. Les recherches de Daniel Kahneman et d'Amos Tversky sur la théorie des perspectives montrent que les humains ne sont pas des agents financiers rationnels. Nous sommes très sensibles au cadrage émotionnel, à l'aversion aux pertes et aux biais cognitifs. Lorsque nous sommes dans un état de dérèglement ou d'incohérence, ces biais sont amplifiés. Nous devenons plus réticents au risque, moins créatifs et plus enclins à adopter une pensée à court terme. Le travail fréquentiel – que ce soit par la méditation, la régulation somatique ou la gratitude intentionnelle – interrompt cette réactivité. Il améliore l'accès au cortex préfrontal, le centre exécutif du cerveau responsable de la planification, de la maîtrise de soi et de la fixation d'objectifs.

C'est pourquoi la finance fréquentielle ne consiste pas à remplacer les feuilles de calcul par la spiritualité. Il s'agit d'intégrer les deux. L'argent est intrinsèquement multidimensionnel. Il est composé de chiffres et de neurologie, de vibrations et de valeurs, de stratégie et d'histoire. Ignorer sa composante énergétique revient à rester dans un paradigme partiel, qui laisse souvent les gens dépassés, honteux ou démunis malgré leurs meilleures intentions.

L'une des constatations les plus convaincantes de la finance fréquentielle est que la richesse n'est pas une chose que l'on court après, mais une chose *avec laquelle on résonne* . Tout comme des diapasons de même fréquence vibrent ensemble, votre fréquence interne peut s'harmoniser avec les opportunités financières ou les repousser. Cela ne signifie pas que la richesse s'acquiert sans effort, mais qu'un effort coordonné produit des rendements exponentiellement supérieurs à ceux engendrés par le stress et le doute.

Concrètement, cela signifie examiner votre propre fréquence financière sous différents angles. Comment vous sentez-vous lorsque vous recevez de l'argent? Lorsque vous en donnez? Lorsque vous en parlez? Dans quel état physiologique et émotionnel êtes-vous lorsque vous budgétisez, investissez ou prenez des décisions de dépenses? Ces questions ne sont pas indulgentes, elles sont diagnostiques. Elles aident à découvrir les moteurs invisibles derrière des résultats visibles.

Prenons l'exemple de Théo, un développeur de logiciels qui avait lu des dizaines d'ouvrages sur l'investissement, mais n'avait toujours pas commencé. Il invoquait le « manque de temps » ou « l'attente du bon moment ». En réalité, il ressentait une anxiété physique à chaque ouverture de compte de courtage. Grâce au coaching et à des pratiques de régulation par la respiration, il a attribué cette anxiété à la relation instable de son père avec l'argent et à son propre perfectionnisme. Dès qu'il a commencé à pratiquer cinq minutes par jour de respiration en cohérence cardiaque avant ses tâches financières, son anxiété s'est estompée. Il a ouvert son premier compte d'investissement, automatisé de petites cotisations et progressivement constitué un portefeuille diversifié, tout cela parce qu'il avait d'abord aligné sa fréquence.

C'est l'essence même de la finance fréquentielle: réguler avant de calculer. Aligner avant d'agir. Visualiser avant d'élaborer une stratégie. Ce ne sont pas des compétences générales, mais des compétences essentielles pour un nouveau paradigme de création de richesse qui honore l'ensemble de l'expérience humaine: corps, esprit et domaine.

Une métaphore puissante pour illustrer cela est celle du réglage de la radio. Si vous voulez écouter de la musique classique mais que votre bouton est réglé sur heavy metal, peu importe à quel point vous voulez écouter Beethoven, vous obtiendrez de la distorsion.

Votre fréquence interne est le bouton. En l'ajustant pour correspondre au signal que vous souhaitez recevoir – calme, confiance, alignement –, vous augmentez votre réceptivité. Vous devenez plus clair, plus ancré et plus perspicace. L'argent, comme la musique, circule mieux par des canaux clairs.

Ce chapitre, et ceux qui suivent, vous fourniront les fondements théoriques et les techniques pratiques pour ajuster votre fréquence financière. Vous explorerez comment identifier les blocages énergétiques, utiliser votre physiologie comme un allié et créer des rituels et des routines favorisant la cohérence. Vous apprendrez également à mesurer vos réactions émotionnelles face à l'argent, non pas pour les juger, mais pour comprendre leur signification.

Car, au fond, la finance fréquentielle ne se résume pas à la course aux chiffres. Il s'agit de créer un champ – un champ d'énergie, de conscience et d'intention qui invite la richesse non seulement à s'installer, mais à perdurer. Elle reconnaît que l'argent n'est pas seulement ce que l'on gagne ; c'est ce que l'on incarne. Et que les stratégies de richesse les plus efficaces ne sont pas celles qui contournent le système nerveux, mais celles qui l' *intègrent* .

L'avenir de la finance est vibratoire. Il est ancré dans la science, nourri par la conscience de soi et activé par la cohérence. En approfondissant votre relation avec ces principes, vous commencerez à remarquer quelque chose de subtil, mais indéniable: l'argent n'est plus perçu comme une source de stress ni comme une quête extérieure. Il devient une extension de votre état intérieur, un élément naturel et réactif d'une vie vécue en harmonie. Telle est la promesse de la finance fréquentielle. Et cela commence non pas par la force, mais par la fréquence.

Neurones miroirs et empathie financière: comment notre environnement façonne notre richesse Psychologie

Dans le discours sur l'argent et les mentalités, une grande attention est accordée aux croyances, aux comportements et aux habitudes stratégiques individuels. On nous encourage à changer nos pensées, à moderniser nos discours et à agir résolument pour atteindre nos objectifs financiers. Si ces outils de développement personnel sont précieux, ils négligent souvent une force puissante et méconnue de la psychologie de la richesse: l'influence de notre environnement. Plus précisément, la façon dont notre système nerveux s'adapte inconsciemment aux états émotionnels de notre entourage, notamment en matière de rareté ou d'abondance. Au cœur de ce phénomène se trouve un mécanisme neurologique fascinant: *les neurones miroirs* .

Découverts dans les années 1990 par des neuroscientifiques italiens étudiant les macaques, les neurones miroirs sont une classe de cellules cérébrales qui s'activent non seulement lorsque nous accomplissons une action, mais aussi lorsque nous observons quelqu'un d'autre l'accomplir. Ces neurones sont considérés comme essentiels à l'empathie, à l'imitation et à l'apprentissage par l'observation. Ils constituent la base biologique de notre capacité à « ressentir avec » les autres. Lorsqu'une personne à proximité grimace de douleur, vos neurones miroirs s'activent comme si vous étiez également blessé. Lorsque vous voyez quelqu'un sourire ou se détendre, votre cerveau reproduit cet état, créant un changement subtil mais réel dans votre propre réponse émotionnelle et physiologique.

Bien que souvent évoqués dans le contexte de l'empathie ou du lien social, les neurones miroirs ont également des implications profondes sur notre relation à l'argent. Les états financiers – comme la joie, l'anxiété, la générosité ou la peur – ne sont pas uniquement psychologiques ; ce sont *des fréquences énergétiques et émotionnelles* qui peuvent être absorbées par la proximité interpersonnelle. Nous n'apprenons pas les comportements financiers simplement en observant les autres ; nous les *inculquons* à notre instinct, adoptant souvent inconsciemment le ton émotionnel de ceux avec qui nous passons le plus de temps.

Cela explique pourquoi deux personnes ayant les mêmes revenus, le même niveau d'éducation et le même accès aux opportunités peuvent avoir des résultats très différents dans leur façon de gagner, de dépenser ou de s'enrichir. Ce n'est pas seulement ce qu'elles savent qui compte, mais ce qu'elles ont assimilé grâce à leur écosystème relationnel. Si vous êtes entouré de personnes qui perçoivent l'argent comme une source d'anxiété, de culpabilité ou de compétition, votre système nerveux peut refléter cet état, créant une dissonance interne, même si vos convictions intellectuelles pointent vers l'abondance. À l'inverse, si votre environnement normalise les conversations sur l'investissement, la générosité ou la recherche d'un revenu autonome, vous serez plus susceptible de vous sentir discipliné et confiant dans vos propres décisions financières.

Prenons le cas d'Emily, une jeune entrepreneure en devenir qui venait de passer d'un emploi salarié à une activité indépendante. Elle avait lu tous les livres financiers qui lui avaient été recommandés, suivi des cours en ligne et engagé un coach. Pourtant, malgré ses connaissances et sa stratégie, elle hésitait à présenter ses services, sous-facturait ses clients et ressentait une profonde culpabilité face à l'argent. Grâce à une réflexion approfondie et à une thérapie somatique, Emily a retrouvé l'origine de son malaise dans son environnement social d'origine. Elle a grandi dans une communauté où la richesse était considérée avec suspicion et l'ambition financière discrètement humiliée. Plus récemment, ses amis proches continuaient de parler de l'argent comme d'une chose insaisissable, injuste ou moralement compromettante. Même si elle tentait consciemment de repenser ses croyances, son système nerveux reflétait une fréquence constante de contraction financière. Son succès ne s'est pas produit en apprenant de nouvelles stratégies, mais en élargissant sa communauté à des personnes qui considéraient l'argent comme une force créatrice et valorisante.

Le rôle de l'environnement dans la détermination des résultats financiers est confirmé par des recherches en économie comportementale et en psychologie sociale. Nicholas Christakis et James Fowler, dans leur étude phare sur les réseaux sociaux, ont constaté que des comportements comme le tabagisme, l'obésité et même le bonheur sont *socialement contagieux* . Si un ami de votre ami prend du poids, votre probabilité de prendre du poids augmente, même si vous ne l'avez jamais rencontré. Le mécanisme? Des normes partagées et l'effet miroir du modèle émotionnel. Si cela est vrai pour la santé et le mode de vie, cela l'est tout autant pour les comportements financiers. Ce que vos pairs normalisent devient votre base de référence inconsciente.

Cela ne signifie pas que vous soyez un produit passif de votre environnement. Il s'agit plutôt d'un appel à une *sélection consciente* des écosystèmes énergétiques et émotionnels qui vous entourent. Votre système nerveux est constamment à l'écoute. Il capte les signaux de sécurité ou de menace, de permission ou de restriction, de possibilité ou de limitation, non seulement à partir de votre dialogue intérieur, mais aussi de la dynamique subtile qui vous entoure. Si chaque conversation sur l'argent dans votre sphère sociale est teintée de stress, de pénurie ou de conflit moral, votre capacité à incarner l'abondance est inévitablement limitée.

L'une des applications les plus efficaces de cette idée réside dans la conception de ce que le spécialiste du comportement BJ Fogg appelle une « architecture contextuelle ». Plutôt que de compter uniquement sur la volonté ou les changements d'état d'esprit, nous pouvons façonner notre environnement pour favoriser les états d'esprit que nous souhaitons cultiver. Cela implique non seulement de créer des espaces physiques – comme une zone budgétaire épurée ou un espace dédié à la tenue d'un journal financier – mais aussi de cultiver des espaces sociaux qui renforcent l'autonomie financière. Qu'il s'agisse de rejoindre des groupes de réflexion, de suivre des leaders d'opinion financièrement compétents ou de passer intentionnellement plus de temps avec ceux qui incarnent la richesse avec grâce et générosité, ces décisions reprogramment non seulement vos pensées, mais aussi votre physiologie.

De plus, l'empathie financière – la capacité à *ressentir* la situation financière d'autrui – n'est pas toujours un atout. Si l'empathie favorise le lien et la compassion, une empathie non maîtrisée peut conduire à l'enchevêtrement, à la culpabilité ou à l'abandon de soi. C'est particulièrement vrai pour les aidants, les personnes empathiques ou les professionnels de l'aide, qui assument souvent inconsciemment le stress financier des autres. Ils peuvent retarder l'augmentation des prix, hésiter à recevoir ou donner excessivement par crainte d'être perçus comme égoïstes ou indifférents. Apprendre à distinguer *la sympathie* de *la rareté apparente* devient un acte de souveraineté financière.

Dans ce contexte, les limites ne sont pas seulement psychologiques, elles sont neurologiques. Les pratiques qui vous réancrent dans votre propre fréquence, comme la respiration ancrée, le suivi somatique ou la journalisation réflexive, sont des outils essentiels pour interrompre le réflexe miroir lorsqu'il conduit à la déresponsabilisation. Elles vous permettent de ressentir avec les autres sans vous perdre, de soutenir les autres sans compromettre votre propre bien-être financier et d'observer la pénurie sans l'absorber.

Cette capacité à rester énergétiquement distinct est particulièrement essentielle dans les environnements où les traumatismes financiers sont répandus – au sein des familles, des couples ou des communautés qui se remettent d'une injustice systémique. Si l'empathie pour les difficultés d'autrui est essentielle à la guérison collective, la suridentification peut éroder l'autonomie personnelle. La véritable autonomisation ne signifie pas se déconnecter de ceux qui luttent, mais maintenir un état d'esprit ancré et cohérent qui assure la stabilité du système. Ainsi, *votre système nerveux devient un laissez-passer* – non seulement pour votre propre abondance, mais aussi pour que les autres puissent s'épanouir dans la leur.

Des exemples concrets illustrent ce principe. Lorsque les incubateurs de start-up placent des entrepreneurs émergents aux côtés de fondateurs expérimentés, la nouvelle cohorte non seulement acquiert des compétences, mais commence également à *incarner* la confiance, la réflexion stratégique et une vision audacieuse. L'effet miroir accélère l'intégration. De même, dans les cercles de gestion de patrimoine basés sur le mentorat, les participants signalent souvent que le changement le plus important n'est pas tactique, mais émotionnel. Voir quelqu'un qui leur ressemble, avec un parcours ou une identité similaire, incarner la maîtrise financière crée une ouverture neurologique qui leur dit: « C'est sûr. C'est possible. Voilà qui je peux devenir. »

Les changements les plus significatifs dans votre vie financière ne résultent peut-être pas d'efforts accrus, mais d'une meilleure résonance. Passer moins de temps dans des environnements saturés de pénurie et plus de temps dans des espaces régulateurs et inspirants. Suivre non seulement vos gains ou vos économies, mais aussi *votre perception* de l'argent et des personnes avec lesquelles vous partagez cette perception est essentiel. Ces subtilités forment le schéma directeur de votre système nerveux financier, qui se contracte pour se défendre ou se développe pour se faire confiance.

En fin de compte, les neurones miroirs nous rappellent que l'argent n'est pas seulement personnel, mais relationnel. Vos croyances ne sont pas isolées. Elles se forment dans la conversation, se renforcent par la proximité et sont ancrées dans les champs émotionnels. En prendre conscience vous permet de faire des choix éclairés, non seulement concernant vos objectifs financiers, mais aussi votre environnement financier.

Demandez-vous: à qui suis-je le reflet? Quelle énergie financière absorbe-je inconsciemment? Où suis-je le plus expansif, et avec qui suis-je lorsque cela se produit? Ces questions ne sont pas des exercices intellectuels ; ce sont des passerelles diagnostiques vers un nouveau niveau de clarté et de cohérence financières.

Créer de la richesse ne consiste pas seulement à changer d'état d'esprit. Il s'agit d'accorder son système nerveux à de nouvelles fréquences, d'harmoniser son corps et son environnement avec la tonalité émotionnelle de la prospérité. Et de se rappeler que parfois, l'amélioration la plus profonde n'est pas interne, mais relationnelle. Car votre système nerveux sait déjà refléter. L'essentiel est de choisir ce qu'il reflète et qui il reflète ensuite.

L'effet observateur et la richesse: comment l'attention façonne la réalité financière

Dans le monde de la physique quantique, un principe suscite une fascination et une réflexion philosophique durables: l'effet observateur. Il suggère que l'acte d'observation n'est pas passif ; il influence le résultat observé lui-même. Bien qu'ancrée dans le comportement subatomique des particules, cette idée a des implications qui dépassent largement le cadre du laboratoire. Appliquée à l'intention humaine et à la vie financière, cette idée révèle une puissante intuition: *ce que nous observons avec concentration et engagement émotionnel tend à se matérialiser* . Il s'avère que l'attention n'est pas seulement un processus cognitif. C'est une force créatrice.

L'effet observateur a été démontré de manière célèbre par l'expérience de la double fente, où des particules de lumière ou de matière présentaient un comportement différent selon qu'elles étaient observées ou non. Non mesurées, elles se comportaient comme des ondes: fluides, riches en possibilités. Observées, elles se réduisaient en particules: des résultats fixes et mesurables. Cette expérience a ébranlé les fondements de la physique classique, remettant en cause l'hypothèse selon laquelle la réalité existe indépendamment de l'observateur. Elle a plutôt posé comme postulat que l'acte conscient d'observation participe à façonner la réalité elle-même.

Pour beaucoup, le lien entre la mécanique quantique et les finances personnelles peut paraître tiré par les cheveux. Pourtant, examiné sous l'angle de la psychologie, des neurosciences et de l'économie comportementale, les parallèles deviennent étonnamment tangibles. L'observation, dans ce contexte, peut être comprise comme une conscience focalisée – une attention dirigée, imprégnée d'intention, d'attente et d'émotion. C'est la qualité de notre présence à un objectif, la façon dont nous visualisons notre avenir, la profondeur de notre engagement envers un désir ou une vision. Et tout comme dans le domaine quantique, cette observation change la donne.

En termes financiers, cela signifie que ce sur quoi vous vous concentrez constamment commence à façonner votre expérience, non pas par magie, mais par une cascade de changements neurologiques et comportementaux. Le système d'activation réticulaire (SAR), un réseau de neurones situé dans le tronc cérébral, filtre l'énorme quantité d'informations sensorielles que nous recevons et nous permet de remarquer ce que nous jugeons important. Lorsque vous définissez une intention financière, qu'il s'agisse d'augmenter vos revenus, de constituer une épargne ou de créer une entreprise, votre SAR commence à rechercher des opportunités, des schémas et des signaux pertinents dans votre environnement. Vous commencez littéralement à *voir* ce que vous ignoriez auparavant. Ce qui paraissait aléatoire prend alors tout son sens. L'observation intentionnelle prépare votre esprit à participer activement à la construction de la réalité que vous désirez.

Prenons l'exemple de Michael, un analyste d'entreprise qui a stagné pendant des années avec le même salaire. Bien qu'aspirant à une croissance financière, il examinait rarement ses objectifs au-delà de vagues désirs. Après avoir suivi un coach financier, il a commencé à suivre une intention précise: augmenter ses revenus de 30 % en 12 mois. Chaque matin, il révisait son objectif, se visualisait déjà en train de vivre avec ce résultat et notait les actions qu'il pouvait entreprendre pour l'atteindre. Trois mois plus tard, il recevait une offre d'emploi inattendue chez un concurrent, assortie d'une augmentation de salaire significative. Michael a décrit l'expérience comme étrange, mais ce n'était pas un coup de chance. C'était le fruit d'une observation soutenue et intentionnelle, qui a déclenché à la fois un subtil rééquilibrage interne et les comportements proactifs qui ont suivi.

Cette dynamique est bien documentée dans la littérature psychologique. Des études sur *les intentions de mise en œuvre* – des plans précis associant un objectif futur à des mesures concrètes – montrent que les personnes qui mettent leurs objectifs par écrit et les revoient régulièrement ont nettement plus de chances de les atteindre. La combinaison d'une attention focalisée et d'une planification structurée active les circuits neuronaux liés à la motivation et à la formation d'habitudes. Ce qui est frappant, c'est la façon dont ces résultats reproduisent le principe quantique: les objectifs laissés dans l'abstraction demeurent des vagues de possibilités non effondrées. Les objectifs observés – clairement définis, engagés émotionnellement et constamment revisités – se transforment en résultats.

Mais l'effet observateur ne se limite pas aux objectifs. Il s'applique aussi à notre *façon* de nous observer nous-mêmes. Les récits que nous répétons, les identités que nous renforçons et les attentes que nous portons deviennent des prophéties autoréalisatrices. Si vous avez l'habitude de vous observer à travers le prisme du manque – « Je ne suis pas doué avec l'argent », « Je ne vais jamais au bout des choses », « L'abondance est pour les autres » – vous renforcez ces états énergétiques. L'observation intérieure consolide ces conceptions de soi, influençant à la fois le comportement et la physiologie.

Des études neuroscientifiques montrent que le cerveau est dépendant de l'expérience et qu'il est malléable tout au long de la vie. La neuroplasticité autodirigée – le processus qui consiste à utiliser la pensée consciente pour reprogrammer les voies neuronales – est un outil puissant pour remodeler l'identité financière. En vous observant intentionnellement, en choisissant de vous représenter une personne autonome, compétente et financièrement performante, vous activez de nouveaux schémas de perception et de réaction. Il ne s'agit pas de faire semblant ou d'affirmer sans conviction. Il s'agit d'entraîner votre attention à s'attarder sur les possibilités plutôt qu'à perpétuer les limites.

Prenons l'exemple d'Aisha, graphiste qui a grandi dans un environnement familial marqué par la frugalité et la peur de l'argent. Elle a intériorisé la croyance que la richesse était instable et que la recherche de l'argent compromettrait son intégrité. Malgré son talent, elle sous-estimait son travail et évitait les clients bien rémunérés. Grâce à des pratiques d'observation réflexive – incluant la rédaction quotidienne de scripts, la visualisation et l'ancrage somatique –, elle a commencé à changer sa vision intérieure. Elle ne voulait plus seulement gagner plus ; elle a commencé *à se percevoir* comme quelqu'un qui en était capable. Ce changement d'observation subtil mais crucial a précédé une transformation majeure dans son entreprise: elle a doublé ses prix, attiré des clients qui lui correspondaient et s'est enfin sentie en phase avec son expansion financière.

L'attention n'est donc pas neutre. C'est un vecteur. Là où elle pointe, l'énergie suit. Et ce qui est observé avec constance, avec émotion et clarté, commence à se matérialiser – d'abord en perception, puis en action, et finalement en résultats.

Il est toutefois important de distinguer *observation active* et *souhait passif*. L'effet observateur n'est pas une faille dans les lois de l'effort ou de la responsabilité. Il ne suggère pas que le simple fait de penser à l'argent le fera apparaître. Il met plutôt en lumière une vérité plus nuancée: lorsque nous accordons une attention consciente, régulée et émotionnellement engagée à notre vie financière, nous préparons l'ensemble de notre système – neurologique, comportemental et énergétique – à s'aligner sur les résultats souhaités. L'effet n'est pas instantané, mais cumulatif et profond.

L'un des outils les plus efficaces pour exploiter l'effet d'observateur est *la visualisation structurée* . Elle va au-delà d'une simple représentation abstraite de la richesse ou du succès. Elle implique de répéter délibérément l'état intérieur, les comportements et les résultats associés à votre objectif. Visualisez non seulement le résultat – comme le solde de votre compte en banque – mais aussi le processus: votre comportement, les décisions que vous prenez, l'énergie que vous dégagez. Des études en psychologie du sport montrent que la répétition mentale peut induire des changements neuronaux presque identiques à la pratique physique. Appliqué à la vie financière, cela signifie que vous pouvez commencer *à vivre* la fréquence de la richesse avant même l'arrivée des preuves extérieures.

Cette pratique devient encore plus puissante lorsqu'elle est associée à la régulation somatique. Si vous visualisez l'abondance mais que votre corps réagit par la tension ou la peur, vous avez peu de chances de maintenir cette fréquence. L'effet d'observation n'est pas purement cérébral ; il est incarné. En combinant respiration, harmonisation émotionnelle et présence, vous créez une cohérence où pensée, ressenti et physiologie s'harmonisent. Dans cet état, l'observation devient non seulement une activité mentale, mais aussi un calibrage énergétique.

Dans les contextes collectifs, l'effet d'observateur explique pourquoi l'intention partagée amplifie les résultats. Les méditations de groupe, les séances de visualisation ou les cercles de réflexion créent ce que le physicien David Bohm appelle *des champs de cohérence partagés* . Lorsque plusieurs personnes concentrent leur attention sur un objectif commun – surtout lorsqu'il est ancré dans l'émotion et la clarté – des changements se produisent non seulement au sein des individus, mais aussi à l'échelle du champ. Il ne s'agit pas là d'une simple spéculation métaphysique ; des recherches en neurosciences sociales et en psychoneuroimmunologie suggèrent que l'attention collective peut influencer la régulation émotionnelle, le niveau de stress et même les marqueurs biologiques.

Fondamentalement, l'effet d'observateur invite à une responsabilité radicale: devenir le gardien conscient de son attention. Dans un monde saturé de distractions, d'anxiété et de bruit, ce n'est pas une mince affaire. Mais c'est essentiel. Car ce que vous observez habituellement, vous le dynamisez. Et ce que vous dynamisez, vous le réalisez finalement.

Demandez-vous: Qu'est-ce que j'observe au quotidien? Est-ce que je perçois une limitation ou une expansion? Une pénurie ou des possibilités? Est-ce que je me focalise sur ce qui manque ou est-ce que je m'intéresse à ce qui émerge? Ces questions ne sont pas rhétoriques, ce sont des miroirs. Elles reflètent la qualité de votre conscience financière. Et elles ouvrent la voie à une nouvelle forme de prospérité, mesurée non seulement par des chiffres externes, mais aussi par un alignement intérieur.

Vivre intentionnellement, c'est observer avec détermination. S'enrichir, dans ce sens quantique, c'est devenir un observateur précis et discipliné de son monde intérieur et extérieur: en organisant son attention, en entraînant sa perception et en habitant sa vision bien avant qu'elle ne se manifeste. Car dès l'instant où l'on observe quelque chose avec une attention soutenue et une conviction profonde, on commence à sortir de l'abstrait pour entrer dans la réalité.

En ce sens, la richesse n'est pas seulement une quête. C'est quelque chose qu'on apprend à *voir* . Et en la voyant – clairement, constamment et de manière cohérente – on commence à la concrétiser.

Visualisation 2.0: au-delà du tableau de visualisation

Depuis des décennies, les tableaux de visualisation occupent une place centrale dans le monde du développement personnel et de la manifestation. Des collages de maisons de rêve, de voitures de luxe, de vacances tropicales et de citations inspirantes ornent les murs d'innombrables entrepreneurs, créatifs et chercheurs spirituels en herbe. L'idée sous-jacente est simple et séduisante: si vous pouvez le voir, vous pouvez le croire, et si vous y croyez, vous pouvez l'atteindre. Pourtant, si cette approche de la visualisation peut susciter une inspiration à court terme, nombreux sont ceux qui se retrouvent désillusionnés lorsque les résultats promis ne se matérialisent pas – ou pire, lorsque ces résultats arrivent mais n'apportent pas la satisfaction émotionnelle escomptée.

Ce décalage résulte d'un oubli crucial: les pratiques de visualisation traditionnelles restent souvent superficielles. Elles se concentrent sur les symboles et les résultats, mais négligent les mécanismes internes qui créent et soutiennent réellement la transformation. Les images peuvent être soignées, mais les émotions sont rarement abordées avec profondeur et précision. Les objectifs sont définis, mais le système nerveux est laissé de côté. Ce qui est nécessaire, c'est une évolution: un cadre de visualisation nouvelle génération qui honore la complexité du comportement humain, des émotions et de l'incarnation. C'est là qu'intervient *la Visualisation 2.0* .

La visualisation 2.0 ne consiste pas à abandonner complètement les tableaux de visualisation. Il s'agit plutôt de transcender leurs limites en intégrant des techniques scientifiquement fondées qui activent le corps, clarifient l'intention et intègrent la résonance émotionnelle. Il s'agit d'une approche multidimensionnelle de la manifestation qui engage l'être dans sa globalité – cognitive, émotionnelle, physiologique et narrative.

Au cœur de cette pratique améliorée se trouve un concept appelé *cartographie émotionnelle* . Alors que la visualisation traditionnelle demande: « Que voulez-vous? », la cartographie émotionnelle demande: « Comment voulez-vous vous *sentir*? » Les neurosciences démontrent systématiquement que les émotions sont le moteur du comportement. Le système limbique, centre émotionnel du cerveau, joue un rôle essentiel dans l'encodage de la mémoire, la prise de décisions et la signalisation de la sécurité ou de la menace. Si votre visualisation n'évoque pas un état émotionnel convaincant, elle manque de l'empreinte neurologique nécessaire pour influencer une action durable. À l'inverse, lorsqu'un objectif est associé à une signature émotionnelle forte – comme la joie, la fierté, la paix ou la confiance –, il s'ancre dans le système nerveux comme une réalité ressentie, et non comme un espoir lointain.

Prenons l'exemple de Sasha, une coach qui a passé des années à visualiser une entreprise à six chiffres. Son tableau de visualisation était élaboré et méticuleusement mis à jour chaque année. Pourtant, ses revenus stagnaient, sa confiance vacillait et sa motivation fluctuait. Ce n'est qu'après avoir travaillé avec un praticien somatique qu'elle a réalisé que sa pratique de visualisation manquait de cohérence émotionnelle. Les images l'excitaient intellectuellement, mais, émotionnellement, elles provoquaient anxiété, sentiment d'inutilité et pression. Grâce à la cartographie émotionnelle, elle a commencé à identifier les sentiments qu'elle désirait sincèrement – aisance, espace, fluidité créative – et a adapté ses visualisations en conséquence. Au lieu de se contenter d'imaginer le résultat, elle a répété l' *expérience émotionnelle* de vivre à partir de cette fréquence. En quelques mois, non seulement ses revenus ont augmenté, mais sa relation au travail est devenue plus joyeuse et durable.

Le deuxième pilier de la Visualisation 2.0 est *l'incarnation* . Il s'agit de la pratique consistant à activer le corps en tant que participant à la visualisation, plutôt que de reléguer l'expérience à l'esprit. Des études en psychologie du sport et en neuroplasticité confirment que la répétition mentale associée à l'activation physique peut reconnecter les voies neuronales plus efficacement que la seule imagerie mentale. Les athlètes qui pratiquent mentalement leurs routines en effectuant des micro-mouvements ou en synchronisant leur respiration sont plus performants sous pression que ceux qui visualisent en état statique.

La visualisation incarnée, c'est ressentir l'objectif dans ses muscles, sa respiration, sa posture et sa présence. C'est marcher comme celui qui détient déjà ce succès. C'est respirer comme si l'anxiété s'était dissipée. C'est se tenir debout, s'asseoir et parler avec la gravité de la confiance en soi. Cela ne nécessite pas de mise en scène. Souvent, les changements subtils sont les plus puissants: une respiration plus profonde, une mâchoire détendue, un changement de regard. Ces signaux somatiques envoient au cerveau un retour d'information indiquant que l'état souhaité est déjà vécu. Le corps, véritable réservoir de mémoire émotionnelle, commence à encoder l'expérience comme réelle et agit en conséquence.

James, conseiller financier en transition vers le coaching, illustre parfaitement le pouvoir de l'incarnation. Pendant des mois, il a peiné à communiquer sa nouvelle identité, utilisant souvent un langage vague ou minimisant ses compétences. Grâce à la visualisation incarnée, il commençait chaque journée par une pratique de cinq minutes: se tenant droit, s'imaginant animer des séances à fort impact et répétant une phrase simple: « Ma voix est porteuse de clarté et de valeur. » En quelques semaines, il a constaté un changement dans son ton, sa posture et la façon dont ses clients réagissaient à son égard. Son chiffre d'affaires a suivi. Le changement ne résidait pas dans sa stratégie, mais dans son *état d'esprit*, et cet état d'esprit a été cultivé par la répétition incarnée.

Le dernier élément qui distingue Visualisation 2.0 de son prédécesseur est *le scénario narratif*. Il s'agit d'écrire ou de parler du point de vue du « futur soi » ayant déjà atteint le résultat souhaité. Contrairement aux affirmations, qui peuvent parfois sembler forcées ou déconnectées de la réalité actuelle, le scénario narratif sollicite l'imagination de manière plus immersive et crédible. Il exploite l'architecture narrative du cerveau, qui est prédisposé à comprendre le monde à travers la structure narrative.

Lorsque vous écrivez une lettre de votre futur moi, notez une journée dans votre vie financière ou enregistrez un message audio célébrant une étape importante, vous sollicitez non seulement le cortex préfrontal (responsable de la définition des objectifs et de la planification), mais aussi l'hippocampe (qui code la mémoire) et l'amygdale (qui attribue une signification émotionnelle aux expériences). Il en résulte une simulation riche en textures que le cerveau et le corps commencent à accepter comme familière. Ce qui est familier semble sécurisant, et ce qui semble sécurisant devient plus facile à mettre en pratique.

Le scénario narratif aborde également un angle mort majeur de la visualisation traditionnelle: l'identité. Nombreux sont ceux qui visualisent des résultats qui entrent en conflit avec leur image actuelle d'eux-mêmes. Ils aspirent à gagner plus, mais se considèrent toujours comme des outsiders. Ils aspirent à la liberté, mais croient inconsciemment qu'ils doivent toujours se battre pour la mériter. Le scénario permet à la nouvelle identité de s'exprimer, non pas en termes génériques, mais en termes personnels et émotionnellement résonnants. Au fil du temps, ces scénarios commencent à remodeler la perception de soi, dissolvant les résistances internes et renforçant la congruence entre vision et identité.

Par exemple, Jordan, directeur d'une association à but non lucratif se reconvertissant dans le conseil, avait du mal à intégrer l'idée de gagner beaucoup plus. Il respectait l'argent, mais se sentait mal à l'aise de facturer des honoraires élevés. Grâce à l'écriture de scénarios, il a commencé à écrire des lettres hebdomadaires de son futur moi: un consultant respecté travaillant avec des organisations à mission, vivant dans l'aisance financière et accompagnant d'autres personnes. Ces lettres ont évolué, passant d'une fiction maladroite à un dialogue authentique. Il a commencé à avoir l'impression non pas de *faire semblant* , mais de se souvenir *d'* une version de lui-même qu'il avait refoulée. Ce changement a ouvert la voie à des actions audacieuses: lancer sa marque, augmenter ses tarifs et s'investir dans la visibilité.

Ensemble, la cartographie émotionnelle, l'incarnation et la scénarisation créent une triade de profondeur qui élève la visualisation du simple rituel de stimulation de l'humeur à une reconfiguration stratégique. Elles transforment le désir en expérience vécue, rendant les objectifs non seulement réalisables, mais aussi *personnalisés, incarnés et ancrés émotionnellement* . Il ne s'agit pas de tromper l'esprit. Il s'agit d'aligner le soi complet sur la fréquence de l'épanouissement, avant même que les preuves n'apparaissent.

Il est essentiel de comprendre que ces pratiques ne sont pas linéaires. Elles sont itératives. Certains jours, les émotions surgiront facilement ; d'autres nécessiteront un réajustement. Certains scénarios seront électriques ; d'autres tomberont à plat. L'essentiel est la cohérence, et non la perfection. La visualisation 2.0 ne consiste pas à contrôler l'avenir, mais à *préparer le système nerveux à l'accueillir* avec grâce et cohérence.

Cette approche de niveau supérieur est non seulement plus efficace, mais aussi plus honnête. Elle reconnaît que le changement n'est pas seulement intellectuel. Il est émotionnel, cellulaire et énergétique. Et lorsque nous nous engageons dans nos désirs à travers toute la gamme des expériences – et pas seulement avec des images sélectionnées ou des objectifs ambitieux – nous commençons à passer de l'aspiration à l'incarnation.

Visualiser efficacement ne signifie pas échapper à la réalité. Il s'agit de la façonner – de l'intérieur. Avec clarté. Avec intégrité émotionnelle. Et avec la volonté de devenir la personne capable de saisir ce qu'elle n'a jamais fait qu'espérer. Telle est la promesse de la Visualisation 2.0. Et c'est une pratique, pas une performance. Un processus, pas un raccourci. Un processus qui, pleinement adopté, transforme le rêve non pas en destination, mais en une fréquence vécue.

Pratique interactive: créez votre portefeuille quantique

Et si votre réalité financière n'était pas seulement le reflet de vos revenus, dépenses et investissements, mais aussi la manifestation de votre alignement intérieur: vos croyances, votre fréquence émotionnelle et l'histoire que vous vous racontez à propos de l'argent? Dans un monde qui reconnaît de plus en plus l'interaction entre énergie, conscience et résultats matériels, l'idée d'un *portefeuille quantique* nous fait dépasser la finance traditionnelle pour adopter un modèle plus nuancé et intégré. Il ne s'agit pas d'une évasion métaphysique ni d'un contournement des compétences pratiques. Il s'agit plutôt d'une invitation à définir votre identité financière à un niveau quantique, émotionnel et stratégique, délibérément et consciemment.

Fondamentalement, le Portefeuille Quantique est un concept qui allie intention financière et congruence énergétique. Il représente la signature vibratoire que vous portez autour de votre argent, façonnée par votre système nerveux, votre image de vous-même, votre héritage générationnel et votre capacité à recevoir. La construction de ce portefeuille ne commence pas par des outils externes, mais par une profonde introspection. Le « construire », c'est devenir l'architecte de votre écosystème financier intérieur: un espace où état d'esprit, incarnation et stratégie cohabitent en harmonie.

Cette pratique interactive de journalisation n'est pas un exercice ponctuel. C'est un dialogue permanent entre qui vous avez été, qui vous devenez et qui vous êtes prêt à être. Elle associe les connaissances de la théorie quantique, de la psychologie somatique, de la finance comportementale et de la théorie de l'identité narrative pour offrir une cartographie multidimensionnelle de la création de richesse. Elle part du principe que l'argent n'est pas seulement un objectif, mais un miroir, et que son reflet dépend de votre alignement intérieur.

Pour initier le processus, commencez par cartographier votre *fréquence financière actuelle* . Cela inclut l'évaluation de vos émotions dominantes liées aux revenus, aux dépenses, à l'épargne et aux investissements. Ressentez-vous de l'anxiété lorsque de l'argent est déposé sur votre compte? De la culpabilité lorsque vous dépensez pour vous-même? De la tension lorsque vous discutez d'argent avec d'autres personnes? Il ne s'agit pas de sentiments passagers, mais de signaux intégrés qui influencent votre comportement financier. Des études neuroscientifiques montrent que la prise de décision est fortement influencée par l'étiquetage émotionnel, c'est-à-dire les associations que votre cerveau a construites à travers vos expériences passées. Si gagner est associé au stress, vous pouvez inconsciemment le repousser. Si épargner est associé à la privation, vous pouvez le saboter. Identifier ces schémas est le premier acte de désencombrement énergétique.

Une fois votre fréquence actuelle reconnue, l'étape suivante consiste à articuler l' *identité financière souhaitée* . C'est là que l'aspect quantique de l'exercice devient tangible. En mécanique quantique, les particules existent dans un champ de probabilités jusqu'à ce qu'elles soient observées, jusqu'à ce que l'attention de l'observateur les réduise à un état défini. De même, votre identité financière recèle de multiples possibilités. Mais une seule devient dominante: celle que vous observez le plus systématiquement par la pensée, le ressenti et le comportement.

Dans cet exercice, vous êtes invité à vous observer dans l'identité que vous choisissez. Non pas de manière hypothétique, mais narrative et émotionnelle. Quelle est la version de vous-même qui gagne, détient et fait circuler l'argent avec grâce? Comment pense-t-elle, ressent-elle, parle-t-elle et agit-elle? Quelles habitudes incarne-t-elle? Quelles limites respecte-t-elle? Et, surtout, que *ressent -elle* face à l'argent, non seulement lorsqu'il coule à flot, mais aussi face à l'incertitude?

Prenons l'exemple d'Arjun, consultant en données, qui a passé des années à sous-facturer, convaincu que demander plus risquait de s'aliéner les clients. Sa stratégie financière était judicieuse, mais son identité était fragmentée. En s'engageant dans l'exercice du Portefeuille Quantique, il a réalisé que son image de lui-même était encore ancrée dans une version plus jeune et respectueuse de lui-même. Grâce à l'écriture narrative, il a rédigé des entrées de journal quotidiennes du point de vue de son futur moi: un consultant confiant, bien rémunéré, dont la valeur était reconnue et respectée. Il a associé cela à un travail de respiration pour ancrer ses émotions, permettant à son système nerveux d'identifier la sécurité dans l'expansion. En trois mois, Arjun a augmenté ses tarifs de 40 %, a conservé ses meilleurs clients et s'est dit plus détendu lors des entretiens commerciaux. Il n'a pas seulement changé de comportement, il a adapté sa fréquence.

Le portefeuille quantique exige également une analyse de l' *environnement et des relations* dans lesquels vous évoluez. Puisque les neurones miroirs nous sensibilisent aux émotions de ceux qui nous entourent, votre identité de richesse est façonnée non seulement par vos croyances, mais aussi par le ton financier de votre écosystème. Êtes-vous entouré de discours sur la rareté, de concurrence subtile ou de martyre autour de l'argent? Ou de personnes qui considèrent la richesse comme un outil de générosité et de croissance? Votre portefeuille ne peut être construit isolément. Il est énergétiquement connecté aux relations, aux médias et aux contextes sociaux que vous fréquentez au quotidien.

Un autre aspect de cette pratique consiste à établir un *parcours stratégique* en harmonie avec votre profil énergétique et émotionnel. C'est là que votre Portefeuille Quantique devient plus qu'un simple outil de journalisation: il devient un pont entre incarnation et exécution. Vous commencez à identifier les vecteurs de création de richesse les plus pertinents. Épanouissez-vous dans des environnements structurés ou préférez-vous la fluidité? Êtes-vous plus créatif en collaboration ou en solitude? Quelles méthodes de planification financière apaisent votre système plutôt que de le stresser? Ces choix stratégiques, éclairés par l'intelligence émotionnelle, sont bien plus durables que des conseils génériques. La richesse ne se construit pas en adoptant le « meilleur » système, mais en créant un système qui reflète votre fréquence authentique.

Cette couche stratégique vous invite également à mesurer vos progrès par *résonance* , et pas seulement par des indicateurs. La finance traditionnelle se concentre uniquement sur les chiffres: revenus, marges bénéficiaires, retour sur investissement. Bien que ces éléments soient importants, le Portefeuille Quantique vous invite également à suivre vos changements émotionnels: vous sentez-vous plus en sécurité lorsque vous recevez? Procrastinez-vous moins lorsque vous examinez vos finances? Êtes-vous plus présent lorsque vous dépensez? Ressentez-vous plus de sérénité lorsque vous investissez? Ce ne sont pas des indicateurs indirects, mais les précurseurs d'une expansion financière significative et à long terme.

Des exemples concrets illustrent encore mieux cette approche. Prenons l'exemple d'Yvonne, une artiste qui oscillait entre fluidité créative et chaos financier. Lorsqu'elle a commencé à constituer son portefeuille quantique, elle a réalisé qu'elle avait intériorisé l'archétype de « l'artiste affamée ». Grâce à un journal intime guidé, elle a réécrit son histoire financière, élaboré des rituels pour séparer énergiquement travail créatif et survie financière, et commencé à considérer ses pratiques commerciales comme une extension de son art. Il en a résulté non seulement une augmentation de ses revenus, mais aussi un profond changement intérieur: elle n'a plus ressenti de ressentiment envers les tâches financières ; elles sont devenues des actes de dévouement envers son avenir.

Cette pratique fonctionne également pour tous les niveaux de revenus. Rajiv, cadre dans le secteur technologique au salaire conséquent, ressentait encore un manque en raison d'un traumatisme générationnel et d'une peur intériorisée de la perte. Son journal intime a révélé que son image de soi était figée à une époque où sa famille avait tout perdu dans une crise financière. Grâce à l'observation quotidienne de son abondance actuelle, associée à des pratiques somatiques qui aidaient son corps à se sentir en sécurité, il s'est rééquilibré. Il n'avait pas besoin de plus de revenus. Il avait besoin de plus *de permission* pour profiter de ce qu'il avait déjà. Son portefeuille quantique l'a aidé à identifier les fuites émotionnelles qu'aucune somme d'argent ne pouvait combler.

En vous engageant dans cette pratique, attendez-vous à rencontrer de la résistance. Votre identité actuelle ne cédera pas facilement. Le système nerveux, prédisposé à la familiarité plutôt qu'à l'épanouissement, peut signaler un malaise lorsque vous commencez à incarner une nouvelle fréquence financière. Il ne s'agit pas d'une régression, mais d'un réétalonnage. Chaque fois que vous revisitez votre journal, vous ne faites pas qu'écrire ; vous *observez* , transformant la vague de potentiel en la forme de votre choix.

Créer votre portefeuille quantique ne consiste pas à scénariser un fantasme idéalisé. Il s'agit de créer une architecture d'identité financière vivante et dynamique, émotionnellement cohérente, énergétiquement alignée et stratégiquement ancrée. Cela vous invite à préciser vos désirs, à clarifier vos habitudes et à faire preuve de compassion envers les parties de vous qui hésitent encore.

L'idée du journal intime est simple, mais sa profondeur est profonde: *Qui suis-je en tant qu'être financièrement autonome? Que pense, ressent, fait et croit cette version de moi-même? Et à quoi ressemblerait une vie dans cet état dès aujourd'hui, même par de petits gestes symboliques?*

En répondant à cette question, vous ne prédisez pas un avenir lointain. Vous l'encodez – neurologiquement, émotionnellement et énergétiquement – dans le présent. Car la richesse, dans ce paradigme, ne se construit pas de l'extérieur vers l'intérieur. C'est quelque chose *avec laquelle vous vous alignez* , de l'intérieur vers l'extérieur.

Votre portefeuille quantique n'est pas un contenant pour votre argent. C'est un contenant pour votre *alignement* . Et lorsque vous le construisez avec intention, ce qui y circule reflète non seulement votre travail, mais aussi votre valeur. Non seulement votre ambition, mais aussi votre intégrité. Et non seulement vos objectifs, mais aussi votre évolution.

Chapitre 3
Ancrer l'abondance dans le corps

Malgré notre compréhension intellectuelle de l'argent – nos objectifs soigneusement élaborés, nos feuilles de calcul interminables et nos affirmations matinales – la véritable transformation financière ne commence pas seulement dans l'esprit. Elle commence en réalité dans le corps. Sous la surface des chiffres et des histoires se cache un terrain physiologique, façonné par la mémoire, l'expérience et l'instinct primaire de survie. Ce chapitre explore comment notre état somatique – le sentiment de sécurité ou de menace de notre système nerveux – influence profondément la perception de l'argent, qu'il soit une porte ouverte sur des opportunités ou un déclencheur de détresse. Pour cultiver une richesse durable, la première étape consiste à ancrer fermement l'abondance dans le corps.

Cela peut paraître abstrait jusqu'à ce qu'on considère les innombrables exemples: le travailleur indépendant qui sous-facture systématiquement malgré un portefeuille exceptionnel, le chef d'entreprise qui reporte sans cesse l'envoi de ses factures, ou l'investisseur qui panique et quitte le marché au moindre signe de turbulence. Ces comportements sont rarement le fruit de l'ignorance ou d'une mauvaise décision. Ils révèlent le plus souvent un stress somatique non traité – des systèmes nerveux conditionnés par l'expérience à associer argent et danger.

C'est ici qu'entre en jeu la discipline émergente de la richesse somatique, qui offre une explication convaincante. Ancrée dans l'expérience somatique – une approche thérapeutique sensible aux traumatismes développée par le Dr Peter Levine – cette perspective reconnaît que le traumatisme n'est pas simplement un souvenir stocké quelque part dans le cerveau ; il est gravé dans le corps. Face à des expériences bouleversantes – qu'il s'agisse de chocs financiers aigus, de pénurie chronique ou de blessures générationnelles héritées – le corps apprend à associer des signaux particuliers à une menace. Il peut s'agir de sensations internes, comme l'excitation suscitée par une notification de paiement, ou de déclencheurs externes, comme jeter un coup d'œil à un relevé bancaire intimidant. Dans les deux cas, ils déclenchent des réactions de survie subconscientes: immobilité, fuite ou combat.

Ces réactions sont orchestrées par le système nerveux autonome, avec un rôle particulier joué par le nerf vague, acteur central de la théorie polyvagale du Dr Stephen Porges. Le nerf vague, élément clé du système nerveux parasympathique, régit notre capacité au repos, à la digestion et aux relations sociales. Lorsqu'il fonctionne bien, nous nous sentons en sécurité, curieux et créatifs. En cas de dérégulation, l'anxiété, le repli sur soi ou la réactivité s'installent, même en l'absence de menace immédiate.

Appliqué aux finances, cela signifie que notre capacité à prendre des risques mesurés, à investir en nous-mêmes, à négocier fermement et à agir avec détermination n'est pas seulement une question de volonté ou d'intellect. Elle est intimement liée à notre perception physiologique de la sécurité. Impossible de déjouer un système nerveux en mode survie. Peu importe le nombre de cours de finance suivis ou de mantras mentaux récités, ils ne resteront pas si votre corps est en état de combat ou de fuite.

Cette prise de conscience bouleverse le scénario traditionnel de la création de richesse. La sécurité doit primer sur le succès, non pas comme une procrastination ou un plaisir, mais comme le fondement même. Lorsque le corps se sent en sécurité, le cortex préfrontal – le centre cérébral de la planification rationnelle et des fonctions exécutives – reste actif. Lorsque le corps perçoit un danger, la pensée rationnelle s'éteint et les instincts réactifs prennent le dessus. Cela explique pourquoi tant de personnes font des choix financiers impulsifs ou d'évitement sous la pression: la biologie prend le pas sur la raison.

Pour ancrer l'abondance dans le corps, il est nécessaire de cultiver des pratiques qui apaisent et régulent le système nerveux. La respiration est l'un des outils les plus simples et pourtant les plus efficaces. Ralentir délibérément la respiration et solliciter le diaphragme envoie des signaux rassurants au nerf vague, nous faisant passer du mode sympathique (combat ou fuite) au mode parasympathique (repos et réaction). Avec le temps, cela reprogramme le système nerveux pour tolérer la croissance, pour rester serein lorsque les revenus augmentent, que les opportunités se présentent ou que la visibilité s'accroît.

Prenons l'exemple de Clara, une entrepreneure créative qui, pendant des années, a plafonné ses revenus sans le savoir. Chaque fois qu'elle décrochait un client bien rémunéré, elle remettait les choses en question, remettait en question sa valeur, voire tombait malade. Sur le papier, Clara possédait un solide sens des affaires: marketing, réseautage, formation continue. Pourtant, son corps avait appris à associer réussite et stress. Grâce au coaching somatique et à la respiration, Clara a développé un rituel de ressourcement: se reconnecter à des sentiments de sécurité, d'ancrage et de plaisir avant d'envoyer des factures, d'augmenter ses prix ou d'investir davantage. En un an, ses revenus ont doublé et, surtout, son burn-out a considérablement diminué. Son succès financier n'était pas dû à une nouvelle stratégie ; il est venu d'un recalibrage de son système nerveux.

Les histoires comme celle de Clara ne sont pas des anomalies, mais des aperçus de ce qui devient possible lorsque la croissance financière s'harmonise avec l'intelligence somatique. Dans ce chapitre, vous apprendrez à reconnaître les réactions par défaut de votre corps au stress lié à l'argent: qu'il s'agisse de se figer lors de la gestion d'un budget, d'éviter les discussions sur les dettes ou de chercher trop de stabilité. Vous découvrirez des outils somatiques fondamentaux: techniques d'ancrage, exercices d'orientation et micro-mouvements conçus pour signaler la sécurité au cerveau.

Vous explorerez également, et c'est crucial, la distinction entre menace financière perçue et danger réel. Souvent, le système nerveux réagit à des déclencheurs parfaitement bénins – un paiement refusé, une facture en retard, une conversation financière tendue – comme s'il s'agissait d'une question de vie ou de mort. Reconnaître l'écart entre les réactions traumatiques passées et la réalité présente crée l'espace nécessaire pour réagir avec clarté, et non par réflexe. Il ne s'agit pas d'ignorer les difficultés financières ou de se laisser aller à des vœux pieux ; il s'agit de cultiver suffisamment d'espace somatique pour aborder les problèmes avec lucidité.

Nous examinerons également le corps émotionnel: comment des sentiments comme la honte, la culpabilité, le chagrin ou la colère s'ancrent profondément dans notre relation à l'argent. Souvent, les traumatismes financiers transcendent les chiffres, s'appuyant sur leur symbolisme. L'endettement peut symboliser l'échec ; l'épargne peut évoquer un abandon ancré dans l'histoire familiale. Ces empreintes émotionnelles ne vivent pas seulement dans l'esprit, mais aussi dans les fascias, les muscles et le système nerveux. La conscience somatique permet de mettre en lumière ces schémas, favorisant ainsi la transformation et la guérison.

Les implications vont au-delà du bien-être personnel. Ancrer l'abondance dans le corps perturbe les cycles de pénurie transmis de génération en génération. Cela nous permet d'incarner une richesse régulée: s'accroître sans s'effondrer, donner sans épuiser, recevoir sans crainte. Ce travail revêt une importance particulière pour les communautés marginalisées ou historiquement exclues, où les traumatismes financiers se mêlent à l'injustice systémique. La richesse somatique offre une voie pour reconquérir non seulement l'argent, mais aussi la dignité, la capacité d'agir et la souveraineté énergétique.

Tout au long de ce chapitre, vous serez guidé à travers des pratiques, des réflexions et des exercices intégratifs visant à vous aider à réguler, réaligner et reconnecter. Construisez une relation somatique avec l'argent qui ne soit pas guidée par la peur ou l'illusion, mais ancrée dans la présence. Cela ne signifie pas bannir tout stress, mais développer la résilience pour gérer l'expansion financière sans se perdre.

Tenter de créer de la richesse sans l'ancrer dans son corps revient à construire sur du sable mouvant. Enraciner l'abondance dans le corps, au contraire, établit une fondation inébranlable: un système nerveux de plus en plus capable d'accueillir plus de vie, plus de choix, plus de liberté. Ce n'est pas une solution miracle. C'est un retour permanent à la sécurité qui constitue le point de départ de chaque démarche financière.

De cette façon, nous cessons de rechercher l'abondance comme une chose extérieure, et commençons à la cultiver de l'intérieur.

Nous cessons d'osciller entre épuisement et effondrement. Au contraire, au plus profond de notre être, nous commençons à ressentir: il est possible de s'épanouir, de se reposer, de recevoir et de prospérer en toute sécurité. Non seulement en tant que concept, mais en tant que réalité vécue. Cela commence toujours par le corps.

Richesse somatique: là où le corps stocke la rareté

Nous avons tendance à considérer le comportement financier comme le fruit d'une pensée rationnelle – des décisions prises grâce à une planification réfléchie, une évaluation logique des risques et une analyse coûts-avantages minutieuse. Mais les recherches en neurosciences, en psychologie du traumatisme et en économie comportementale révèlent une réalité bien plus complexe: une grande partie de nos interactions avec l'argent n'est pas cognitive, mais *somatique* . Notre corps se souvient de ce que notre esprit oublie. Il encode, stocke et réagit aux traumatismes financiers de manière à façonner nos choix quotidiens, parfois des années, voire des décennies, après l'expérience initiale. Comprendre cette empreinte physiologique est le fondement de *la richesse somatique* , une perspective transformatrice à travers laquelle nous pouvons considérer l'argent non pas comme un outil détaché, mais comme une relation émotionnellement et biologiquement chargée.

L'expérience somatique, une modalité thérapeutique mise au point par le Dr Peter Levine, fournit ici un cadre essentiel. Elle postule que le traumatisme n'est pas seulement une histoire ou un événement psychologique, mais un événement biologique: une énergie de survie non résolue, bloquée dans le système nerveux. Lorsqu'une personne est confrontée à une menace, réelle ou perçue, et qu'elle est incapable de lutter pleinement, de fuir ou de se figer pour mener à bien sa réponse au stress, le corps stocke cette énergie incomplète dans les muscles, les fascias et les voies autonomes. Ces cycles de stress non traités se manifestent ultérieurement sous forme de tension chronique, d'hypersensibilité, d'évitement ou de dysrégulation émotionnelle.

Appliquée au monde financier, cette compréhension est révélatrice. Un traumatisme financier peut ne pas impliquer de danger physique, mais il active fréquemment les mêmes mécanismes biologiques. L'enfant qui a vu ses parents se disputer à propos de factures impayées ; le jeune adulte humilié par un propriétaire pour un loyer impayé ; l'immigrant qui a survécu à l'instabilité économique ou à la guerre ; l'entrepreneur qui a tout perdu lors d'un krach boursier: chacune de ces expériences intègre des signaux somatiques susceptibles d'influencer les réactions futures à l'argent. Ces empreintes passent souvent inaperçues, mais elles refont surface à l'âge adulte sous forme d'anxiété lors de la vérification d'un compte bancaire, de dissociation lors des discussions sur les investissements ou de culpabilité face à l'abondance financière.

Un exemple frappant nous vient de DeShawn, un cadre d'entreprise qui avait connu une réussite financière considérable, mais qui restait hanté par la peur de tout perdre. Malgré des revenus stables, des actifs en croissance et une vie familiale stable, il était régulièrement pris de panique lors d'achats importants, même ceux qui correspondaient à ses objectifs. En collaborant avec un coach somatique, il a identifié que son corps gardait des souvenirs non résolus d'une expulsion survenue dans son enfance. À sept ans, il avait observé en silence les huissiers enlever les meubles de leur appartement, le corps figé par l'impuissance. Bien qu'il n'en ait plus jamais parlé, ce traumatisme non résolu persistait dans son corps. Tant que cette énergie de survie n'était pas reconnue et assimilée, aucune stabilité financière ne pouvait apaiser cette peur. Son système nerveux avait codé la prospérité comme une *illusion temporaire* , toujours à un faux pas de l'effondrement.

La richesse somatique reconnaît ce décalage et nous invite à réintégrer le corps dans la conversation. Au lieu de chercher à surmonter la peur par la logique ou à masquer l'inconfort par des affirmations, elle appelle à la présence, à la régulation et à l'intégration. Cela commence par cultiver *l'intelligence corporelle*: la capacité à ressentir ce qui se passe intérieurement, à suivre les changements de sensations et à identifier les signaux subtils d'activation ou de contraction autour des questions financières. Par exemple, lorsque vous imaginez recevoir une grosse somme d'argent, ressentez-vous une expansion ou une contraction? De la chaleur ou de la tension? Un sentiment d'ancrage ou de vertige? Ces sensations ne sont pas arbitraires. Elles sont le baromètre de votre corps, signalant si l'argent est synonyme de sécurité ou de danger.

Il est crucial de noter que ces signaux ne sont pas toujours exacts: ils sont protecteurs et non prophétiques. Le système nerveux ne fait pas la distinction entre le passé et le présent ; il ne fait que suivre la sécurité perçue. Si l'argent était autrefois synonyme de chaos, même un changement financier positif peut être perçu comme une menace. C'est pourquoi les gens résistent souvent à l'abondance, non pas parce qu'ils n'en veulent pas, mais parce que leur corps *la craint*. La peur n'est peut-être pas consciente, mais elle se manifeste par des comportements: procrastination, sous-estimation, dépenses impulsives, accumulation ou évitement de la visibilité financière.

Comprendre la richesse somatique redéfinit également notre approche de l'éducation financière. La plupart des programmes traditionnels partent du principe que les gens ont des difficultés financières par manque de connaissances ou de discipline. Mais cette approche néglige la *capacité somatique* à mettre en œuvre le changement. On ne peut pas enseigner la gestion d'un budget à quelqu'un dont le système nerveux s'emballe à la vue des chiffres. On ne peut pas enseigner une stratégie d'investissement à quelqu'un dont le corps se fige face au risque. Avant toute action, il faut une réglementation.

Les outils somatiques offrent des pistes vers cette régulation. Les exercices d'ancrage, la respiration, l'orientation (observer l'environnement par les sens) et le ressourcement (se connecter à des sensations de sécurité) peuvent aider à recalibrer le système nerveux. Ces pratiques ne se contentent pas d'apporter un calme passager: elles renforcent *les capacités* . Avec le temps, elles élargissent la fenêtre de tolérance, permettant aux individus de rester présents face à l'inconfort financier plutôt que de se dissocier ou de réagir.

Les études de cas abondent, témoignant des résultats transformateurs de cette approche. Leila, propriétaire d'une petite entreprise, a découvert que son incapacité à développer ses activités n'était pas due à une mauvaise gestion du temps, comme elle le pensait, mais à une réaction de paralysie. Dès qu'elle approchait de la croissance financière, son corps se bloquait, reflétant l'immobilité ressentie lors de la faillite de ses parents des années plus tôt. Grâce à la thérapie somatique, elle a appris à repérer les premiers signes de ce blocage (gorge serrée, respiration superficielle, vide mental) et, au lieu de persévérer ou de s'effondrer, elle a commencé à pratiquer des mouvements doux et une respiration rythmée pour rester disciplinée. Cette prise de conscience s'est traduite en action: elle a embauché de l'aide, augmenté ses tarifs et commencé à épargner régulièrement pour la première fois de sa vie.

L'un des aspects les plus négligés de la richesse somatique est son rôle dans *la réception* . De nombreuses personnes, notamment celles qui ont des tendances à prendre soin de quelqu'un ou qui ont subi un traumatisme complexe, sont conditionnées à associer la réception au danger, à la honte ou à l'obligation. Leur corps se raidit face à la générosité. Les compliments sont détournés. Les paiements sont refusés. Les opportunités sont minimisées. Il ne s'agit pas de modestie, mais de résistance physiologique. Si recevoir a autrefois conduit à la punition, au ressentiment ou à l'abandon, le corps apprendra à l'éviter. Recâbler cette réponse exige plus qu'une pensée positive ; cela exige des expériences répétées de réception en toute sécurité, associées à un ancrage somatique pour reconditionner l'attente de soutien du corps.

Les implications plus larges de la richesse somatique s'étendent à la guérison collective et intergénérationnelle. Le traumatisme financier est rarement individuel. Il est ancré dans des histoires de déplacement, de colonisation, d'injustice raciale et de contrôle patriarcal. Pour de nombreuses communautés, la pénurie n'est pas seulement une condition économique: c'est un héritage somatique. Retrouver la sécurité autour de l'argent devient alors un acte de résistance et de revendication. Lorsqu'un diplômé de première génération investit sans panique, ou lorsqu'une mère issue d'une communauté marginalisée se fait valoir sans s'excuser, ce n'est pas seulement financier, c'est un travail ancestral. Cela envoie un message au système nerveux et à la génération suivante: « Il est sûr de prospérer. »

L'application pratique commence par la prise de conscience. Soyez attentif aux signaux de votre corps lorsque vous interagissez avec l'argent. Où ressentez-vous de la tension lorsque vous pensez à vos dettes? Que se passe-t-il dans votre respiration lorsque vous consultez votre compte bancaire? Quelle posture adoptez-vous lorsque vous discutez d'un prix ou demandez une augmentation? Ces micro-signaux sont diagnostiques: ils révèlent des récits ancrés qui attendent d'être reconnus et intégrés.

À partir de là, vous pouvez commencer à vous réorganiser. Utilisez la respiration pour vous ancrer dans le présent lorsque vous examinez vos finances. Associez les tâches financières à un ancrage sensoriel (comme tenir un objet lesté ou allumer une bougie) pour contrer l'activation. Exprimez à voix haute des vérités affirmées *tout en observant comment elles se manifestent dans votre corps* . Si un inconfort survient, marquez une pause et explorez-le ; ne le négligez pas. Avec le temps, cette pratique renforce *la congruence somatique* , où vos objectifs cognitifs et le sentiment de sécurité de votre système nerveux s'alignent.

En fin de compte, la richesse somatique ne consiste pas à éliminer la peur. Il s'agit d'accroître la *capacité à vivre* avec la peur sans se laisser dominer par elle. Il s'agit de reconquérir le rôle du corps comme allié du bien-être financier, et non comme saboteur. Et il s'agit de comprendre que l'abondance ne se force pas à exister, mais qu'elle *s'apprend à se sentir en sécurité* .

En intégrant le corps dans la conversation financière, nous commençons à construire notre richesse de l'intérieur. Non pas par un simple détour, mais par une intégration profonde. Non pas par un changement d'état d'esprit temporaire, mais par une refonte du fondement même sur lequel reposent toutes les décisions financières. Lorsque le corps ne porte plus le poids d'une pénurie tacite, une nouvelle forme de prospérité devient possible: une prospérité ancrée dans la régulation, la résilience et la confiance incarnée. C'est l'essence même de la richesse somatique ; elle commence par l'écoute des signaux qu'on nous a longtemps appris à ignorer.

La théorie polyvagale de la prospérité: comment la régulation émotionnelle façonne le risque financier et la résilience

La prospérité est souvent présentée comme une question d'état d'esprit, de discipline ou de stratégie. Elle est rarement perçue comme une fonction *physiologique* . Pourtant, plus nous en apprenons sur les neurosciences et la psychologie tenant compte des traumatismes, plus il apparaît clairement que notre capacité à gagner, gérer et multiplier notre argent est profondément influencée par l'état de notre système nerveux. Au cœur de cette compréhension se trouve la *théorie polyvagale* , un modèle révolutionnaire développé par le Dr Stephen Porges qui explique comment le sentiment de sécurité de notre corps façonne notre comportement. Appliquée au contexte financier, elle suggère que notre capacité à prendre des risques, à affronter l'incertitude et à rester calme sous la pression financière n'est pas seulement un trait de caractère, c'est un *état* . Et cet état est régi en grande partie par une structure unique et puissante: le nerf vague.

Le nerf vague, le plus long nerf crânien du corps, part du tronc cérébral et traverse la gorge, le cœur, les poumons et le tube digestif. Il est un élément essentiel du système nerveux parasympathique et joue un rôle essentiel dans la régulation des réactions au stress, des émotions, de l'engagement social et des instincts, autant d'éléments intimement liés à notre perception de l'argent. Que vous paniquiez lors de vos décisions d'investissement, que vous soyez figé face à des tâches budgétaires ou que vous oscilliez entre surmenage et évitement, il est probable que votre nerf vague soit impliqué.

La théorie polyvagale nous aide à comprendre pourquoi certaines personnes restent ancrées et stratégiques face aux difficultés financières, tandis que d'autres sombrent dans l'anxiété ou l'immobilité. Elle postule que le système nerveux fonctionne selon trois états principaux. Le premier est *l'activation vagale ventrale* , un état de sécurité, de connexion et d'engagement. Dans cet état, nous nous sentons calmes, concentrés et capables. C'est la condition physiologique idéale pour prendre des décisions réfléchies, prendre des risques mesurés et entreprendre une planification complexe – précisément les capacités requises pour la croissance financière.

Le deuxième état est *l'activation sympathique* , souvent appelée réaction de combat ou de fuite. Dans ce cas, le corps se prépare à une action immédiate: le rythme cardiaque s'accélère, la digestion ralentit, la concentration se réduit. Si cet état peut être utile par moments, comme lors de la négociation d'un accord à enjeux élevés ou d'une décision d'investissement rapide, l'activation sympathique chronique conduit à l'hypervigilance, à l'impulsivité et au burn-out. Sur le plan financier, elle se manifeste par des dépenses compulsives, l'accumulation compulsive, la microgestion ou la prise de risques excessifs par désespoir.

Le troisième état, le plus mal compris, est *l'arrêt vagal dorsal* , une forme d'effondrement physiologique associé à l'impuissance, à la fatigue et à la dissociation. Dans cet état, le système se déconnecte pour économiser son énergie face à une menace écrasante. Il se manifeste par la procrastination, l'évitement des tâches financières, la paralysie de la prise de décision ou un sentiment d'engourdissement face aux objectifs financiers. Les personnes atteintes de cet état se décrivent souvent comme « mauvaises avec l'argent » ou se sentent chroniquement bloquées, malgré leurs connaissances et leurs compétences pour avancer.

Comprendre ces états est essentiel à ce que l'on pourrait appeler *l'autorégulation financière* . La plupart des gens pensent que de meilleurs résultats financiers nécessitent davantage de volonté ou une meilleure stratégie. Mais comme le révèle la théorie polyvagale, si votre système nerveux est en mode survie, aucune stratégie ne tiendra. Le véritable défi n'est pas seulement comportemental, il est biologique. Pour agir différemment, nous devons nous *sentir suffisamment en sécurité* pour le faire.

Prenons l'exemple d'Olivia, une consultante indépendante qui, malgré dix ans d'expérience, sous-évaluait systématiquement ses prestations. Lorsqu'on lui demandait pourquoi, elle répondait: « C'est plus facile, je déteste la confrontation. » Pourtant, lorsqu'elle a commencé un coaching somatique basé sur la théorie polyvagale, il est devenu évident qu'augmenter ses tarifs déclenchait une poussée de sympathie: respiration superficielle, mâchoires serrées, vision étroite. Son corps interprétait l'affirmation de soi comme un danger – vestige d'expériences infantiles où s'exprimer était synonyme de punition. En apprenant des techniques de régulation vagale – comme la tonification vocale, la respiration rythmée et les mouvements doux –, elle a progressivement entraîné son système à rester en état vagal ventral lors des discussions sur les honoraires. Le résultat n'était pas seulement une augmentation de revenus, mais aussi un sentiment plus profond d'autonomie et de calme.

C'est l'essence même de *la prospérité par la conscience polyvagale*: reconnaître que les choix financiers ne se font pas dans le vide, mais dans le cadre des contraintes de notre système nerveux. La tolérance au risque n'est pas figée: elle est flexible, dépendante de notre sentiment de sécurité ou de menace. La régulation émotionnelle n'est pas seulement une compétence relationnelle, c'est une compétence financière fondamentale.

Les applications pratiques de ce principe sont profondes. Avant d'entreprendre une décision financière importante – qu'il s'agisse de créer une entreprise, d'investir dans une formation ou de restructurer une dette – la question ne devrait pas être « Est-ce la bonne décision? », mais « *Suis-je dans le bon état pour prendre cette décision?* » Si le corps est en surrégime sympathique ou en collapsus dorsal, vous êtes moins susceptible d'accéder à la réflexion à long terme, à l'empathie ou à la lucidité. Si le corps est en tonus vagal ventral, vous êtes plus susceptible d'évaluer les options avec discernement, de communiquer efficacement et d'agir avec confiance.

L'un des outils les plus puissants pour soutenir le tonus vagal est *la respiration* . Une respiration lente, profonde et diaphragmatique stimule le nerf vague, réduisant ainsi le rythme cardiaque et amenant le corps à une dominance parasympathique. Il ne s'agit pas seulement de se sentir calme, mais d'accéder à un état physiologique où le cortex préfrontal (la partie du cerveau responsable de la prise de décision, de la prévoyance et du contrôle des impulsions) peut fonctionner de manière optimale. Il a été démontré que la pratique régulière de la respiration réduit le cortisol, augmente la variabilité du rythme cardiaque et améliore la régulation émotionnelle, autant d'éléments qui ont un impact direct sur votre comportement financier.

Un autre outil est *l'intéroception* , la capacité à percevoir les états corporels internes. Des recherches montrent que les personnes dotées d'une conscience intéroceptive plus élevée gèrent mieux l'incertitude et ont tendance à prendre des décisions plus cohérentes. Appliqué à la finance, cela signifie apprendre à *distinguer* un « oui » contrôlé d'une impulsion anxieuse, entre une expansion cohérente et une excès de peur. L'intéroception vous aide à vous connecter à votre « instinct », non pas comme une métaphore, mais comme une réalité neurologique.

Le nerf vague régit également le *système d'engagement social* , qui influence nos relations avec les autres lors des interactions financières, qu'il s'agisse de négocier des contrats, de collaborer avec des partenaires ou de demander de l'aide. Un tonus vagal élevé nous incite à maintenir un contact visuel, à moduler notre voix et à rester attentifs aux signaux de connexion ou de rupture. Ces microcomportements renforcent la confiance et la sérénité, deux éléments essentiels aux relations financières durables. En revanche, un tonus faible nous pousse à adopter des comportements brusques, évitants ou trop conciliants, autant de comportements qui peuvent miner les partenariats et compromettre les négociations.

Cela est particulièrement pertinent dans les contextes financiers à enjeux élevés ou à forte visibilité. Les entrepreneurs qui présentent leurs projets aux investisseurs, les employés qui sollicitent des augmentations de salaire ou les dirigeants qui traversent des périodes de crise économique ont tous besoin non seulement d'intelligence et de préparation, mais aussi *de résilience* . Une formation axée sur le polyvagalisme peut faire la différence entre trébucher sous la pression et se montrer cohérent, confiant et adaptable.

Les transformations du monde réel continuent d'illustrer ce lien. Prenons l'exemple de Jeremy, fondateur de startup, qui se figeait lors de présentations aux investisseurs malgré de longues répétitions. Son corps devenait froid, sa voix fluette, ses pensées désorganisées – signes classiques d'une réponse vagale dorsale. Grâce à un travail somatique polyvagal, il a appris à se mettre en état ventral avant de présenter, en utilisant la résonance vocale, la mémoire positive et la corégulation avec un collègue de confiance. L'évolution de son état a entraîné celle d'un résultat: ses présentations sont devenues plus fluides, sa présence plus ancrée et ses démarches de financement plus fructueuses.

Les implications pour les politiques et l'éducation sont tout aussi importantes. Si nous voulons favoriser une véritable éducation financière, nous devons apprendre aux gens non seulement *comment* gérer leur argent, mais *aussi à* adopter un état physiologique permettant de prendre des décisions financières en toute sécurité. Les écoles, les programmes communautaires et les structures de coaching devraient intégrer l'éducation au système nerveux dans le cadre du bien-être financier. Ceci est particulièrement crucial pour les communautés ayant subi une marginalisation systémique ou un traumatisme économique, où la vigilance et le confinement ne sont pas des dysfonctionnements, mais des adaptations.

En fin de compte, la théorie polyvagale de la prospérité nous rappelle que le succès n'est pas un concept désincarné. Il se vit dans les tissus, se ressent dans le souffle, ș'exprime par la voix. Il s'agit moins de vaincre la peur que de cultiver la maîtrise de soi. Non pas par la force, mais par *l'harmonisation* – avec soi-même, avec les autres et avec l'instant présent.

La croissance financière ne résulte donc pas seulement de nos connaissances ou de nos actions. Elle dépend du *sentiment de sécurité que nous ressentons* . Lorsque le corps se sent en sécurité, l'esprit devient stratégique. Lorsque le système nerveux est régulé, la vision devient accessible. Et lorsque le nerf vague est sollicité, la prospérité cesse d'être un objectif lointain: elle devient un état vécu, incarné. Non pas un sommet à atteindre, mais un rythme à maintenir.

La sécurité avant la stratégie: la condition préalable somatique pour des décisions financières intelligentes

Dans le monde des finances personnelles, il est largement admis que les décisions éclairées découlent de stratégies judicieuses. On nous apprend qu'il suffit de rassembler les bonnes informations – budgétiser efficacement, investir judicieusement, épargner avec diligence – pour réussir. Pourtant, de nombreuses personnes se retrouvent paralysées face à ces mêmes stratégies. Bien que sachant comment faire, elles évitent les tableurs, remettent à plus tard leurs décisions d'investissement ou prennent des décisions financières erratiques sous la pression. Ce décalage n'est pas dû à un manque d'intelligence ou d'information, mais à un manque de *sécurité* . La véritable préparation financière ne commence pas par une stratégie, mais par *une régulation du système nerveux* . Autrement dit, ce n'est pas seulement ce que nous savons de l'argent qui compte, mais aussi le sentiment de sécurité que nous ressentons lorsque nous l'utilisons.

L'idée que la sécurité doit précéder la stratégie peut paraître contre-intuitive dans le monde de la haute performance et de la création de richesse. Mais lorsque l'on comprend comment la connexion cerveau-corps régit le comportement, la logique devient indéniable. Lorsqu'une personne se sent en insécurité – émotionnelle, psychologique ou physique –, son cerveau se déplace du cortex préfrontal (centre de la planification rationnelle et de la prévoyance) vers des régions plus primitives comme l'amygdale et le tronc cérébral. Ces structures sont responsables des réactions de survie: combat, fuite, immobilité ou réticence. Dans cet état, la réflexion à long terme s'arrête. La tolérance au risque s'effondre. La créativité s'affaiblit. Et les stratégies mêmes qui pourraient favoriser la croissance deviennent inaccessibles, inadaptées, voire menaçantes.

C'est pourquoi, par exemple, une personne peut savoir qu'investir dans un fonds indiciel à long terme est une décision rationnelle, tout en ressentant une panique viscérale à l'idée de se séparer de ses économies. C'est pourquoi des entrepreneurs talentueux et visionnaires peuvent encore hésiter à lancer leurs offres, à augmenter leurs prix ou à recruter du personnel. C'est leur sentiment de sécurité, et non leur intelligence, qui détermine si une stratégie est viable ou non. C'est le système nerveux, et non le tableur, qui décide.

Le domaine en plein essor de la neurofinance, où les neurosciences rencontrent la gestion financière, corrobore cette compréhension. Des recherches montrent que le stress altère la prise de décision financière en augmentant l'impulsivité et en réduisant la capacité à traiter des informations complexes. Dans des états d'excitation accrue, les individus deviennent plus réticents aux pertes, plus réactifs et plus enclins à une pensée manichéenne. À l'inverse, lorsque les individus se sentent en sécurité et réglementés, ils sont plus susceptibles d'évaluer les risques avec précision, de retarder la gratification et de réfléchir de manière stratégique. En bref, *la réglementation ouvre l'accès à la rationalité* .

Le cas d'Amir, un directeur artistique talentueux, qui venait d'hériter d'une somme modeste mais conséquente d'un membre de sa famille, est particulièrement frappant. Sur le papier, il possédait des connaissances financières solides. Il avait lu des ouvrages sur l'investissement, compris les principes du marché et consulté des conseillers de confiance. Pourtant, l'argent est resté inutilisé sur son compte pendant plus d'un an. Chaque fois qu'il tentait d'agir – qu'il s'agisse d'investir dans un portefeuille, de lancer un projet ou même de le transférer sur un compte d'épargne à haut rendement – il ressentait une oppression, un vide mental et une envie irrésistible de temporiser. Ce n'est que lorsqu'il a commencé à travailler avec un coach financier spécialisé en psychologie somatique que le schéma s'est éclairci: l'héritage, bien que cadeau, était également lié au deuil, à la culpabilité du survivant et à une profonde incertitude. Son corps ne se sentait pas en sécurité lorsqu'il détenait ou utilisait cet argent.

Grâce à des pratiques combinant respiration, pleine conscience et exposition lente et mesurée aux tâches financières, Amir a progressivement acquis une nouvelle stabilité intérieure. Il a appris à percevoir le moment où son système nerveux commençait à s'activer et à marquer une pause – non pas pour se replier sur lui-même, mais pour *réguler* . Au fil du temps, il a repris ses esprits, a investi judicieusement dans un fonds socialement responsable et a utilisé une partie de cet argent pour lancer un programme de mentorat en design en l'honneur de son défunt parent. Rien de tout cela ne nécessitait une nouvelle éducation financière. Il fallait de *la sécurité* .

Ceci nous amène au principe central de ce sous-chapitre: *la pleine conscience est la porte d'entrée vers la préparation à l'* investissement. Si beaucoup associent la pleine conscience aux coussins de méditation ou à la contemplation silencieuse, sa forme la plus authentique est la présence: être conscient de son état intérieur en temps réel, sans jugement. Appliquée aux décisions financières, la pleine conscience permet de suivre le moment où votre corps passe de l'engagement à la contraction. Elle aide à distinguer une hésitation rationnelle d'une réaction traumatique. Et elle offre une pause suffisamment longue pour choisir une nouvelle voie.

La pleine conscience bouleverse également l'idée reçue selon laquelle les décisions financières doivent être prises sous pression. Les environnements à forte pression – comme les transactions de dernière minute, les paniques boursières ou les échéances urgentes – poussent souvent les individus à la dérégulation. Les décisions les plus cohérentes ont tendance à émerger lorsqu'on est ancré, centré et connecté à ses valeurs. Ralentir n'est pas synonyme d'évitement ; c'est une *stratégie d'intégration* . Cela garantit que l'action est guidée non seulement par des conseils externes, mais aussi par une cohérence interne.

Les outils pratiques pour cultiver cette approche axée sur la sécurité commencent par *la conscience intéroceptive*: être à l'écoute des signaux de votre corps avant, pendant et après vos tâches financières. Observez votre respiration, votre tonus musculaire, votre posture et votre rythme cardiaque lorsque vous ouvrez une application de gestion de budget, discutez d'argent avec un partenaire ou rencontrez un conseiller. Si vous ressentez une activation – resserrement, chaleur ou engourdissement – marquez une pause. C'est un signe que votre système est peut-être en train de se renforcer. Prenez quelques respirations profondes et diaphragmatiques. Placez votre main sur votre cœur ou votre ventre. Portez votre regard vers un objet neutre dans la pièce. Ces pratiques subtiles ne sont pas un détour vers l'autonomisation financière ; elles *en sont* la porte d'entrée.

La sécurité implique également de reconnaître et de gérer les traumatismes financiers personnels et ancestraux. Pour de nombreuses personnes, notamment celles issues de milieux historiquement marginalisés ou économiquement précaires, l'argent n'a jamais été synonyme de sécurité. Il a été associé à l'instabilité, à la honte, voire à la survie. Les stratégies qui ignorent ce contexte sont souvent contre-productives. Être véritablement prêt implique d'intégrer ces histoires avec compassion et lucidité, en créant de nouvelles associations de sécurité autour de l'action financière.

Cette intégration n'est pas seulement psychologique, mais aussi comportementale. Progresser par petites étapes dans un état régulé renforce les capacités. Par exemple, transférer une petite somme sur un compte d'investissement – non pas par urgence, mais avec un rituel et une intention – peut contribuer à instaurer la confiance entre le corps et le processus financier. Chaque acte cohérent renforce le message: il est prudent de croître. Il est prudent de s'engager. Il est prudent de se développer.

Ce principe est particulièrement important dans les décisions financières à enjeux élevés, comme l'entrepreneuriat, l'investissement ou l'augmentation des revenus. Ces décisions comportent des risques. Mais tous les risques ne se valent pas. *Un risque calibré* , celui qui mène à une prospérité durable, exige un niveau de sécurité interne de base. Lorsqu'il est présent, le risque paraît vivant, vaste et significatif. En son absence, la même décision peut paraître écrasante, chaotique ou désinvolte.

Carmen, coach d'affaires, offre un exemple convaincant. Elle avait rapidement évolué et avait été encouragée à embaucher une équipe nombreuse. Stratégiquement, les chiffres s'accumulaient. Mais quelque chose clochait. Son sommeil était irrégulier, sa digestion était perturbée et elle ressentait de l'irritabilité et une déconnexion avec son travail. En prenant le temps d'écouter son corps, elle a réalisé qu'elle fonctionnait en surrégime de compassion, recherchant la croissance sans ancrer la sécurité. Au lieu de se développer, elle s'est stabilisée. Elle a restructuré son agenda, intégré un soutien somatique et pris le temps de renouer avec sa vision depuis un point de vue ancré. Lorsqu'elle a finalement embauché, le processus a été plus lent, mais beaucoup plus durable.

Les implications plus larges de « la sécurité avant la stratégie » sont immenses. L'éducation financière doit aller au-delà de la transmission des connaissances pour inclure *la compréhension du système nerveux* . Les coachs, les planificateurs et les formateurs doivent être équipés non seulement pour expliquer les instruments d'investissement, mais aussi pour reconnaître les signes de dérèglement chez les clients. Ils doivent comprendre que lorsqu'une personne tarde à mettre en œuvre un plan, il ne s'agit pas forcément de résistance, mais plutôt d'une peur persistante. La sécurité n'est pas facultative. Elle est fondamentale.

Dans une culture qui glorifie la rapidité, l'énergie et l'ambition, la sagesse de la régulation est souvent négligée. Pourtant, ceux qui bâtissent leur richesse avec résilience, joie et intégrité sont presque toujours ceux qui ont appris à écouter leur corps. Ils savent quand agir, quand marquer une pause et comment se recentrer. Leur stratégie n'est pas dissociée de la conscience de soi ; elle en est le fruit.

Pour prendre des décisions financières judicieuses, votre corps doit se sentir suffisamment en sécurité pour gérer à la fois l'incertitude du présent et les possibilités de l'avenir. Sans cette sécurité, aucune donnée ni planification ne pourra créer de cohérence. Mais avec elle, la stratégie devient plus qu'un exercice cognitif: elle devient une pratique vécue et incarnée de la confiance.

La sécurité n'est pas l'opposé de la croissance. Elle en est la *condition préalable* . Et lorsque nous honorons cette vérité, nos décisions financières deviennent plus que de simples transactions. Elles expriment la clarté, le courage et la réglementation. Elles deviennent le fondement d'une prospérité non seulement matérielle, mais profondément et durablement ressentie.

Respiration pour la clarté financière: passer d'une mentalité de combat ou de fuite à une mentalité de réception

Dans le discours moderne sur les finances personnelles, la clarté est souvent présentée comme une fonction mentale, liée aux feuilles de calcul, aux objectifs et à la prise de décision stratégique. Pourtant, ceux qui travaillent à l'intersection de la somatique et du comportement financier ont compris une vérité plus nuancée: *la clarté commence dans le corps* . Elle n'est pas seulement le fruit du traitement cognitif, mais aussi de la régulation du système nerveux. Lorsque le corps est tendu – tendu, à la respiration superficielle, réactif – la clarté s'estompe. Et lorsque le corps s'assouplit – ancré, rythmé et en sécurité – la clarté revient. Nulle part ce lien n'est plus évident que dans la pratique transformatrice du travail respiratoire.

La respiration, connue depuis longtemps dans les traditions yogiques et méditatives, est de plus en plus reconnue par les neurosciences, la psychologie et le coaching tenant compte des traumatismes comme un moyen direct et puissant de réguler le système nerveux autonome. Elle fait le lien entre les réponses physiologiques inconscientes et les choix conscients. Pour ceux qui font face à l'incertitude financière, aux décisions à enjeux élevés ou aux angoisses financières tenaces, la respiration offre une opportunité rare et vitale: passer de la réactivité de survie à la réceptivité. De la contraction à la clarté. De la saisie à l'ancrage.

Ce changement n'est pas seulement symbolique. Il est mesurable. Des études en psychophysiologie ont montré qu'une respiration lente et diaphragmatique améliore le tonus vagal, c'est-à-dire la capacité du nerf vague à réguler les réactions au stress. Un tonus vagal élevé est associé à une variabilité accrue du rythme cardiaque, à une réduction du taux de cortisol et à une meilleure résilience émotionnelle. Ces états physiologiques sont, à leur tour, directement liés à une meilleure prise de décision, à un meilleur contrôle des impulsions et à une meilleure capacité à évaluer les risques avec précision, autant d'éléments essentiels à un comportement financier sain.

Prenons le cas de Rahul, un petit entrepreneur qui oscillait entre surmenage dû à la pénurie et blocage financier. Malgré de multiples certifications et une clientèle fidèle, il peinait à gérer ses revenus et sabotait régulièrement des opportunités rentables. Invité à essayer la respiration, il était sceptique. « J'ai besoin de chiffres, pas de techniques new-age », disait-il. Mais après quelques semaines de pratique d'un rythme respiratoire simple – inspirez en comptant quatre, expirez en comptant six – avant de s'attaquer à des tâches financières, il a constaté de subtils changements. L'envie d'éviter ses comptes s'est atténuée. Sa pensée lui semblait plus ouverte. Il a commencé à dissocier la charge émotionnelle des chiffres. Au fil du temps, il est passé d'une activité financière réactive à une gestion calme et cohérente. La respiration ne l'a pas seulement calmé, elle *l'a ramené à lui-même* .

La science derrière cet effet réside dans l'influence de la respiration sur les *branches sympathique et parasympathique* du système nerveux. En état de combat ou de fuite, notre respiration devient superficielle, rapide et souvent limitée à la partie supérieure de la poitrine. Cela alimente une boucle d'excitation physiologique, rendant plus difficile la concentration, la confiance et la planification. À l'inverse, lorsque nous ralentissons et approfondissons intentionnellement notre respiration, notamment par des expirations prolongées, nous activons la réponse parasympathique, et plus précisément l'état vagal ventral associé à la sécurité, à la connexion et aux fonctions exécutives. Cet état est le fondement non seulement du calme, mais aussi de la créativité et de la clarté.

Dans le contexte de la prise de décisions financières, cela est crucial. Qu'il s'agisse de réviser un budget, de préparer une négociation ou de choisir entre des investissements concurrents, l'état du système nerveux influence la perception. Sous stress, une fluctuation neutre du marché peut être ressentie comme une catastrophe. Un léger retard de trésorerie peut être perçu comme un échec. Les opportunités apparaissent comme des menaces et l'abondance comme une menace. Le travail sur la respiration interrompt cette distorsion. Il permet à l'esprit de se recentrer et de voir la situation telle qu'elle est, non pas à travers le filtre du traumatisme, mais à travers le prisme de la présence.

Une autre fonction essentielle du travail sur la respiration dans la transformation financière est sa capacité à ouvrir les *canaux de réception* . Si l'on accorde beaucoup d'attention aux gains, à l'épargne et aux dépenses, peu explorent la capacité incarnée de *recevoir* . Pour beaucoup, en particulier ceux qui ont des antécédents d'instabilité financière ou de traumatisme relationnel, recevoir – qu'il s'agisse d'argent, de soutien, de reconnaissance ou d'opportunité –

provoque un malaise. La respiration se resserre. La posture se raidit. Le système nerveux retrouve une vigilance protectrice.

Cette résistance physiologique à recevoir n'est pas un défaut de caractère. Elle est souvent le reliquat d'expériences passées où recevoir était associé au danger – conditions, obligations imposées ou punitions infligées. Avec le temps, le corps apprend: recevoir, c'est prendre un risque. La respiration, pratiquée en pleine conscience et en toute sécurité, commence à démêler cette association. Elle crée un cadre où recevoir devient une expérience ressentie de sécurité, et non de menace.

Sophia, cadre supérieure forte de plusieurs décennies de succès professionnel, a été confrontée à cette dynamique de manière inattendue. Lorsqu'on lui a proposé une promotion assortie d'une augmentation salariale significative, elle s'est retrouvée plongée dans le doute et l'accablement. « Je sais que je l'ai mérité », a-t-elle confié à son coach, « mais quelque chose ne va pas. » En approfondissant leur réflexion, il est devenu évident que l'obtention de ce nouveau rôle a réveillé des souvenirs d'une expérience professionnelle antérieure où le succès avait conduit à l'épuisement professionnel et à la trahison. Son corps s'était effondré dans un état de blocage dorso-vagal: manque d'énergie, détachement et indécision. Grâce à une respiration guidée mettant l'accent sur l'allongement de l'expiration et la visualisation d'une expansion sûre, Sophia a progressivement reconditionné son système pour recevoir reconnaissance et compensation *sans s'effondrer* . Elle a accepté le rôle, mais surtout, elle l'a intégré à son système avec alignement et capacité.

La pratique de la respiration n'a pas besoin d'être complexe pour être efficace. L'une des techniques les plus accessibles consiste simplement à prolonger l'expiration plus longtemps que l'inspiration. Par exemple, inspirer en comptant jusqu'à quatre et expirer en comptant jusqu'à six aide à activer le système parasympathique. Pratiqué régulièrement, même pendant trois à cinq minutes, ce schéma entraîne le corps à associer le calme à la sécurité. Avec le temps, il devient un ancrage physiologique, disponible même en période de forte pression financière.

Une autre approche est *la respiration en boîte*: inspirer, retenir, expirer, puis retenir à nouveau pendant un temps égal (souvent quatre ou cinq). Cela crée une structure rythmique qui stabilise l'attention et apaise les réactions nerveuses erratiques. Particulièrement utile avant des discussions financières importantes ou des prises de décision, ce schéma respiratoire renforce la cohérence entre le cœur, le cerveau et le corps.

Il est important de noter que la respiration n'est pas une solution de contournement. Elle ne remplace ni la stratégie financière, ni la culture, ni l'action. Au contraire, elle est la *condition* qui rend ces éléments plus efficaces. Elle prépare le terrain pour que la planification puisse prendre racine. Elle modifie l'état d'esprit pour que la stratégie puisse aboutir. Elle adoucit le corps afin que l'abondance, lorsqu'elle arrive, puisse être maintenue sans sabotage.

De manière cruciale, le travail sur la respiration nous invite également à une confiance plus profonde dans le timing – ce que beaucoup appellent le « timing divin » ou le « flux universel ». Lorsque la respiration est irrégulière, nos échéances sont désespérées. Lorsqu'elle est régulière, nos échéances deviennent confiantes. Cela ne signifie pas inaction ou complaisance. Cela signifie se libérer de l'illusion que l'urgence crée l'efficacité. Cela signifie prendre des décisions avec une présence ancrée, et non dans la panique provoquée par le manque.

Ce principe est particulièrement pertinent dans une culture qui idolâtre souvent l'urgence. « Agissez maintenant », « Achetez avant minuit », « Vous passez à côté de quelque chose »: ce ne sont pas de simples tactiques marketing ; ce sont des déclencheurs du système nerveux. Ils exploitent les réactions de combat ou de fuite. Le travail sur la respiration est un acte radical de refus. C'est une reconquête de l'autonomie. Il affirme: *je ne me laisserai pas entraîner dans la déconnexion . J'agirai par alignement, et non par l'adrénaline .*

Intégrer la respiration à sa vie financière ne nécessite pas d'en rajouter à un programme déjà bien rempli. Il s'agit de *marquer une pause* avant d'agir. Cela signifie faire le point avant de consulter ses comptes. Cela signifie être bien dans son corps avant d'arriver à une réunion. Cela signifie s'accorder trois minutes de respiration avant un appel client, une séance budgétaire, une revue de placement. Ces micro-pratiques créent des changements majeurs. Elles redonnent la souveraineté à l'individu.

En fin de compte, le travail sur la respiration ne consiste pas à devenir calme. Il s'agit d'être *présent* . Il s'agit de créer un environnement intérieur où la clarté est possible, le risque gérable et où l'on peut recevoir en toute sécurité. Ce n'est pas une technique, c'est une pratique. Un souvenir. Un retour.

Lorsque vous vous engagez dans votre vie financière, que ce soit par la planification, l'accumulation de revenus, l'épargne ou le partage, demandez-vous: *quel est l'état de ma respiration?* Si elle est superficielle, rapide ou retenue, ne la jugez pas. Observez-la simplement. Puis, doucement et gentiment, recommencez. Inspirez. Expirez. Régulez. Recevez.

Car entre deux respirations se trouve l'accès à la sagesse, à l'alignement et à une clarté qu'aucun tableur ne peut apporter à lui seul. C'est un exercice de respiration pour une clarté financière optimale. Et cela change tout.

Étude de cas: De la panique à la prospérité — Comment le travail somatique a aidé un entrepreneur à transformer son anxiété financière en croissance durable

L'anxiété financière est rarement une simple question d'argent. C'est une expérience physiologique – viscérale, réactive, souvent paralysante – qui naît non pas dans les feuilles de calcul, mais dans le système nerveux. Pour de nombreux entrepreneurs, en particulier ceux qui travaillent sans filet de sécurité ou qui naviguent dans des histoires personnelles complexes avec l'argent, l'anxiété est le courant sous-jacent silencieux qui influence les décisions commerciales. Elle interfère avec la tarification, restreint la réflexion stratégique et sabote l'évolutivité. Cette étude de cas explore comment la transformation d'une entrepreneure, passant d'une panique financière chronique à une aisance prospère, a été rendue possible non pas par des tactiques plus agressives ou des astuces de productivité, mais par *un travail somatique* – un retour régulé au corps qui a tout changé, y compris ses résultats financiers.

Voici Eliana, une stratège de marque de 39 ans, indépendante depuis près de huit ans. À tous égards, elle était une réussite: une clientèle bien fournie, des témoignages élogieux et un revenu stable qui lui permettait de vivre modestement. Pourtant, sous la surface, une anxiété constante planait. Malgré ses réussites, Eliana appréhendait de consulter ses comptes. Elle évitait les discussions fiscales avec son comptable. Malgré ses années d'expérience dans le secteur, elle sous-estimait ses tarifs. Elle décrochait des clients prestigieux, puis perdait le sommeil en se demandant si elle « tenait suffisamment ». Plus révélateur encore, chaque fois qu'elle approchait d'une tranche de revenus supérieure, elle trouvait le moyen de retomber sur une base financière familière, mais stressante. Le plafond était invisible, mais la tendance était indéniable.

Lorsqu'elle a commencé le coaching somatique, Eliana ne s'attendait pas à ce que cela affecte ses finances. « Je pensais que nous parlerions de limites ou d'épuisement professionnel », se souvient-elle. « Je ne réalisais pas que mon système nerveux était aux commandes. » Sa première séance a révélé ce que le travail cognitif n'avait pas réussi à atteindre: un corps qui assimilait croissance financière et menace. De subtils signaux physiologiques sont apparus lorsqu'elle a discuté de ses objectifs de revenus: oppression thoracique, respiration superficielle, poings serrés. Sa voix s'accélérait lorsqu'elle parlait d'augmentation de ses tarifs, puis baissait lorsqu'elle évoquait un risque de contrecoup ou de perte de clients. Son coach ne s'est pas précipité pour dissiper l'anxiété ; ils se sont concentrés sur sa prise en compte.

Ce processus de *suivi somatique* – une attention particulière portée aux sensations internes en temps réel – est devenu la pierre angulaire de la transformation d'Eliana. Plutôt que de se forcer à ignorer l'inconfort, elle a appris à le nommer: « J'ai la gorge chaude. » « Mon estomac est tombé. » « Mes épaules sont remontées. » Cette conscience sans jugement a commencé à interrompre les boucles de stress automatiques qui dictaient auparavant son comportement. Au fil du temps, elle a développé la capacité de marquer une pause et *de rester avec* les sensations, au lieu de les éviter ou d'y réagir.

Eliana a également commencé à explorer les *origines* de son anxiété financière. Grâce à une enquête somatique – des réflexions guidées reliant les réactions corporelles à des expériences passées – elle a découvert des souvenirs latents mais actifs dans son organisme. Un souvenir particulièrement formateur fut celui d'observer sa mère célibataire pleurer sur des factures impayées, la honte pesante, tandis qu'Eliana se tenait silencieuse dans le couloir, ne sachant comment l'aider. Le corps de son enfant avait assimilé la leçon: argent rime avec détresse. Responsabilité rime avec danger. Succès rime avec fardeau. Ce n'étaient pas des pensées, c'étaient *des vérités somatiques* , encodées dans les tissus.

À mesure que ces associations refont surface, Eliana n'a pas eu besoin de les revivre de manière traumatisante. Son coach l'a plutôt guidée à travers *des exercices de ressourcement* – des pratiques simples mais profondes qui ont ancré son corps en sécurité tout en revisitant ses émotions. Visualiser une couverture chaude, poser une main sur son cœur, s'orienter vers des objets sûrs dans la pièce – tout cela a permis à son système nerveux de reprogrammer sa réponse aux signaux financiers. Au lieu de se préparer à l'effondrement, elle a commencé à cultiver un sentiment d'expansion ancrée.

Ce changement interne a commencé à se répercuter concrètement et concrètement. En un mois, Eliana a augmenté son taux de base de 15 % et, pour la première fois, aucun client n'a réagi. Elle a commencé à séparer ses comptes personnels et professionnels, une démarche qu'elle avait repoussée pendant des années en raison d'un malaise inconscient. Plus important encore, elle a mis en place une pratique appelée *cartographie de l'incarnation financière*: chaque semaine, avant de faire le point sur ses finances, elle pratiquait cinq minutes de respiration diaphragmatique, puis observait ses sensations corporelles tout en analysant ses revenus et ses dépenses. En cas de tension, elle marquait une pause et appliquait une technique d'ancrage – mouvement, respiration ou toucher doux – avant de passer à l'action. Au fil du temps, la tâche qui, autrefois, la faisait monter en flèche son anxiété est devenue émotionnellement neutre, voire valorisante.

Les résultats ne furent pas instantanés, mais cumulatifs. En six mois, le revenu mensuel d'Eliana avait augmenté de 35 %. À la fin de l'année, elle avait plus que doublé son chiffre d'affaires annuel. Mais ce qui la surprit le plus, ce ne furent pas les chiffres, mais son *expérience* des chiffres. « Je n'ai plus peur du succès », dit-elle. « Ou plutôt, quand j'en ai peur, je sais comment l'atteindre. » Cette distinction marquait une nouvelle forme de prospérité, fondée non pas sur l'évitement ou la contrainte, mais sur la régulation et la présence.

Ses relations ont également évolué. Une plus grande confiance financière s'est accompagnée d'une plus grande autonomie avec ses clients. Elle a cessé de se surestimer par culpabilité ou par peur. Elle a restructuré ses offres pour refléter sa réelle capacité énergétique, plutôt qu'un sentiment d'obligation alimenté par la pénurie. Ces choix, bien que stratégiques, reposaient sur la sécurité somatique. Son corps n'était plus en phase d'apaisement. Au lieu de cela, elle agissait dans un état de cohérence – un alignement ressenti entre valeur, expression et réception.

L'histoire d'Eliana n'est pas un cas isolé. Elle reflète un nombre croissant de preuves suggérant que la dérégulation financière n'est pas seulement comportementale, mais incarnée. De nombreux entrepreneurs, en particulier les femmes et ceux issus de milieux marginalisés ou défavorisés, portent les empreintes somatiques d'un traumatisme financier qu'aucune éducation financière ne peut effacer. Tant que le corps ne se sent pas en sécurité, le cerveau sabote. Tant que le système nerveux n'a pas confiance, la stratégie est bloquée.

C'est pourquoi le travail somatique doit devenir un pilier central du coaching financier et du développement entrepreneurial. Il ne s'agit pas d'un complément à une véritable expertise commerciale, mais d'un moyen de la *rendre possible* . Sans lui, nous risquons de traiter les symptômes (sous-estimation, surmenage, évitement) sans nous attaquer à la source. Grâce à lui, nous accélérons une transformation plus profonde, à la fois durable et évolutive.

D'un point de vue théorique, le cas d'Eliana corrobore également des enseignements clés de la théorie polyvagale. Développé par le Dr Stephen Porges, ce modèle explique comment le nerf vague régit les états de sécurité et de menace, déterminant notre capacité à interagir socialement, à penser de manière créative ou à sombrer dans des modes de survie. La réaction précoce d'Eliana à l'inactivité face aux tâches financières reflétait un état vagal dorsal, caractérisé par la déconnexion et l'engourdissement. Grâce à des outils somatiques, elle a commencé à accéder au tonus vagal ventral, un état d'engagement social, de résilience émotionnelle et de prospective stratégique. Ce changement n'était pas intellectuel ; il était *incarné* .

Son histoire remet également en question les idées reçues sur la motivation et l'état d'esprit. Pendant des années, on avait conseillé à Eliana de « surmonter » son inconfort. De se démener. De feindre la confiance jusqu'à ce qu'elle s'installe. Mais ces stratégies n'avaient fait que renforcer son dérèglement. Dès qu'elle avait cessé de vouloir dominer son corps et qu'elle avait commencé à l'écouter, son comportement avait changé. Non pas par volonté, mais par *intégration* .

Cette étude de cas offre plusieurs éclairages pratiques aux entrepreneurs et aux professionnels de la finance :

Premièrement, la sécurité somatique n'est pas un luxe, c'est une condition préalable. La clarté financière, le courage et la créativité dépendent tous d'un système nerveux régulé.

Deuxièmement, le comportement est lié à la physiologie. Si vous êtes enlisé dans l'évitement, la procrastination ou le sabotage financier, la question n'est pas « Qu'est-ce qui ne va pas chez moi? », mais « De quoi mon corps a-t-il besoin pour se sentir en sécurité en ce moment? »

Troisièmement, les outils somatiques, bien que souvent subtils, sont puissants. Un schéma respiratoire, un geste d'ancrage ou un changement de posture peuvent modifier votre capacité à prendre des décisions financières complexes.

Enfin, la véritable prospérité ne se mesure pas uniquement à la croissance des revenus. Elle se mesure à la capacité de *recevoir* , de se *reposer* et de *réagir* à l'argent avec dignité et confiance.

La transformation d'Eliana – de la panique à la prospérité – n'a pas suivi une ligne droite. Elle était non linéaire, relationnelle et profondément incarnée. Elle témoigne de ce qui devient possible lorsque l'on cesse de considérer le corps comme un obstacle à la réussite financière et que l'on commence à le reconnaître comme le fondement. Car lorsque le corps se sent en sécurité, la prospérité cesse d'être une destination future. Elle devient une expérience du moment présent – vécue, connue et entretenue.

Chapitre 4
Recadrer le récit financier

Notre relation à l'argent est bien plus qu'un simple décompte de revenus et de dépenses ; elle est profondément liée aux histoires que nous nous racontons, souvent sans réaliser que nombre de ces récits nous ont été transmis discrètement, au fil des années et des générations. Ces schémas hérités, forgés dès la petite enfance et renforcés par la famille, la culture, les médias et l'expérience personnelle, façonnent les cadres invisibles qui guident notre comportement financier. Qu'il s'agisse de la pensée sourde et lancinante: « Je suis nul avec l'argent » ou du soupçon que « la richesse corrompt inévitablement », ces croyances ne se contentent pas de refléter notre réalité: elles la construisent activement. Et pourtant, combien de personnes gèrent leur vie financière sans jamais s'interroger sur l'origine de ces histoires profondément ancrées, ou si elles nous servent encore?

Ce chapitre vous invite à une pause, à examiner l'architecture de votre image financière. Il ne s'agit pas de blâmer ou de réduire les choses à leur plus simple expression ; il s'agit d'un acte d'auto-création consciente. Si votre histoire financière a été façonnée par la peur, la honte, la pénurie ou un sentiment d'inutilité, changer simplement vos habitudes ne suffira pas. Vous devez réécrire le récit sous-jacent. Ce faisant, vous reprenez plus que le contrôle de vos finances: vous reprenez la maîtrise de l'identité que l'argent a longtemps colorée ou déformée.

Commençons par une vérité fondamentale: vous n'avez pas choisi votre histoire d'argent initiale. Tel un vieux scénario transmis sans votre consentement, elle a été écrite pour vous avant même que vous ne sachiez que vous étiez un personnage. Certains messages étaient explicites: un parent avertissant: « L'argent ne pousse pas sur les arbres », ou un enseignant avertissant: « Tu n'en tireras jamais de profit. » D'autres étaient plus subtils, plus insidieux: voir un aidant sacrifier silencieusement son bien-être pour soutenir les autres, vous apprenant que gagner de l'argent implique de la culpabilité, ou que la réussite doit être cachée pour s'intégrer. Ces messages ne se logent pas seulement dans vos pensées ; ils s'ancrent profondément dans votre système nerveux, façonnant votre aisance à l'égard de la visibilité, de l'ambition et de la réception.

Au fil du temps, ces histoires deviennent des prophéties autoréalisatrices. Croire que « je suis irresponsable avec l'argent » diminue la probabilité de s'occuper de ses finances, ce qui entretient la désorganisation. Penser que « les riches sont cupides » peut, souvent inconsciemment, vous éloigner de la richesse, même si une partie de vous la désire. Ce ne sont pas des opinions anodines ; ce sont des croyances fondamentales qui façonnent votre comportement.

La psychologie appelle cela la formation de schémas cognitifs: le développement de cadres internes à travers lesquels nous interprétons les nouvelles informations. Les schémas façonnent ce que nous observons, la façon dont nous nous souvenons et nos attentes. Lorsqu'un schéma financier repose sur la rareté ou l'insuffisance, même les opportunités prometteuses sont filtrées par la suspicion ou l'inutilité. La première étape pour changer cela est la prise de conscience: remarquer ces scénarios lorsqu'ils apparaissent et se demander: « À qui appartient cette voix? Cette croyance est-elle vraie? Utile? Ou simplement héritée? »

Le recadrage n'est ni un optimisme naïf ni une gaieté forcée. Il s'agit plutôt d'une pratique délibérée, psychologiquement fondée, visant à élaborer des récits alternatifs à la fois crédibles et valorisants. S'appuyant sur la thérapie cognitivo-comportementale et le coaching narratif, ce chapitre présente des approches fondées sur des données probantes pour se libérer des croyances limitantes. Par exemple, au lieu de dire « Je suis nul avec les chiffres », passer à « J'ai déjà eu des difficultés avec les systèmes financiers, mais je découvre des méthodes qui fonctionnent pour moi » est subtil, mais profond: cela ouvre la voie à l'action tout en respectant sa réalité.

Pour approfondir ce travail, nous nous tournons vers les archétypes de la richesse, ancrés dans la psychologie jungienne. Ces schémas de croyances et de comportements révèlent les rôles que nous adoptons inconsciemment face à l'argent. Peut-être vous identifiez-vous au Martyr, dont la valeur repose sur le sacrifice et qui se sent coupable de gagner plus que les autres. Ou au Magicien, qui croit en l'abondance et la créativité, mais qui peine à structurer ses relations. Ou encore à l'Avare, qui s'accroche fermement au contrôle, craignant que la générosité ne draine ses ressources. Ces archétypes ne sont pas des boîtes qui vous enferment, mais des miroirs: des outils de compassion qui révèlent des schémas habituels. Plus loin dans ce chapitre, vous aurez l'occasion d'identifier votre archétype dominant grâce à un questionnaire réflexif, ouvrant ainsi la voie à l'intégration et à la croissance.

Le langage joue également un rôle crucial dans la transformation de l'identité. Notre dialogue intérieur agit comme une boucle de rétroaction, renforçant les croyances que nous exprimons habituellement. C'est ici qu'entre en jeu la psycholinguistique, l'étude de la façon dont le langage façonne la pensée. Des recherches indiquent qu'une exposition régulière à des affirmations positives et personnalisées peut littéralement reprogrammer les connexions neuronales. Pourtant, le secret réside dans la résonance. Une phrase comme « Je suis un aimant à argent » peut sembler vide de sens si elle entre en conflit avec votre vécu. Ce chapitre vous guide plutôt vers l'élaboration d'affirmations adaptées à la fenêtre de tolérance actuelle de votre système nerveux, des phrases qui étirent doucement votre image de vous-même sans la briser.

Par exemple, si « Je suis financièrement libre » vous semble trop tiré par les cheveux, vous pourriez commencer par « J'apprends à avoir plus confiance en moi chaque jour avec l'argent ». Ces affirmations, prononcées à voix haute ou par écrit de manière cohérente, agissent comme de petits coups de pouce, faisant progressivement évoluer votre identité de la pénurie vers la suffisance, puis vers l'expansion. L'objectif n'est pas l'illusion, mais l'alignement émotionnel – l'harmonie entre croyances, sentiments et comportement.

Pour approfondir cette réflexion, vous serez invité à une expérience de pensée: qui seriez-vous si l'argent était illimité? C'est une question provocatrice qui suscite souvent des fantasmes ou un malaise. Mais il ne s'agit pas d'un exercice d'excès matériel, mais d'une façon d'explorer à quel point votre identité est liée à vos limites financières. Si la survie n'était plus une préoccupation, comment pourriez-vous travailler, créer, aimer ou diriger? Quelles qualités émergeraient? Et qu'est-ce que cela révèle sur les contraintes invisibles que vous acceptez actuellement comme fixes?

Une telle réflexion fait souvent remonter à la surface des schémas cachés – autour de la valeur, de la responsabilité ou de la moralité. Certains se découvrent une crainte que la richesse ne les éloigne de leur communauté. D'autres découvrent des désirs longtemps refoulés de repos, de créativité ou d'activisme, qui ne se sentent rassurés qu'une fois la survie assurée. Ces prises de conscience ne sont pas seulement psychologiques, elles sont stratégiques. Comprendre à quel point revenu et identité sont étroitement liés permet de les démêler consciemment.

Tout au long de ce chapitre, vous ne vous contenterez pas d'analyser vos croyances, vous les réécrirez. Grâce à des outils issus du coaching, de la psychothérapie et de la finance intégrative, vous commencerez à remplacer les scénarios hérités par des récits conscients. Non pas parce que vos anciennes histoires étaient fausses, mais parce qu'elles étaient incomplètes – écrites par la survie, et non par la volonté. Vous êtes désormais prêt à écrire à partir de votre propre choix.

C'est là le cœur de la refonte de votre récit financier: passer d'un héritage inconscient à une appropriation délibérée. Il s'agit de reprendre votre voix, vos valeurs et votre capacité à façonner l'histoire que l'argent raconte sur vous, non pas comme une histoire de manque ou d'excès, mais comme un reflet de la vérité.

L'argent n'est jamais qu'une question de transactions. C'est une histoire que nous vivons. Et chaque histoire peut être réécrite. Ce chapitre vous donne la plume ; le reste vous appartient.

Les récits que nous racontons (et vendons): comment les scénarios monétaires internalisés façonnent le comportement

L'argent n'est pas neutre. Il nous arrive enchevêtré dans des histoires – certaines héritées, d'autres absorbées, beaucoup si profondément intériorisées qu'elles opèrent en dehors de notre conscience. Ces scénarios financiers sont les récits silencieux qui nous guident: « Je suis nul avec l'argent », « Il faut travailler dur pour chaque centime », « Les riches sont égoïstes », « Plus d'argent, plus de problèmes. » Bien qu'ils puissent paraître des clichés anodins ou des pensées passagères, ils constituent en réalité de puissants cadres cognitifs qui façonnent notre perception, notre comportement et, in fine, nos résultats financiers.

Le psychologue Brad Klontz, figure emblématique de la thérapie financière, a introduit le concept de *scénarios financiers* pour décrire les croyances inconscientes que nous développons à propos de l'argent, généralement durant l'enfance. Ces croyances dépendent du contexte et sont souvent façonnées en réponse à notre environnement familial, à nos messages culturels et à nos premières expériences émotionnelles. Une fois établies, elles deviennent des paramètres par défaut: des heuristiques qui influencent notre façon de gagner, de dépenser, d'épargner et d'investir. Elles définissent ce qui nous semble « normal », acceptable ou possible financièrement.

Prenons l'exemple du scénario « Je suis nul avec l'argent ». Cette croyance, bien que courante, est rarement remise en question à la racine. Elle peut provenir de critiques précoces, d'un manque d'éducation financière ou d'un échec isolé devenu trop généralisé. Quelle que soit son origine, cette croyance finit par orienter le comportement. La personne qui la nourrit peut éviter de gérer son budget par honte, manquer les échéances de ses factures parce qu'elle se fige à la vue des chiffres, ou rejeter des opportunités d'investissement en pensant ne pas bien les gérer. Le drame ne réside pas dans le manque de compétences, mais dans l'identité intériorisée qui empêche le développement des compétences. Comme l'ont montré les recherches de Carol Dweck sur les mentalités, les croyances identitaires ont une influence disproportionnée sur le comportement d'apprentissage. Si vous croyez que la compétence financière est immuable, vous éviterez les activités mêmes qui la développent.

Un autre récit insidieux est celui selon lequel « les riches sont avides ». Cette croyance peut offrir un réconfort psychologique temporaire, notamment en période difficile, mais elle a un effet corrosif à long terme. Si la richesse est associée à un échec moral, elle crée une aversion inconsciente pour l'abondance. Vous pouvez vous fixer des objectifs de revenus, mais hésiter à l'approche de la réussite. Vous pouvez sous-estimer, surestimer ou vous auto-saboter lorsque l'expansion financière semble trop proche. Cette tension interne n'est pas un manque d'ambition ; c'est une dissonance morale entre le désir de richesse et la peur de devenir quelqu'un qu'on vous a appris à mépriser. En économie comportementale, il s'agit d'une *dissonance cognitive classique* , et le système nerveux la résout souvent non pas en modifiant la croyance, mais en supprimant le comportement.

Ces récits ne sont pas seulement personnels, ils sont aussi *socialement renforcés* . Les représentations médiatiques des personnages fortunés les présentent souvent comme des méchants: des magnats impitoyables, des fraudeurs fiscaux ou des élites émotionnellement démunies. À l'inverse, les récits de lutte de la classe ouvrière sont romancés, renforçant l'idée que la vertu vit dans la misère. Cette dichotomie a des racines historiques. Dans de nombreuses cultures, les enseignements religieux ont glorifié la pauvreté tout en diabolisant l'excès matériel. Même dans les sociétés capitalistes modernes qui récompensent ouvertement la réussite, des messages subtils persistent: l'argent change les gens, corrompt les intentions ou nous éloigne de nos racines. Ces scénarios culturels façonnent notre rapport collectif à l'argent, mais, s'ils ne sont pas pris en compte, ils sapent aussi silencieusement le progrès individuel.

Ces récits comportent également une dimension genrée. Les femmes, en particulier, sont socialisées à considérer l'ambition financière comme inconvenante ou égoïste. Le scénario « Les filles bien ne parlent pas d'argent » est toujours d'actualité dans le monde professionnel, se manifestant par des négociations salariales plus basses, une hésitation à investir et un malaise face à la visibilité financière. Pour les femmes entrepreneures, cela se traduit souvent par une sous-évaluation chronique et un épuisement professionnel. La coach financière Barbara Stanny a beaucoup écrit sur le *complexe de sous-rémunération* , qu'elle définit comme le fait de gagner moins que son potentiel en raison d'un conditionnement intériorisé. Ses recherches montrent que changer ces croyances n'est pas seulement une question de revenu: c'est une question d'identité, de pouvoir et de permission.

L'intersection des scénarios raciaux et financiers mérite également une exploration approfondie. Pour de nombreuses communautés noires, autochtones et autres communautés marginalisées, les récits financiers sont imprégnés de traumatismes historiques, d'exclusion systémique et de pénurie générationnelle. Le scénario « On ne fait pas d'argent comme ça » peut être à la fois un avertissement protecteur et une contrainte sur les possibilités. La prospérité, dans ce contexte, ne consiste pas seulement à briser les barrières personnelles: elle implique de démêler les blessures collectives et de réécrire des histoires qui n'ont jamais été écrites par choix. Ces récits, bien que restrictifs, contiennent souvent de la résilience, une intelligence culturelle et des valeurs qui méritent d'être honorées même en évolution.

Pour réécrire ces scénarios, la prise de conscience est la première étape, mais pas la dernière. Il faut se demander non seulement *quelle* est la croyance, mais aussi *quelle voix* elle porte. La croyance « L'argent cause des problèmes » est-elle le reflet d'une expérience personnelle ou l'écho de l'anxiété parentale? « Je ne serai jamais riche » est-elle une évaluation réaliste ou une affirmation intériorisée d'un enseignant, d'un partenaire ou d'un pair? Distinguer les voix intériorisées de la vérité authentique est une pratique de récupération psychologique. Cela nous permet de prendre nos croyances à distance, de les examiner sans nous y effondrer.

Une méthode efficace pour interroger ces scénarios est le recadrage narratif. S'inspirant de l'écriture thérapeutique et des techniques cognitivo-comportementales, il s'agit d'articuler clairement la croyance, d'en identifier les origines, puis d'en élaborer consciemment une nouvelle version crédible, fondée et riche. Par exemple, au lieu de dire « Je ne suis pas doué avec l'argent », on pourrait reformuler ainsi: « J'apprends à gérer l'argent d'une manière qui me permette d'atteindre mes objectifs. » Il ne s'agit pas d'un optimisme aveugle, mais d'un recadrage identitaire qui crée un espace de croissance.

Les applications concrètes de cette approche révèlent son efficacité. Prenons le cas de Jason, un designer indépendant bloqué au même niveau de revenus depuis cinq ans. Ses habitudes financières étaient incohérentes et il évitait de consulter ses données de revenus. En explorant ses récits financiers, il a identifié une croyance héritée de son père: « Le succès engendre les ennemis. » Son père, licencié après une promotion l'ayant rendu « trop visible », avait intériorisé une profonde méfiance envers l'avancement. Jason a conservé cette croyance sans le savoir, sabotant subtilement la croissance pour rester caché. Grâce au coaching, il a reformulé le scénario: « Ma visibilité peut créer des liens, pas des conflits. » L'année suivante, Jason a doublé sa clientèle, non pas par la précipitation, mais grâce à une visibilité stratégique en phase avec ses nouvelles convictions.

Changer ses récits intérieurs n'est pas instantané. Ces scénarios ne se sont pas formés du jour au lendemain et sont rarement réécrits par une simple affirmation ou un atelier. Ils nécessitent un engagement répété, un traitement émotionnel et de nouvelles preuves. Le système réticulaire d'activation du cerveau, qui filtre ce que nous percevons comme pertinent, commencera à enregistrer de nouveaux signaux lorsque les croyances évolueront. Vous commencerez à percevoir des opportunités là où vous voyiez auparavant des menaces. Vous commencerez à exiger réciprocité, équité et facilité, non pas parce que la vie a changé, mais parce que *votre regard a …*

Ce travail requiert également de la compassion. Nombre de nos discours sur l'argent étaient autrefois adaptatifs. Ils nous aidaient à survivre, à nous sentir chez nous ou à rester en sécurité dans des environnements imprévisibles. Même les croyances les plus restrictives avaient souvent une intention protectrice. « Ne pas éclipser les autres » a peut-être préservé des relations. « Toujours économiser pour les mauvais jours » a peut-être protégé de l'instabilité. L'objectif n'est pas de faire honte à ces discours, mais de les *actualiser*: de les remercier pour leur utilité, puis de les abandonner s'ils ne correspondent plus à votre contexte actuel.

La guérison financière ne se résume donc pas à une simple question de trésorerie: c'est une question de *fluidité narrative* . C'est la capacité d'examiner les intrigues dont vous avez hérité et de vous demander si elles reflètent vos véritables valeurs, votre potentiel et vos désirs. C'est la pratique qui consiste à passer d'un personnage passif à un auteur conscient. Du scénario hérité à l'histoire choisie.

En fin de compte, les récits que nous racontons – et vendons – sur l'argent ne sont pas anodins. Ce sont des modèles culturels, des marqueurs identitaires et des signaux comportementaux. Ils déterminent notre capacité à créer, conserver, partager ou faire fructifier notre richesse avec intégrité. Les histoires que nous acceptons deviennent les plafonds sous lesquels nous vivons. Mais la bonne nouvelle, c'est que chaque récit est modifiable. Chaque croyance est révisable. Et chaque phrase que vous prononcez sur l'argent peut soit renforcer une barrière, soit ouvrir une nouvelle possibilité.

Cela commence par l'écoute. Puis le questionnement. Et enfin, la réécriture – une ligne, une conviction, un choix responsable à la fois.

Recadrage cognitif pour les objectifs financiers: réécrire les croyances limitantes à l'aide de méthodes fondées sur la psychologie

La quête de croissance financière est souvent présentée comme une question de comportement: budgétisation plus efficace, investissements réguliers ou développement de nouvelles sources de revenus. Mais ces actions concrètes reposent sur une force plus profonde et plus puissante: la croyance. Le cerveau humain est une machine à créer du sens, et nos croyances sur l'argent, souvent formées tôt dans la vie, influencent ce que nous percevons comme possible, sûr ou désirable. Lorsque ces croyances sont limitantes – « Je n'arriverai jamais à m'en sortir », « L'argent me file toujours entre les doigts » ou « Je ne suis tout simplement pas fait pour la richesse » – elles deviennent des limites intérieures qu'un changement de comportement ne peut à lui seul briser. Pour véritablement transformer nos résultats financiers, nous devons d'abord nous attaquer aux pensées qui les façonnent. C'est là que *le recadrage cognitif* devient un outil indispensable.

Le recadrage cognitif, une technique issue de la thérapie cognitivo-comportementale (TCC), consiste à identifier les croyances irrationnelles ou inutiles et à les remplacer activement par des pensées plus justes, constructives et valorisantes. Fondamentalement, cette approche reconnaît que les pensées ne sont pas des faits, mais des interprétations. Et lorsque nos interprétations de l'argent sont faussées par la peur, la honte ou des récits hérités, elles peuvent influencer des décisions financières qui sabotent nos objectifs.

On ne saurait trop insister sur l'importance de ce phénomène pour les objectifs financiers. Prenons l'exemple de la croyance: « Je ne suis tout simplement pas doué avec l'argent. » Cette perception de soi courante, souvent héritée de l'enfance ou de la comparaison sociale, crée une boucle de rétroaction. Se croyant incompétent, l'individu évite de s'occuper de ses finances. Cet évitement entraîne des conséquences néfastes: paiements manqués, dépenses non contrôlées ou épargne négligée, ce qui renforce cette croyance. Cela devient un cercle vicieux. Le recadrage commence par briser cette boucle.

La première étape est la prise de conscience: identifier la croyance limitante et reconnaître ses conséquences émotionnelles et comportementales. Cela exige une introspection honnête. Quelles sont mes hypothèses sur la richesse? Comment expliquer l'échec ou la réussite financière? Quelles histoires me suis-je racontées si souvent que je les considère désormais comme des vérités? Ces questions constituent le fondement du recadrage, et elles doivent être abordées avec curiosité plutôt qu'avec critique.

Une fois identifiée, la phase suivante est l'évaluation. Cette croyance est-elle universellement vraie? Existe-t-il des preuves la contredisant? Quelles sont les conséquences de persister dans cette croyance? Ce processus s'appuie sur *le questionnement socratique* , une méthode utilisée en TCC pour remettre en question les pensées irrationnelles. Par exemple, la croyance « Si j'augmente mes prix, je perdrai tous mes clients » peut être confrontée à la réalité. D'autres ont-ils augmenté leurs tarifs et conservé leurs clients? Existe-t-il des preuves que les clients apprécient suffisamment le service pour payer plus? Quel serait l'impact à long terme de ne pas augmenter les tarifs? Grâce à l'enquête, la charge émotionnelle derrière cette croyance commence à diminuer.

L'exemple de Maya, une auto-entrepreneuse dont la situation financière stagnait depuis trois ans, illustre parfaitement ce processus. Malgré un travail de qualité, elle facturait trop peu et livrait trop. Sa conviction profonde, révélée grâce au coaching, était: « Demander plus me rend avide. » Cette conviction puisait ses racines dans l'enfance, où les expressions de désir étaient accueillies avec réprimande. Le processus de recadrage a commencé par l'identification de cette conviction, la recherche de son origine, puis l'introduction progressive d'une nouvelle perspective: « Faire payer ce que je vaux me permet de servir de manière durable. » Au début, cette conviction semblait étrangère. Mais avec le temps, et grâce au renforcement par des affirmations et des expériences encourageantes, elle a pris racine. En un an, Maya a doublé ses revenus, non pas parce qu'elle avait appris une nouvelle stratégie, mais parce qu'elle *avait changé sa vision d'elle-même et de sa valeur* .

Cela nous amène à un principe crucial du recadrage cognitif: *la croyance de remplacement doit être crédible* . Passer de « Je suis nul avec l'argent » à « Je suis un génie de la finance » peut sembler fallacieux et se retourner contre vous. Le système nerveux, déjà préparé au scepticisme, rejettera le nouveau récit. La clé est de créer une *croyance passerelle* , accessible émotionnellement et cognitivement. Par exemple, « J'apprends à gérer mon argent avec plus d'assurance chaque mois » offre une voie médiane qui favorise la croissance sans exiger la perfection.

La visualisation est une autre méthode efficace pour recadrer les pensées. Associée à une nouvelle croyance, l'imagerie mentale peut ancrer le changement en mobilisant les systèmes émotionnel et somatique. Les neurosciences confirment que le cerveau ne fait pas de distinction nette entre les expériences imaginées avec intensité et les expériences réelles. Se visualiser en train de faire des choix financiers responsables, de négocier un contrat avec assurance ou de consulter sereinement ses comptes mensuels active les mêmes voies neuronales qui seront ensuite utilisées pour réaliser ces actions. Cela prépare le cerveau à la mise en pratique et renforce la croyance restructurée.

Le langage joue également un rôle essentiel dans la consolidation de nouveaux cadres. Notre monologue intérieur – ce que les psychologues appellent *le dialogue intérieur* – est l'environnement dans lequel les croyances se nourrissent ou se défont. Passer d'un langage auto-flagellant (« Je fais toujours des erreurs ») à un langage orienté processus (« J'expérimente une nouvelle approche ») modifie non seulement notre perception de nous-mêmes, mais aussi notre *perception* de l'action. Des études psycholinguistiques montrent que l'utilisation du présent progressif (« Je travaille sur... ») favorise le sentiment d'agir et réduit la résistance.

Il est important de noter que le recadrage n'est pas une astuce mentale ponctuelle, mais une pratique. Les voies neuronales ne changent pas du jour au lendemain. Les croyances, en particulier celles liées à des expériences émotionnelles profondes, nécessitent une exposition constante à de nouvelles pensées et à des expériences répétées qui contredisent l'ancien cadre. C'est là qu'interviennent la responsabilisation, la tenue d'un journal et une réflexion structurée. En revenant quotidiennement au recadrage – par l'écriture, la parole ou l'incarnation –, vous renforcez le récit alternatif jusqu'à ce qu'il devienne la norme.

Des exemples concrets confirment l'efficacité de cette approche. Prenons l'exemple de Daniel, un professionnel en milieu de carrière qui croyait ne jamais pouvoir être libre financièrement parce qu'il avait « commencé trop tard ». En se reconfigurant, il a adopté l'idée suivante: « J'apporte une expérience de vie qui m'aide à bâtir un patrimoine avec intention. » Cette nouvelle vision l'a ouvert à la planification financière, à l'investissement immobilier et à la constitution d'un fonds d'urgence, autant d'actions qu'il évitait auparavant en raison de sa démission. Son changement de comportement est le résultat d'un changement d'identité.

D'un point de vue psychologique, cette transformation s'inscrit dans *la théorie de l'auto-efficacité* , selon laquelle la croyance en sa capacité à atteindre un objectif est un indicateur essentiel de sa poursuite ou de son atteinte. En recadrant les croyances sur ce qui est possible, le recadrage cognitif renforce l'auto-efficacité et démantèle les résistances internes. Il transforme des objectifs abstraits en réalités atteignables.

Il existe également des implications culturelles plus larges. Dans une société où le statut financier est souvent assimilé à la valeur, le recadrage devient un acte de résistance et de redéfinition. Il permet aux individus de dissocier l'estime de soi de la valeur nette, et de privilégier des valeurs comme l'intégrité, la créativité et la détermination. Ce phénomène est particulièrement puissant pour les personnes issues de communautés historiquement exclues ou marginalisées par les systèmes financiers. Le recadrage déplace le centre de contrôle des structures externes vers l'action interne.

Le recadrage cognitif pour atteindre des objectifs financiers ne relève donc pas du déni ou d'une fausse positivité. Il s'agit de choisir de penser de manière à générer clarté, confiance et possibilités. Il honore le passé sans s'y limiter. Il sollicite la plasticité du cerveau – sa capacité à changer – et le désir profond d'épanouissement.

En fin de compte, chaque objectif financier est façonné non seulement par nos actions, mais aussi par ce que nous *estimons utile* . Si nous croyons que le succès est possible, l'action suit. Si nous pensons que c'est vain, la stagnation prévaut. Recadrer, c'est choisir la première option, encore et encore, jusqu'à ce que la croyance devienne un comportement, et que le comportement devienne réalité.

Le stylo est entre vos mains. Qu'allez-vous écrire ensuite?

Les archétypes de la richesse: comprendre votre personnalité financière à travers les lentilles jungiennes

Au cœur de chaque décision financière se trouve bien plus que la logique, les mathématiques, ou même l'opportunité. Un courant plus profond – émotionnel, symbolique et souvent inconscient – influence notre rapport à l'argent. Il explique pourquoi une personne thésaurise tandis qu'une autre dépense excessivement, pourquoi quelqu'un peut saboter une manne financière, ou pourquoi la réussite est recherchée avec une telle férocité qu'elle frise l'auto-effacement. Ces schémas défient souvent la raison, car ils ne sont pas ancrés dans la raison. Ils sont ancrés dans des archétypes – des motifs psychologiques récurrents qui façonnent notre façon de penser, de ressentir et d'agir face à la richesse.

Carl Jung, psychiatre suisse et pionnier de la psychologie analytique, a introduit le concept d' *archétypes* pour décrire des symboles universels et des schémas comportementaux ancrés dans l'inconscient collectif. Ces archétypes ne sont pas des étiquettes statiques, mais des énergies dynamiques qui influencent nos motivations et nos identités. Appliqués à l'argent, ils nous aident à décoder les *schémas émotionnels* qui sous-tendent nos habitudes financières. En reconnaissant notre archétype dominant, nous acquérons la compréhension nécessaire pour passer de la répétition inconsciente à un choix conscient.

Dans ce sous-chapitre, nous explorons plusieurs archétypes clés de la richesse – le Martyr, le Magicien, l'Avare, le Monarque, entre autres – chacun représentant une constellation de croyances, de forces et d'ombres. Les comprendre ne consiste pas à s'enfermer dans des cases, mais à révéler le scénario qui nous guide, souvent sans le savoir. Ces archétypes offrent un langage pour ce qui était auparavant intangible et une boussole pour la croissance.

Prenons l'exemple du Martyr: une personne qui se dépense excessivement pour le bien des autres, souvent au prix d'un lourd tribut personnel. Cet archétype peut être motivé par la croyance subconsciente que sa valeur est liée au sacrifice. Sa générosité est admirable, mais, non examinée, elle mène à l'épuisement, au ressentiment et à une sous-représentation chronique. Prenons le cas de Leena, directrice d'une association à but non lucratif de 42 ans, qui puisait régulièrement dans ses économies personnelles pour financer des programmes sous-financés. Malgré un travail acharné, elle était toujours en difficulté financière. Grâce à un coaching archétypique, elle a reconnu ses tendances de Martyr, les a reliées à un conditionnement familial précoce, celui de la « personne fiable », et a commencé à redéfinir ses limites financières. Le changement n'était pas seulement comportemental, il était identitaire. Elle est passée d'un don sacrificiel à *une gestion responsable* , augmentant ainsi ses revenus et son impact.

Comparez cela avec le Magicien, un archétype souvent présent chez les créatifs, les visionnaires et les entrepreneurs. Le Magicien considère l'argent comme une énergie, croit en la synchronicité et fait souvent confiance à son intuition plutôt qu'aux tableurs. À leur meilleur, les Magiciens sont des alchimistes: ils peuvent transformer leurs idées en revenus avec fluidité. Mais dans l'ombre, ils peuvent éviter la structure, résister à la discipline ou recourir au contournement spirituel pour justifier leur désorganisation financière. Ravi, guérisseur sonore et artiste, illustre parfaitement ce modèle. Il manifestait facilement ses clients, mais ne parvenait pas à maintenir ses flux de trésorerie ni à planifier ses impôts. Sa résistance aux « systèmes linéaires » le maintenait prisonnier de cycles d'abondance et de disette. En intégrant des aspects de l'archétype de l'Architecte – qui prospère grâce à la structure et à la planification –, Ravi n'a pas supprimé son énergie de Magicien ; il l' *a équilibrée* . Il a conservé sa créativité tout en instaurant de la cohérence, stabilisant ainsi ses revenus pour la première fois depuis dix ans.

Il y a ensuite l'Avare, un personnage souvent vilipendé mais rarement compris. L'Avare s'accroche fermement à l'argent, motivé par la peur de la perte ou de l'incertitude. Il peut se targuer de sa frugalité, mais sous-jacent se cache un système nerveux sensible à la rareté. L'Avare a souvent un passé marqué par l'instabilité, la trahison ou une perte financière soudaine. Anna, consultante prospère, s'est retrouvée incapable de profiter de sa fortune. Elle conduisait une voiture à dix ans, refusait les vacances et paniquait pour des dépenses insignifiantes, même avec un compte en banque bien garni. En thérapie, elle a attribué ce comportement à la faillite de son père pendant son adolescence. Sa richesse n'avait pas modifié la réaction de son corps à la menace perçue. Grâce au travail somatique et à l'exploration archétypique, Anna a appris à interagir avec le Souverain, un archétype fondé sur la confiance, la générosité et la vision à long terme. À mesure que sa sécurité intérieure grandissait, sa capacité à gérer son argent avec discernement plutôt que par peur s'est également accrue.

Le modèle de Jung nous rappelle également que les archétypes ne sont pas des destins, mais des *tendances* . La plupart des gens ne sont pas dominés par un seul archétype, mais en expriment une constellation, selon le contexte et la phase de leur vie. Quelqu'un peut incarner le Guerrier en affaires – motivé, stratégique et acharné – tout en exprimant l'Orphelin dans ses finances personnelles, se sentant impuissant ou dépendant. L'essentiel n'est pas de poursuivre un archétype idéal, mais d' *intégrer* les archétypes fragmentés. La plénitude ne signifie pas uniformité ; elle signifie équilibre.

D'un point de vue pratique, travailler avec les archétypes financiers améliore la littératie financière en y ajoutant une profondeur émotionnelle et psychologique. L'éducation financière traditionnelle échoue souvent, car elle aborde le « comment » de l'argent sans le « qui ». Les archétypes donnent forme aux mondes intérieurs qui influencent les comportements. Ils aident à expliquer pourquoi les applications de budgétisation sont abandonnées, pourquoi les plans financiers sont compromis par des décisions impulsives et pourquoi des conseils rationnels sur le papier semblent inaccessibles dans la vie réelle. Lorsque vous reconnaissez que vous n'êtes pas mauvais avec l'argent, mais que vous êtes peut-être coincé dans l'archétype de l'Innocent – naïf, dépendant ou dépassé –, vous pouvez vous considérer avec compassion plutôt que de juger. À partir de là, vous pouvez commencer à changer.

Cette prise de conscience n'est pas seulement bénéfique pour les individus, elle est tout aussi transformatrice pour les couples, les familles et les équipes. Les conflits financiers surviennent souvent lorsque différents archétypes entrent en collision. Un Dépensier (aligné sur l'Amoureux ou le Rebelle) peut entrer en conflit avec un Épargnant (le Gardien ou l'Architecte), non pas parce que leurs valeurs sont erronées, mais parce que leurs peurs et leurs désirs sont en décalage. Comprendre le langage archétypique de l'autre favorise l'empathie, la négociation et une vision commune. Dans le coaching patrimonial, l'introduction d'archétypes résout souvent des tensions de longue date plus efficacement que les feuilles de calcul.

De plus, les archétypes ne sont pas figés: ils évoluent avec nous. Un client qui débute comme Orphelin – dépendant, dépassé, manquant de confiance – peut devenir le Créateur, développant un sentiment d' autonomie et de maîtrise. La clé réside dans la conscience intentionnelle. Sans elle, les archétypes nous dirigent. Avec elle, ils nous servent.

Pour soutenir ce processus, nous encourageons les lecteurs à répondre au questionnaire interactif proposé plus loin dans ce chapitre. Cet outil n'est pas diagnostique, mais *révélateur* . Il est conçu pour refléter les schémas, les récits et les comportements qui définissent votre relation actuelle à l'argent. En répondant honnêtement, vous entamez le processus d'individualisation financière, passant de l'enchevêtrement archétypal à l'intégration consciente.

Il convient également de noter que le contexte culturel et ancestral joue un rôle important dans la domination des archétypes. Dans les communautés où la survie est précaire, le Gardien ou le Survivant peuvent régner – vigilants, ingénieux, mais résistants au risque. Dans les familles en pleine ascension sociale, l'Accomplissement peut dominer – mus par le statut et soucieux de son image, mais intérieurement anxieux. Reconnaître la lignée de votre archétype vous permet d'en conserver les forces tout en vous libérant de ses limites. Vous n'êtes pas limité par des schémas hérités. Vous êtes l'auteur de leur évolution.

En fin de compte, travailler avec les archétypes de la richesse ne consiste pas à effectuer des tests de personnalité ou à trouver des étiquettes bien définies. Il s'agit de *développer une boussole intérieure* , capable de reconnaître la complexité de votre personnalité et de vos valeurs. Il s'agit de mettre en lumière les forces cachées qui façonnent vos choix financiers et de vous offrir de nouvelles voies d'expression, de croissance et d'abondance.

En découvrant votre archétype, vous vous rencontrez vous-même. En intégrant vos archétypes, vous reprenez le pouvoir. Et en choisissant ceux que vous cultivez, vous commencez à incarner la richesse non pas comme une réussite extérieure, mais comme le reflet de votre plénitude intérieure.

L'argent ne change pas qui nous sommes ; il *révèle* qui nous croyons être. Les archétypes nous aident à décoder cette croyance et à réimaginer le possible.

Des affirmations qui fonctionnent réellement: comment la psycholinguistique redéfinit l'identité financière

Les affirmations occupent depuis longtemps une place importante dans le vocabulaire du développement personnel, notamment dans les domaines de la manifestation, de l'état d'esprit et de la psychologie positive. Elles sont largement présentées comme de simples outils permettant de reprogrammer le subconscient: des déclarations orales ou écrites conçues pour reprogrammer nos croyances et transformer notre réalité. Pourtant, malgré leur popularité, les affirmations suscitent souvent des réactions mitigées. Pour certains, elles catalysent un changement profond. Pour d'autres, elles semblent forcées, creuses ou performatives. La différence, comme le révèlent les recherches en psycholinguistique et en neurosciences cognitives, ne réside pas dans le concept même des affirmations, mais dans la *manière dont* elles sont construites, formulées et reçues émotionnellement.

Pour comprendre l'efficacité des affirmations, lorsqu'elles sont bien formulées, il faut d'abord examiner le terrain psychologique qu'elles visent à influencer: l'identité. Les êtres humains sont intrinsèquement des êtres narratifs. Nous interprétons nos expériences par le langage, et notre image de soi est largement composée d'histoires intériorisées. Ces histoires, répétées à maintes reprises, deviennent des croyances. Et les croyances, comme le démontrent les recherches en économie comportementale et en neuroplasticité, forment le modèle du comportement. Lorsque nous disons: « Je suis nul avec l'argent » ou « La richesse est pour les autres », nous ne décrivons pas des vérités objectives, mais renforçons des scripts linguistiques qui régissent l'action.

Les affirmations, lorsqu'elles s'appuient sur des principes psycholinguistiques, offrent l'occasion d' *interrompre* ces scénarios et d'introduire de nouveaux récits susceptibles d'être intériorisés sous forme d'identité. Mais elles doivent faire plus que répéter des slogans creux. Elles doivent *résonner* , *s'aligner* et *évoluer* avec le locuteur.

L'une des découvertes majeures de la psycholinguistique – l'étude de la façon dont le langage façonne la pensée – est que le cerveau réagit différemment aux affirmations perçues comme *crédibles* et à celles qui semblent incompatibles avec le vécu. Lorsqu'une personne profondément ancrée dans ses croyances de rareté déclare: « Je suis riche et j'ai réussi », son système interne peut rejeter catégoriquement cette affirmation. Au lieu de renforcer la confiance, cela déclenche une réaction de stress, augmentant la dissonance cognitive et renforçant la croyance initiale. Autrement dit, les affirmations qui s'éloignent trop de l'identité actuelle peuvent se retourner contre elle.

Cette constatation a conduit de nombreux psychologues et coachs à recommander ce que l'on appelle *des affirmations passerelles* , des affirmations qui stimulent doucement l'identité sans provoquer de résistance. Par exemple, au lieu de dire: « Je suis financièrement libre », on pourrait affirmer: « J'apprends à gérer mon argent avec plus d'assurance. » Ce cadre s'appuie sur ce que le psychologue Albert Bandura appelle *l'auto-efficacité* , c'est-à-dire la croyance en sa capacité à adopter les comportements qui produisent les résultats souhaités. Les affirmations qui reflètent un processus, plutôt qu'un état final, sont plus susceptibles d'être intériorisées et mises en pratique.

La structure du langage est également importante. Des recherches montrent que l'utilisation du présent progressif (« Je deviens plus… » ou « Je travaille sur… ») active les systèmes procéduraux du cerveau, renforçant ainsi les habitudes et les actions au fil du temps.

Cela permet de passer d'une pensée binaire (je suis / je ne suis pas) à une pensée développementale (je deviens), ce qui favorise la résilience, surtout lorsque les progrès sont non linéaires.

L'utilisation des pronoms est un autre facteur subtil, mais puissant. Des études menées à l'Université du Michigan ont montré que l'utilisation *de la deuxième personne* ou de son propre nom dans les affirmations (« Tu peux le faire, Sarah » ou « John apprend à se faire confiance avec l'argent ») active les régions du cerveau associées à la régulation des émotions et à la planification future. Cette distanciation linguistique crée un tampon psychologique, permettant aux individus de sortir de leur identité habituelle et de s'adresser à eux-mêmes comme ils le feraient avec un ami ou un mentor de confiance.

transmission incarnée des affirmations est tout aussi importante . Les neurosciences confirment que les croyances ne sont pas uniquement logées dans le néocortex ; elles sont encodées dans tout le système nerveux. Lorsque les affirmations sont prononcées à voix haute, en prenant conscience de la respiration, en alignant la posture et en étant présent émotionnellement, elles activent les voies somatiques qui renforcent leur empreinte. Par exemple, associer une affirmation orale à des pratiques d'ancrage – comme poser une main sur le cœur, respirer profondément ou se tenir droit – envoie des signaux de sécurité au nerf vague, augmentant ainsi la réceptivité du corps aux nouvelles informations. Au fil du temps, cette pratique construit ce que les somatothérapeutes appellent *la cohérence* – un état dans lequel pensée, ressenti et physiologie s'harmonisent.

Des études de cas concrètes illustrent ces principes. Prenons l'exemple d'André, un entrepreneur en technologie qui luttait contre la croyance selon laquelle « l'argent ne vient qu'avec le stress ». Cette croyance a été renforcée par des années d'épuisement professionnel, des flux de trésorerie irréguliers et un message culturel axé sur le travail acharné. Lorsqu'il a tenté d'affirmer: « Gagner de l'argent est facile », cela sonnait faux. Mais grâce à un coaching guidé, il a développé un nouveau cadre: « J'apprends à générer des revenus avec plus de facilité et de cohérence. » En répétant cette affirmation lors de ses promenades matinales, tout en relâchant consciemment ses épaules et en synchronisant sa respiration, il a commencé à repenser non seulement ses pensées, mais aussi sa *perception* de ce que pouvait signifier la réussite financière. En quelques mois, il a constaté une diminution notable de son anxiété financière et une clientèle plus stable.

Un autre exemple est celui de Priya, une enseignante devenue coach, qui nourrissait la conviction inconsciente que « facturer son travail est égoïste ». Ses premières tentatives d'affirmations semblaient robotiques. Mais lorsqu'elle a reformulé ses déclarations pour refléter ses valeurs profondes – « Plus je reçois, plus je peux servir » – et qu'elle a associé cela à la tenue d'un journal relatant des moments passés où son travail a fait la différence, quelque chose a changé. Son affirmation est devenue plus qu'une simple phrase, mais une *vérité en mouvement* – ancrée dans des faits, alignée sur un objectif et délivrée avec une confiance incarnée.

Pour personnaliser efficacement ses affirmations, il faut d'abord identifier la croyance limitante à laquelle on souhaite remédier. Cela nécessite une réflexion honnête. Quelles vérités financières présupposez-vous sans vous poser de questions? Que craignez-vous si vous atteigniez votre objectif de revenu? Quelles émotions surgissent lorsque vous recevez de l'argent ou lorsque vous pensez à la richesse?

Une fois identifiée, l'étape suivante consiste à créer une affirmation qui *valide votre évolution* , honore vos résistances et vous guide doucement vers l'avenir. Si une croyance dit: « Je serai toujours en difficulté », une reformulation efficace pourrait être: « Je suis ouvert à de nouvelles façons de renforcer ma sécurité. » Si vous croyez: « Le succès me rendra solitaire », une reformulation pourrait être: « J'attire des personnes qui me soutiennent et qui célèbrent mon évolution. » Ces affirmations ne sont pas de simples astuces linguistiques: ce sont de nouveaux sillons neuronaux qui s'approfondissent lentement par la répétition et le ressenti.

Les affirmations bénéficient également de *la répétition en contexte* . Répéter une affirmation de manière passive a un impact limité. En revanche, l'intégrer à des moments clés – avant une décision financière, après une conversation difficile ou au début d'une nouvelle aventure – permet de l'ancrer dans un changement concret. Les affirmations contextuelles créent de nouvelles associations mémorielles, renforçant l'identité souhaitée par l'action.

Il est également utile de *réviser régulièrement* vos affirmations. À mesure que votre image de soi s'élargit, le langage qui la sous-tend doit évoluer. Ce qui vous semblait ambitieux il y a trois mois peut désormais vous sembler authentique, voire évident. Cette évolution n'est pas seulement un indicateur de progrès: c'est le mécanisme de la transformation identitaire. Vos affirmations doivent évoluer avec vous.

D'un point de vue plus large, la pratique consistant à formuler des affirmations efficaces reflète un changement culturel plus profond: de la performance à la présence. Plutôt que d'utiliser le langage pour masquer l'insécurité ou poursuivre des idéaux inaccessibles, nous l'utilisons pour établir une congruence entre qui nous sommes et qui nous devenons. Il ne s'agit pas de faire semblant, mais de *s'exercer*.

En fin de compte, les affirmations ne sont pas des formules magiques. Ce sont des signaux linguistiques qui façonnent l'attention, l'énergie et les possibilités. Lorsqu'elles sont ancrées dans une vérité psychologique, exprimées avec une présence émotionnelle et associées à des actions significatives, elles font plus que changer notre état d'esprit: elles *remodèlent notre identité* . Et à partir de là, toute transformation financière devient non seulement possible, mais inévitable.

La question n'est donc pas de savoir si les affirmations fonctionnent, mais plutôt de savoir si nous sommes prêts à nous parler à nous-mêmes avec suffisamment d'honnêteté, de soin et de clarté pour que nos mots deviennent des ponts entre les limites d'hier et le moi en lequel nous choisissons de croire aujourd'hui.

Expérience de pensée: qui seriez-vous avec de l'argent illimité?

Demandez à quelqu'un ce qu'il ferait avec de l'argent à volonté, et vous entendrez probablement parler de voyages, de maisons, de dons caritatifs ou de rêves de toute une vie enfin réalisés. Mais déplacez légèrement la question – de *« que feriez-vous »* à *« qui seriez-vous »* – et la conversation s'approfondit. Il s'agit moins d'une question de fantasme que d'identité. Ce sous-chapitre invite les lecteurs à se poser cette question d'une simplicité trompeuse, non pas pour s'abandonner à l'évasion financière, mais pour explorer les présupposés, les contraintes et les identités que nous attachons à l'argent lui-même. Il s'agit d'un exercice radical d'exploration psychologique: une enquête sur la façon dont le statut financier en est venu à définir l'image de soi, et sur ce qui reste une fois cet échafaudage retiré.

Le principe de cette expérience de pensée est simple: imaginez que tous vos besoins et désirs financiers, qu'ils soient réalistes ou extravagants, soient satisfaits en permanence. Vous avez accès à toutes les ressources dont vous pourriez avoir besoin. Vous n'avez aucune dette à rembourser, aucun budget à gérer, aucune comparaison sociale à négocier. Votre sécurité matérielle est absolue. Maintenant: *qui êtes-vous*? Comment occupez-vous votre temps? Comment vous présentez-vous dans vos relations? Que créez-vous, que recherchez-vous ou que laissez-vous de côté?

Au début, cet exercice peut susciter de l'enthousiasme, voire de l'étourdissement. Mais pour beaucoup, ce sentiment cède rapidement la place à l'inconfort. Sans pression financière, nombre de comportements, d'objectifs et d'obligations qui semblaient autrefois non négociables se révèlent être *des adaptations contextuelles* . Lorsque la survie ou l'acceptation sociale ne sont plus le moteur, l'échafaudage identitaire peut s'effondrer, laissant derrière lui un vide troublant – ou, pour certains, un espace exaltant de possibilités.

Les psychologues appellent ce phénomène *« forclusion identitaire »*: un état dans lequel les individus adoptent une identité fondée sur des pressions ou des contraintes extérieures sans explorer pleinement les possibilités alternatives. L'argent, en particulier dans le capitalisme avancé, est l'une des forces les plus puissantes qui façonnent cette forclusion. Il dicte les choix de carrière, définit le statut, influence les relations et même la moralité. Nombre d'entre nous construisent leur vie non pas autour de désirs intrinsèques, mais autour de stratégies de sécurité économique. Se demander: « Qui seriez-vous avec de l'argent illimité? » permet de confronter cette forclusion et de la briser.

Prenons le cas d'Aaron, un avocat d'affaires d'une quarantaine d'années qui gagnait un salaire à sept chiffres mais qui était chroniquement insatisfait. Lorsqu'on lui a proposé cette expérience de pensée lors d'une séance de coaching financier, sa première réaction a été, comme on pouvait s'y attendre, matérielle: voyager à travers le monde, acheter une résidence secondaire, peut-être prendre une retraite anticipée. Mais lorsque l'animateur a insisté – « Et après? » – Aaron a hésité. « Je ne sais pas qui je serais sans travail », a-t-il admis. Derrière sa réussite se cachait une identité profondément ancrée dans la productivité, la validation externe et le conditionnement à la rareté. Même riche, il restait prisonnier d'un système de croyances où *la valeur était synonyme de rendement* . Ce n'est que lorsqu'il a commencé à explorer ses désirs non monétisés – mentorat de jeunes avocats, retour à la musique, bénévolat pour la réforme pénitentiaire – qu'une image plus complète de lui-même a commencé à émerger.

Ce passage du *soi instrumental* au *soi authentique* est au cœur de l'exercice. L'argent est si souvent utilisé pour compenser un manque perçu: de liberté, de valeur, de pouvoir. Lorsque nous nous imaginons au-delà de ce manque, nous commençons à clarifier quelles parties de notre personnalité nous appartiennent véritablement et lesquelles sont des adaptations au contexte économique. C'est là que la distinction entre *richesse extrinsèque* et *abondance intrinsèque* devient essentielle.

L'abondance intrinsèque ne se résume pas à la négation de la richesse, mais à la recherche d'un épanouissement, d'un but et d'une identité qui *n'en dépendent pas* . C'est ce qui subsiste lorsque les symboles de statut social sont dépouillés et que la validation n'est plus une valeur. C'est la version de soi-même qui privilégie la vérité à la performance, l'alignement à la réussite. Et paradoxalement, ceux qui commencent à incarner l'abondance intrinsèque constatent souvent que la richesse matérielle devient moins contraignante et plus durable, précisément parce qu'elle n'a plus pour tâche de combler les vides émotionnels.

Ce constat se reflète dans les travaux de la psychologue Shira Taylor Gura, qui a constaté que lorsque les individus détachaient leur estime de soi de certains résultats – qu'il s'agisse de revenus, de reconnaissance ou de prestige – ils devenaient plus résilients psychologiquement, plus créatifs dans la résolution de problèmes et plus ouverts au risque. En visualisant une vie avec de l'argent illimité, les individus neutralisent temporairement l'anxiété financière, ce qui leur permet d'accéder à cet état d'esprit expansif. Cet exercice agit comme un outil de désinhibition cognitive: il libère de l'emprise de la rareté intériorisée et permet à l'imagination de se recentrer sur l'authenticité.

Des applications concrètes de cette idée sont visibles dans divers domaines. En entrepreneuriat, les fondateurs qui se lancent avec des motivations intrinsèques – résoudre un problème, servir une mission, exprimer une vision – ont tendance à surmonter les échecs plus efficacement que ceux qui sont motivés par des motivations purement extrinsèques. En matière de planification de carrière, les professionnels qui alignent leur travail sur leur identité plutôt que sur leurs revenus affichent des niveaux de satisfaction plus élevés, même en cas de fluctuations de leurs revenus. Ces résultats ne sont pas le fruit du hasard: ils sont le fruit d'une intégration psychologique. Lorsque votre estime de soi repose sur des ressources internes, la volatilité externe ne menace pas vos fondations.

L'expérience de pensée sert également de miroir à *un décalage de valeurs* . Nombreux sont ceux qui découvrent, à leur surprise ou à leur inconfort, que leurs objectifs actuels ne leur appartiennent pas vraiment. Un artiste travaillant dans la finance, un guérisseur travaillant dans les technologies, un enseignant rêvant de créer un centre de bien-être: autant d'exemples de personnes qui ont poursuivi des rôles « sûrs » ou socialement reconnus, mais qui se sentent de plus en plus éloignées d'elles-mêmes. L'argent illimité efface l'alibi. Il révèle le désir refoulé non pas comme une complaisance, mais comme une *vérité* . Et l'invitation n'est pas nécessairement d'abandonner sa vie actuelle, mais de *combler* le fossé entre valeurs intérieures et expression extérieure.

Ce travail comporte également une dimension communautaire. Dans des sociétés marquées par des inégalités systémiques, explorer l'identité sans contrainte financière n'est pas seulement personnel, c'est politique. Pour les personnes issues de milieux marginalisés, cet exercice peut être à la fois libérateur et douloureux. Il peut faire émerger un deuil générationnel, un traumatisme financier hérité ou des croyances intériorisées sur ce qu'il est permis de vouloir. Mais il peut aussi offrir une revendication radicale: « Si j'étais vraiment libre, je... » Cet imaginaire devient un modèle de réparation et de refonte, non pas parce qu'il contourne l'injustice, mais parce qu'il affirme la légitimité de la joie, du repos et de l'épanouissement comme formes de résistance.

Pour s'engager pleinement dans cet exercice, il est essentiel de l'aborder avec sincérité et nuance. Il ne s'agit pas d'une astuce de manifestation ni d'une fantaisie superficielle. C'est une méditation sur ce qui vous motive et sur ce qui pourrait émerger lorsque la peur de manquer d'argent cessera de gouverner vos choix. Commencez par écrire un récit: une journée, une semaine, une année de votre vie où l'argent est illimité. Observez les émotions qui surgissent. Qu'est-ce qui vous anime? Qu'est-ce qui s'estompe et devient obsolète? Quelles habitudes perdurent et lesquelles disparaissent? Ensuite, réfléchissez: quels aspects de cette vie dépendent réellement de l'argent et lesquels sont accessibles dès maintenant, sous une forme ou une autre, grâce à une redéfinition des priorités ou à un recadrage?

Il ne s'agit pas de négliger les contraintes matérielles réelles et durables auxquelles de nombreuses personnes sont confrontées. Les systèmes économiques ne sont pas neutres, et tout le monde n'a pas le privilège d'envisager un détachement identitaire de la situation financière. Mais précisément parce que ces systèmes sont si dominants, des expériences de pensée comme celle-ci sont importantes. Elles perturbent les schémas automatiques. Elles réinvestissent l'espace imaginaire colonisé par la peur et l'obligation.

Et elles nous rappellent que si l'argent est un outil puissant, il n'est pas le seul créateur de sens, de valeur ou de destinée.

Qui seriez-vous avec de l'argent illimité? Pas seulement en action, mais en substance? La réponse n'est pas figée. C'est une question vivante, une invitation à concevoir une vie non dictée par le statut ou la pénurie, mais guidée par l'harmonie, l'intégrité et l'abondance intérieure.

Et peut-être, plus profondément, il ne s'agit pas d'imaginer une version de vous-même éloignée du présent. Il s'agit de découvrir que les parties les plus sages et les plus expansives de vous-même sont déjà là, attendant non pas la richesse, mais la permission.

Chapitre 5
La science spirituelle de la budgétisation

Pour beaucoup, la simple évocation d'un budget évoque des images d'austérité: un grand livre rigide marqué par les limites, un triste décompte de sacrifices et d'abnégation. Les feuilles de calcul, la pénurie et le bourdonnement monotone des restrictions viennent souvent à l'esprit. Mais sous ce raccourci culturel usé se cache quelque chose de bien différent, et de bien plus puissant: une allocation délibérée et consciente d'énergie et d'intention. Vu sous un angle spirituel ou psychologique, la budgétisation se débarrasse de son voile de déni et devient un acte de révérence. Il ne s'agit pas de nier les plaisirs de la vie ; elle offre plutôt un cadre où la vie peut s'exprimer plus pleinement, avec plus d'intention et un alignement plus étroit sur ce qui compte vraiment.

Ce chapitre avance une proposition audacieuse: la budgétisation n'est pas seulement une compétence financière, mais une discipline spirituelle. Elle fonctionne comme un rituel, un contenant sacré qui révèle non seulement les contours de notre réalité économique, mais aussi nos valeurs, nos blessures, nos priorités et notre capacité à être présent. En ce sens, la budgétisation s'apparente à la méditation ou à la prière – tout acte conscient qui invite à une connexion plus profonde avec soi-même. Elle agit à la fois comme un miroir et une carte, nous montrant comment nous naviguons dans le monde, ce que nous honorons avec nos ressources et où nous pouvons inconsciemment nous sous-estimer ou fuir nos responsabilités.

Et ce n'est pas seulement de la poésie. Les sciences du comportement nous apprennent que la façon dont nous dépensons – et gérons – notre argent est intimement liée à notre identité et à notre régulation émotionnelle. Pratiqué en pleine conscience, le budget peut apaiser le système nerveux, apaiser l'anxiété et renforcer le sentiment d'autonomie. Il offre une structure au milieu du chaos et de la clarté face aux complexités déconcertantes de la vie moderne. Correctement aligné avec nos valeurs profondes, le budget ne restreint pas la liberté, il la renforce.

Pour saisir ce changement, il faut d'abord comprendre la notion de structure sacrée. Dans les traditions spirituelles, la structure est rarement perçue comme une contrainte ; elle sert plutôt de contenant. Prenons l'exemple de la géométrie sacrée des temples, du rythme mesuré de la respiration en méditation ou du chant d'un mantra: ce ne sont pas des fardeaux, mais des libérations. Ils constituent des canaux constants par lesquels l'esprit circule. Abordée avec un respect similaire, la budgétisation devient une pratique de conception intentionnelle. Elle suscite les questions suivantes: à quoi ai-je vraiment de la valeur? Qu'est-ce que je construis? Quelle vie est-ce que je gère avec mon temps, mon énergie et mon argent?

Avec cet état d'esprit, le budget mensuel, autrefois une corvée, devient un document vivant et porteur d'objectifs. Au lieu de se lancer dans des catégories et des limites, on part des valeurs. C'est l'essence même des dépenses basées sur les valeurs: un processus qui commence par l'identification de ses principes fondamentaux et la garantie que ses habitudes financières les respectent. Si la connexion est primordiale, vos dépenses nourrissent-elles vos relations? Si la créativité est essentielle, allouez-vous des ressources à l'expression artistique? Si la paix est votre priorité, votre budget soulage-t-il le stress ou l'alimente-t-il?

La recherche en psychologie confirme les bienfaits d'un comportement aligné sur des valeurs intrinsèques. La théorie de la motivation nous apprend que le changement est durable lorsqu'il émane de notre être intérieur, et non de cibles externes. Un budget ancré dans nos valeurs devient plus facile à gérer, non par pure volonté, mais parce qu'il est cohérent avec notre identité. On ne suit plus seulement ses dépenses ; on se consacre à ce qui nous tient à cœur.

Pourtant, même lorsque les valeurs nous guident, l'argent a une façon sournoise de nous échapper, tant sur le plan pratique qu'énergétique. Nous dépensons par habitude, par anxiété, par évitement ou par impulsion. Le pilotage automatique se met en marche, et les petits achats se transforment en boule de neige en conséquences importantes. Ici, la sagesse ancestrale rencontre la tradition pragmatique dans le système des enveloppes.

Historiquement, cela signifiait placer physiquement de l'argent dans des enveloppes étiquetées pour l'épicerie, le loyer, les loisirs, et ne dépenser que ce que contenait l'enveloppe.

Bien que les services bancaires numériques aient rendu les enveloppes quelque peu désuètes, leur principe perdure. Créer des « conteneurs » clairs et intentionnels pour les ancres de dépenses permet de se concentrer. Pourtant, ce chapitre prolonge la métaphore de l'enveloppe en intégrant l'idée de fuites d'énergie: ces pertes inconscientes comme les abonnements oubliés, les achats impulsifs qui laissent des regrets, ou les obligations sociales qui ressemblent plus à de la performance qu'à de la nourriture. Identifier et colmater ces fuites n'est pas une question de jugement moral ; il s'agit de préserver sa force vitale. De récupérer son attention, et avec elle, son pouvoir.

Parmi les outils les plus innovants du chapitre figure le Grand Livre de Gratitude. Contrairement à la comptabilité traditionnelle, qui tend à réduire l'argent à de simples chiffres, cette pratique associe chaque transaction – revenu ou dépense – à un moment de réflexion. Payer une facture devient une pause pour apprécier le service reçu. Recevoir un revenu incite à reconnaître non seulement l'argent, mais aussi la valeur échangée. Cela peut paraître simple, voire pittoresque, mais ses effets psychologiques sont profonds. Des études sur la neuroplasticité démontrent comment la gratitude transforme le cerveau: elle renforce la résilience, réduit le stress et améliore la prise de décision. Associer argent et gratitude nous fait passer d'une pensée transactionnelle à une conscience relationnelle, cultivant l'abondance non pas par le volume, mais par la présence.

Prenons l'exemple de Saira, graphiste, qui considérait autrefois la budgétisation comme une épreuve honteuse, un exercice mensuel chargé d'auto-jugement. Lorsqu'elle a adopté le registre de gratitude, où elle notait trois choses pour lesquelles elle était reconnaissante à chaque révision budgétaire, son attitude s'est adoucie. Ce qui lui semblait rigide et punitif est devenu plus vaste et plus réfléchi. Elle s'est même surprise à anticiper le moment du budget, non pas comme un audit redouté, mais comme une conversation mensuelle avec ses intentions. La véritable transformation ne résidait pas dans les chiffres, mais dans la réaction de son système nerveux.

En fin de compte, ce chapitre vous guide vers l'élaboration de votre Budget Aligné – un plan financier mensuel alliant valeurs, structure, pleine conscience et gratitude. Il ne s'agit pas d'un modèle standard ; c'est un cadre qui émerge de vous-même. Il vous invite à suivre non seulement vos dépenses, mais aussi vos histoires: où circule votre argent, où va votre énergie et si ces courants sont cohérents. Grâce à des exercices pratiques et à des outils concrets, vous élaborerez un système budgétaire qui nourrit votre âme et vos ambitions.

Plus important encore, vous redéfinirez ce que signifie « être bon avec l'argent ». Non pas comme quelqu'un qui suit servilement les règles, mais comme quelqu'un qui écoute, choisit, respecte et construit une vie financière ancrée non pas dans la peur, mais dans l'intégrité.

La budgétisation n'est pas spirituelle malgré sa structure, elle l'est grâce à elle. C'est un rituel moderne d'alignement, un acte de respect de soi et une carte de ce qui compte le plus. Apprécié avec respect plutôt qu'avec résistance, le budget cesse d'être une limite et devient une libération – non pas un simple tableur, mais un sanctuaire.

Structure sacrée: pourquoi la budgétisation est une pratique spirituelle

Pour le commun des mortels, le mot *« budget »* évoque des images de feuilles de calcul, de contraintes et une forme de pénitence financière – un mal nécessaire invoqué pour contenir les dépenses excessives ou mettre de l'ordre dans le chaos économique. Pourtant, abordé sous un angle plus profond et plus réfléchi, le budget se révèle bien plus significatif: une structure sacrée. Une structure qui, comme la méditation ou la prière, offre un espace pour une vie intentionnelle. Repensé non pas comme un outil de privation, mais comme un acte de dévotion, le budget devient une pratique spirituelle, qui honore nos valeurs, ce que nous gérons et, en fin de compte, la manière dont nous choisissons d'exprimer notre vie à travers l'argent.

Par essence, la spiritualité est une question de connexion: entre soi et son objectif, entre valeurs et action, entre vérité intérieure et expression extérieure. La gestion budgétaire, lorsqu'elle est abordée consciemment, facilite précisément cette connexion. Il ne s'agit pas seulement de suivre les transactions ; il s'agit d'observer le mouvement énergétique de la valeur dans nos vies. C'est une pratique réflexive qui révèle si nos habitudes financières sont en harmonie avec notre éthique, nos aspirations et notre bien-être.

Cette perspective est non seulement convaincante d'un point de vue philosophique, mais elle est également étayée par les sciences comportementales. Des études en neuroéconomie ont montré que l'anxiété financière diminue significativement lorsque les individus utilisent des méthodes de planification structurées, non pas parce qu'ils gagnent plus d'argent, mais parce qu'ils se sentent plus *en contrôle* . Dans ce contexte, le contrôle n'est pas synonyme de rigidité. Il reflète plutôt *l'autonomie* – le sentiment que nos actions sont en harmonie avec nos intentions. La budgétisation n'est donc pas une question de limitation ; elle vise *la libération par l'intentionnalité* .

Considérez l'architecture des espaces sacrés: un temple, une cathédrale, un zendo. Ce ne sont pas des environnements aléatoires ou chaotiques. Ils sont structurés par la conception – géométrie, rituel et rythme – qui s'unissent pour faciliter la présence. C'est précisément la fonction d'un budget dans la vie spirituelle: c'est un contenant. Il rythme la gestion des ressources, fluidifie l'intention et établit des limites qui protègent plutôt que punissent. Conçu avec conscience, un budget devient un autel vivant, reflet de l'évolution de nos priorités et de nos valeurs profondes.

Prenons par exemple le cas de Miriam, professeure de yoga et praticienne en santé holistique. Pendant des années, Miriam a résisté à la gestion d'un budget, l'associant à la pénurie et à la honte. Elle assimilait structure et contrôle et craignait que la gestion budgétaire ne la prive de la fluidité et de la créativité qu'elle appréciait. Mais ses finances étaient instables et son anxiété financière commençait à affecter sa santé et son travail. Sur les conseils d'un coach, elle a commencé à aborder la gestion d'un budget non pas comme une contrainte, mais comme un *rituel* . Chaque dimanche, elle allumait une bougie, s'asseyait en silence et consacrait trente minutes à analyser ses finances, non pas mécaniquement, mais de manière contemplative. Elle s'est demandée: *où est passée mon énergie cette semaine? Reflétait-elle mes valeurs? Que faut-il changer pour favoriser mon bien-être?*

Ce rituel hebdomadaire a transformé le rapport de Miriam à l'argent. Son budget n'était plus un simple livre de comptes, mais un récit. Il racontait son histoire, ses priorités, sa générosité et ses incohérences. Au fil du temps, elle s'est sentie non seulement plus stable financièrement, mais aussi plus intégrée. Elle ne se contentait plus de gérer son argent ; elle organisait *sa vie* .

Ce qui a fait la différence, ce n'est pas le système en lui-même, mais le cadre dans lequel il s'inscrivait. C'est là que le langage du sacré devient indispensable. Lorsque nous considérons la budgétisation comme sacrée, nous la transformons du simple devoir en *pratique* . Nous ralentissons. Nous l'imprégnons de pleine conscience. Nous ne nous demandons pas simplement « Qu'ai-je dépensé? », mais « Qu'ai-je honoré? » Nous commençons à considérer l'argent non pas comme une monnaie neutre, mais comme *une énergie consacrée* , une manifestation de notre travail, de nos choix, de nos engagements relationnels.

L'importance de ce changement est amplifiée lorsqu'on l'observe sous l'angle de *l'alignement des valeurs* . Selon les recherches du Dr Sonja Lyubomirsky et de ses collègues en psychologie positive, on ressent un plus grand bien-être lorsque nos actions quotidiennes sont en accord avec nos valeurs déclarées. La budgétisation devient alors un outil de diagnostic: un moyen d'évaluer si vos décisions financières sont en harmonie avec la vie que vous prétendez désirer. Si votre budget affiche des dépenses élevées pour des choses qui vous épuisent, mais peu pour ce qui vous nourrit – activités créatives, repos ou communauté –, alors un élément essentiel est négligé.

Il est important de noter que le budget sacré ne prône ni le minimalisme esthétique ni la frugalité moralisatrice. Il ne s'agit pas de nier le plaisir ni de se détourner des activités matérielles. Au contraire, il invite à *l'abondance incarnée*: la pratique de se ressourcer de manière à entretenir la joie, à favoriser l'épanouissement et à préserver l'intégrité. Qu'il s'agisse d'investir dans le mentorat, d'épargner pour des voyages ou de contribuer à des causes sociales, le budget sacré lui réserve une place – intentionnelle, respectueuse et avec des limites énergétiques claires.

Une autre dimension de la gestion budgétaire en tant que pratique spirituelle est *le rythme rituel* . Tout comme les traditions sacrées fonctionnent selon des cycles – prières quotidiennes, repos du sabbat, observances lunaires – un rythme budgétaire crée prévisibilité et confiance. Il enseigne au corps et au système nerveux que l'attention portée à l'argent n'est pas une menace, mais un soutien. Les bilans hebdomadaires ou mensuels deviennent des rites de passage, marquant le temps non pas par le stress ou l'évitement, mais par la présence et le renouveau. Associés à des ancrages sensoriels – allumer de l'encens, tenir un journal intime, instaurer la quiétude – ces bilans deviennent des signaux somatiques de sécurité. Au fil du temps, ils reconditionnent les associations émotionnelles autour de l'argent, passant de la peur et de l'accablement à la responsabilisation et à la clarté.

Passer de la honte à la sainteté est particulièrement important pour ceux qui souffrent de traumatismes ou de culpabilité liés à l'argent. Pour beaucoup, la planification financière réveille des récits non résolus: pénurie infantile, conditionnement culturel ou peur de l'échec. Aborder la budgétisation comme un acte sacré atténue la charge émotionnelle. La comptabilité punitive est remplacée par une conscience bienveillante. Et à partir de là, la transformation devient non seulement possible, mais inévitable.

Des exemples concrets illustrent ce changement. Prenons l'exemple de José, un immigrant de première génération qui avait depuis longtemps intériorisé la croyance que l'argent était synonyme de survie. Chaque centime était comptabilisé avec crainte, chaque dépense évaluée sous l'angle de la perte. Lorsqu'il a repensé la gestion d'un budget comme une pratique de dignité – une façon d'honorer les sacrifices de ses parents et de construire un avenir avec détermination – ses habitudes financières ont changé. Il a commencé à épargner non pas par panique, mais par fierté. Il n'investissait pas dans des symboles de statut social, mais dans des expériences familiales qui reflétaient ses valeurs. La structure est restée la même. Ce qui a changé, c'est l' *âme qui l'habitait* .

D'un point de vue économique comportemental, ce recadrage atténue également ce que l'on appelle le *biais du présent* , c'est-à-dire la tendance à surévaluer les récompenses immédiates au détriment des gains futurs. La budgétisation sacrée active ce que le Dr Hal Hershfield appelle le « soi futur », une construction mentale qui prend toute son importance lorsque nous nous sentons émotionnellement connectés à notre bien-être à long terme. En intégrant la réflexion spirituelle à la planification financière, nous cultivons l'empathie pour notre soi futur et adoptons des habitudes qui servent à la fois le présent et le futur.

En fin de compte, la structure sacrée du budget ne consiste pas à moraliser ou à micro-gérer. Il s'agit d' *honorer* . Il s'agit de reconnaître que chaque euro gagné et dépensé est un fil conducteur dans la trame de votre vie, et que vous avez le pouvoir de tisser cette trame avec soin. C'est une discipline spirituelle précisément parce qu'elle exige présence, choix et responsabilité. Elle vous invite à vous retrouver dans les chiffres. Non pas avec honte, mais avec curiosité. Non pas avec perfectionnisme, mais avec respect.

En adoptant cette perspective, le tableur devient un texte sacré, non pas parce qu'il vous indique ce que vous devez vénérer, mais parce qu'il vous montre ce que vous pratiquez déjà. Et cette prise de conscience vous donne le pouvoir de choisir à nouveau. De vous réaligner. De restructurer non seulement votre budget, mais aussi votre vie.

C'est la structure sacrée. Ni règles, ni restrictions. Mais un cadre pour devenir. Un rituel vivant d'intégrité financière et de gestion spirituelle: une transaction, une intention, une respiration consciente à la fois.

Plans de dépenses basés sur les valeurs: aligner vos finances sur ce qui compte vraiment

La plupart des conseils traditionnels en matière de finances personnelles commencent par une catégorisation – loyer, courses, transports, épargne – comme si l'organisation des dépenses suffisait à elle seule à favoriser le bien-être. Pourtant, pour beaucoup, cette approche engendre une relation mécanique à l'argent, considérant chaque transaction comme une unité détachée plutôt que comme un élément d'un tout plus vaste et plus significatif. Ce qui manque à ce cadre, c'est *l'intentionnalité* . Non seulement où va l'argent, mais aussi *pourquoi* – ce qu'il reflète, soutient et exprime. Un plan de dépenses basé sur des valeurs déplace l'attention des règles externes vers une résonance interne, offrant une approche plus nuancée, holistique et durable de la gestion financière.

Fondamentalement, les dépenses basées sur les valeurs ne se limitent pas à optimiser ses finances. Il s'agit *d'exprimer son identité* par un comportement économique. Chaque euro dépensé reflète un choix, et chaque choix est une déclaration de priorité. L'objectif n'est donc pas de restreindre ses dépenses, mais de les aligner sur ce qui compte le plus pour vous. Ce faisant, vous passez d'une consommation réactive à *une contribution consciente* – pour vous-même, vos relations et le monde qui vous entoure.

Ce concept s'inspire à la fois de la recherche psychologique et de la planification financière pratique. Les travaux d'Edward Deci et de Richard Ryan, concepteurs de la théorie de l'autodétermination, soulignent l'importance de la motivation intrinsèque – un comportement en accord avec ses valeurs – comme moteur d'un bien-être durable. Lorsque les décisions financières reflètent des valeurs intrinsèques telles que la créativité, la liberté ou les liens, la satisfaction qui en résulte est plus profonde et plus durable que lorsque les choix sont fondés sur des pressions externes ou des comparaisons sociales.

Dans une culture saturée de publicité, de recherche de statut et de conditionnement à la rareté, de nombreux individus se retrouvent à dépenser de manières qui *engourdissent* plutôt que nourrissent. Les dépenses émotionnelles sont souvent une stratégie compensatoire:

une tentative d'apaiser l'anxiété, d'affirmer son identité ou d'échapper à la déconnexion. Mais lorsque l'argent est utilisé pour soutenir des valeurs profondément ancrées, il cesse d'être un déclencheur de honte ou de regret. Il devient plutôt un outil d'alignement et d'autonomisation.

La première étape pour élaborer un plan de dépenses basé sur des valeurs consiste à clarifier ce qui compte réellement pour vous – non pas ce que vous pensez *devoir* valoriser, mais ce qui vous anime et vous soutient véritablement. Cela nécessite souvent de dépasser les objectifs financiers traditionnels comme l'épargne-retraite ou le remboursement de vos dettes (bien que ces objectifs restent importants) et de se poser des questions plus existentielles. Qu'est-ce qui donne du sens à votre vie? Qu'est-ce qui vous fait vous sentir le plus vivant, le plus connecté, le plus épanoui? Pour certains, la réponse est la famille. Pour d'autres, c'est la liberté créative, l'épanouissement personnel, la contribution à la communauté ou l'aventure. Les valeurs ne sont pas des idéaux abstraits, ce sont *des orientations vécues* .

Une fois ces valeurs identifiées, l'étape suivante consiste à les traduire en catégories d'expression financière. Si la santé est une valeur fondamentale, comment vos dépenses reflètent-elles cela: investissez-vous dans une alimentation saine, l'exercice, le repos ou les soins préventifs? Si l'apprentissage est important pour vous, prévoyez-vous un budget pour des livres, des formations ou du mentorat? Si le développement durable est primordial, vos habitudes de consommation le soutiennent-elles par l'approvisionnement local, des marques éthiques ou la réduction des déchets?

Des exemples concrets illustrent le potentiel transformateur de cette approche. Prenons l'exemple d'Aisha, une développeuse de logiciels qui gagnait bien sa vie, mais se sentait chroniquement insatisfaite. Son budget comportait d'importantes dépenses discrétionnaires en plats à emporter, vêtements et abonnements de streaming, autant d'éléments qui ne correspondaient pas à ses valeurs fondamentales de créativité et d'impact social. Grâce à un coaching, elle a repensé son budget pour y inclure un don mensuel à une association caritative d'alphabétisation, un cours d'écriture et un espace de coworking pour les créatifs. En quelques mois, ses dépenses n'avaient pas diminué de façon spectaculaire, mais leur *impact sur son bien-être,* si. Ses achats n'étaient plus des fuites, mais des *investissements dans son identité* .

Cette réorientation présente également des avantages cognitifs. Des recherches en finance comportementale montrent que lorsque les gens comprennent le *but* de leurs dépenses, ils sont moins susceptibles d'éprouver des regrets après l'achat. Ce phénomène, souvent appelé « congruence de valeurs », augmente la satisfaction et réduit le risque de rebond émotionnel. Autrement dit, lorsque vos achats correspondent à vos principes, ils continuent de porter leurs fruits – émotionnellement, psychologiquement et socialement – longtemps après la transaction.

Les dépenses basées sur les valeurs remettent également en question l'idée selon laquelle la budgétisation doit être réductrice. Les approches traditionnelles privilégient souvent l'efficacité au détriment du sens, incitant les individus à réduire les dépenses « non essentielles ». Or, ce qui est non essentiel d'un point de vue peut être sacré d'un autre. Pour une personne dont la valeur fondamentale est la beauté esthétique, des dépenses régulières en art, en vêtements ou en décoration d'intérieur peuvent être incontournables. Pour une personne dont la valeur est l'autonomie, allouer des fonds à l'externalisation de tâches ou à la création d'une activité complémentaire peut être plus important qu'épargner pour un prêt immobilier traditionnel. L'essentiel n'est pas de se conformer à une norme externe, mais de construire un budget qui reflète une boussole interne cohérente.

Ce modèle nous invite également à examiner la *face cachée* de nos dépenses. Parfois, nos habitudes financières reflètent des versions déformées de nos valeurs. Une personne qui valorise la réussite peut dépenser excessivement pour des achats axés sur l'image afin de se sentir crédible. Une personne qui valorise la générosité peut donner de manière compulsive, négligeant ses propres besoins. Ce ne sont pas des défauts, mais des invitations à une réflexion plus approfondie. En examinant la différence entre la *vraie valeur* et son expression déformée, nous acquérons la clarté nécessaire pour réévaluer nos performances.

En pratique, les dépenses axées sur les valeurs peuvent être mises en œuvre à l'aide d'un cadre de réflexion simple. Pour chaque grande catégorie de votre budget, posez-vous les questions suivantes: comment ces dépenses soutiennent-elles l'une de mes valeurs fondamentales? Si ce n'est pas le cas, à quel besoin cherchent-elles à répondre? Ce besoin peut-il être satisfait de manière plus cohérente? Avec le temps, cette pratique devient habituelle. Vous commencez à évaluer non seulement le coût, mais aussi *la cohérence* . Non seulement le retour sur investissement, mais aussi *le retour sur alignement* .

Cette approche est également évolutive. Les familles peuvent s'appuyer sur des cadres fondés sur des valeurs pour élaborer des plans financiers collectifs qui respectent à la fois les priorités communes et individuelles. Les organisations peuvent concevoir des systèmes de rémunération et d'avantages sociaux qui reflètent les valeurs culturelles, et pas seulement les taux du marché. Même les initiatives de budgétisation communautaire ont commencé à explorer comment les fonds publics peuvent être distribués selon des cadres de valeurs participatifs, favorisant ainsi la confiance et l'engagement civique.

Des études de cas en conseil financier de couple montrent également comment ce modèle peut réduire les conflits. Lorsque deux personnes comprennent leurs valeurs respectives, elles cessent de se disputer sur le *quoi* (la dépense) et commencent à négocier sur le *pourquoi* . Un mari qui valorise la spontanéité et une femme qui privilégie la stabilité peuvent co-créer une catégorie de dépenses appelée « liberté flexible » – un fonds convenu d'un commun accord qui répond aux besoins des deux parties. L'accent passe du compromis à *l'harmonisation créative* .

Il est important de noter que dépenser en fonction de ses valeurs ne nécessite pas de richesse, mais une prise de conscience. Même des revenus modestes peuvent être gérés avec une grande intégrité. Une personne au budget serré peut choisir de cuisiner des repas hebdomadaires avec des amis, privilégiant les liens sociaux plutôt que la commodité. Une autre peut allouer ses fonds limités à un plan d'épargne-études, honorant ainsi la valeur de son héritage. Ces choix sont déterminants non pas parce qu'ils impliquent des sommes importantes, mais parce qu'ils reflètent une volonté et un sens.

En fin de compte, un plan de dépenses basé sur des valeurs n'est pas seulement un outil de gestion financière: c'est une philosophie de vie. Il nous invite à considérer nos finances non pas comme un fardeau à contrôler ou une ressource à accumuler, mais comme une toile sur laquelle nos valeurs sont peintes. Il relie l'abstrait au concret, l'émotionnel au stratégique. Il affirme que l'argent, comme le langage, raconte une histoire. Et c'est à nous de décider de quelle histoire il s'agit.

Lorsque votre argent reflète ce qui compte le plus, vous ne vous contentez plus de survivre ou de vous efforcer: vous *vivez en harmonie* . Vous ne réagissez plus à la pression financière, mais réagissez avec présence. Et dans ce changement, la gestion du budget devient moins une question de discipline et davantage de dévouement. Moins une question de ce que vous avez, mais davantage de ce *que vous* devenez.

Systèmes d'enveloppes et fuites d'énergie: fusionner la budgétisation pratique avec la conscience énergétique

À l'ère des applications financières et de l'automatisation algorithmique, la simplicité de la budgétisation par enveloppes peut sembler désuète. Pourtant, ce système traditionnel, qui consiste à répartir l'argent dans des enveloppes physiques étiquetées selon des catégories de dépenses spécifiques, perdure grâce à une vérité fondamentale: *la clarté crée l'intention* . En offrant une conscience visuelle et tactile des limites et des choix, la méthode des enveloppes offre une solution élégante aux dépenses impulsives ou inconscientes. Mais que se passe-t-il lorsqu'on va plus loin, en ne se contentant pas de cartographier la destination de notre argent, mais aussi en suivant la circulation de notre *énergie*? En combinant la budgétisation par enveloppes avec les principes de conscience somatique et de régulation émotionnelle, on obtient une pratique financière moderne aussi stratégique qu'émotionnelle.

Pour comprendre cette évolution, il faut d'abord revenir sur ce qui a rendu le système des enveloppes si efficace. Popularisé à l'époque de la gestion physique de l'argent liquide, le système des enveloppes créait des limites psychologiques par conception. On prenait son salaire, on le divisait en catégories – courses, loyer, loisirs, carburant – et on déposait l'argent désigné dans des enveloppes individuelles. Lorsqu'une enveloppe se vidait, les dépenses correspondantes se vidaient également. La discipline ne venait pas de la restriction, mais de la transparence. On pouvait voir, sentir et respecter le contenant de ses intentions financières.

Même à l'ère du numérique, la *psychologie du confinement* reste prégnante. Les économistes comportementaux comme Richard Thaler abordent depuis longtemps le concept de « comptabilité mentale »: la façon dont les humains divisent instinctivement leur argent en catégories, même lorsque tous les fonds proviennent d'une source unique. En compartimentant l'argent, nous rendons tangibles des flux abstraits. La méthode de l'enveloppe amplifie cet instinct et lui donne forme. Ce faisant, elle contrecarre l'effet anesthésiant des dépenses sans friction – toucher, glisser, s'abonner – qui caractérise la culture de consommation moderne.

Mais la budgétisation par enveloppes, dans sa forme traditionnelle, ne répond qu'à une partie du problème. Si elle suit la répartition des fonds externes, elle néglige souvent l' *économie interne* – la dynamique émotionnelle, cognitive et énergétique qui sous-tend nos comportements financiers. C'est là qu'intervient avec force le concept de *fuites d'énergie* .

Une fuite d'énergie n'est pas qu'une métaphore. C'est un phénomène réel, observable à travers des schémas de fatigue, de lassitude décisionnelle, d'anxiété, d'évitement ou de surmenage lié aux tâches et transactions financières. Ces fuites se manifestent souvent dans des domaines invisibles: abonnements oubliés, services sous-utilisés maintenus par culpabilité, ou dépenses émotionnelles procurant un soulagement passager mais un épuisement à long terme. Le coût n'est pas seulement monétaire, il est psychologique et physiologique. Vous pouvez vous sentir épuisé non pas à cause de vos dépenses, mais *de la manière* et *de la raison* de vos dépenses.

Intégrer la conscience énergétique à la budgétisation des enveloppes invite à un changement radical de perspective. Au lieu de simplement catégoriser les dépenses par fonction – « alimentation », « factures », « loisirs » – nous les classons par *impact énergétique* . Quelles dépenses semblent légères, cohérentes, nourrissantes? Lesquelles semblent lourdes, obligatoires ou à éviter? Quelles transactions soutiennent votre vitalité et votre créativité, et lesquelles épuisent votre sentiment de présence et d'autonomie?

Prenons le cas de Danika, une rédactrice indépendante qui utilisait une version numérique de la budgétisation par enveloppes, mais se sentait constamment dépassée par ses finances. Bien que son système soit techniquement en ordre, son rapport à l'argent restait émotionnellement chaotique. Elle remarquait que certaines dépenses, bien que mineures, créaient un stress disproportionné: une adhésion professionnelle qu'elle n'utilisait plus, mais qu'elle ne pouvait se résoudre à résilier ; un abonnement qu'elle se sentait coupable d'avoir abandonné ; une liste croissante de cours en ligne qu'elle n'avait pas terminés. Chacune de ces dépenses était une fuite d'énergie, non pas parce qu'elles étaient objectivement inabordables, mais parce qu'elles portaient un poids invisible de culpabilité, d'indécision ou de décalage.

Grâce au coaching, Danika a créé une nouvelle catégorie d'enveloppe: *l'Intégrité Énergétique* . Elle y a investi uniquement les dépenses qui lui permettaient de se sentir à la fois bien dotée et respectée: comme un thérapeute qu'elle consultait mensuellement, un espace de coworking qui l'épanouissait et un programme de mentorat créatif qui la reconnectait à sa raison d'être. Elle a également commencé à réaliser *des audits énergétiques mensuels* parallèlement à ses bilans financiers, se demandant non seulement « Qu'ai-je dépensé? », mais aussi « Où ai-je perdu de l'argent? » et « Où ai-je prospéré? » Cette double prise de conscience a transformé la gestion budgétaire, passant d'un processus mécanique à un véritable point de contact avec sa réalité.

Le système des enveloppes, associé à la conscience énergétique, devient non seulement un outil de clarté financière, mais aussi un miroir de *congruence émotionnelle* . Il met en évidence la dissonance entre ce que nous affirmons valoriser et nos actes. Une personne peut prétendre valoriser la paix, mais dépenser excessivement en produits exigeants ou en obligations sociales. Une autre peut prétendre valoriser la santé, mais ne rien consacrer au repos ou au bien-être. Ces divergences ne sont pas des manquements moraux ; ce sont des invitations. Prises en conscience, elles permettent un rééquilibrage, non seulement budgétaire, mais aussi identitaire.

D'un point de vue neurobiologique, cette intégration améliore également la régulation. Selon la théorie polyvagale, notre système nerveux réagit aux environnements prévisibles avec une sécurité et une cohérence accrues. Une budgétisation structurée et associée à un suivi émotionnel crée une *boucle de corégulation* entre l'esprit, le corps et les finances. Nous ne confions plus notre situation financière aux seuls tableurs: nous écoutons ce que notre corps sait déjà. Cet achat impulsif n'a pas seulement affecté l'équilibre ; il a fait grimper le taux de cortisol. Cette dépense mensuelle n'est pas qu'un simple poste budgétaire: c'est un micro-échange de force vitale. En prenant conscience de cette réalité, nous commençons à concevoir une vie non seulement de solvabilité, mais aussi de souveraineté.

Cette pratique permet également de contrer ce que la thérapeute financière Bari Tessler appelle le « brouillard financier », cet état dissociatif dans lequel beaucoup de gens entrent face aux questions d'argent. Le système des enveloppes apporte de la visibilité. L'audit énergétique apporte de l'incarnation. Ensemble, ils cultivent *l'intimité financière* . Vous commencez à considérer votre argent non pas comme un problème à résoudre ou un casse-tête à optimiser, mais comme l'expression de votre façon de vivre, d'aimer et de diriger.

Les implications sont à la fois personnelles et collectives. Sur le plan personnel, cette approche permet d'établir un budget non seulement durable, mais aussi *authentique* . Sur le plan relationnel, elle offre un nouveau langage pour discuter d'argent avec son partenaire ou sa famille, non seulement en termes de dépenses, mais aussi de ressenti . Sur le plan sociétal, elle encourage le passage d'un consumérisme inconscient à une gestion responsable, où chaque transaction est un vote pour le monde, les relations et l'individu que nous souhaitons cultiver.

La mise en œuvre pratique peut varier. Certains continueront d'utiliser des enveloppes physiques ; d'autres privilégieront des outils numériques avec étiquetage. L'essentiel n'est pas la méthode, mais l' *état d'esprit* . Nommez vos enveloppes non seulement par fonction, mais aussi par *expérience*: « Nourriture », « Expansion », « Sécurité », « Jeu », « Obligation (à revoir mensuellement) ». Ces étiquettes transforment la gestion budgétaire en une conversation avec soi-même: dynamique, honnête et vivante.

En fusionnant les systèmes d'enveloppe avec la conscience énergétique, nous réunissons l'ancien et le nouveau, le structuré et l'intuitif, le mesurable et le ressenti. Nous commençons à comprendre que la discipline financière n'est pas incompatible avec la liberté émotionnelle ; en fait, elle en est le fondement même. Nous ne nous contentons pas de gérer l'argent ; nous nous occupons de l'énergie. Nous ne nous contentons pas de contrôler les dépenses ; nous cultivons *l'alignement*.

Et dans cette pratique, quelque chose de radical se produit. La gestion d'un budget cesse d'être un exercice de peur ou de contrôle et devient une carte de dévotion. Chaque enveloppe, chaque choix, chaque point devient un acte de reconquête de votre pouvoir, non seulement sur vos finances, mais aussi sur le rythme et l'intégrité de votre vie.

Le registre de la gratitude: reconfigurer votre système nerveux financier grâce à l'appréciation quotidienne

Dans la culture contemporaine, l'argent est souvent un déclencheur de stress, de peur, de comparaison ou d'auto-jugement. Pour beaucoup, gérer ses finances est synonyme de honte, de pénurie ou de pression. Et si le fait de suivre son argent pouvait devenir un outil de guérison plutôt que d'anxiété? Et si un registre financier pouvait non seulement servir de registre de transactions, mais aussi de miroir de nos bénédictions – un lieu où chaque dépense, revenu ou investissement devient une occasion d'honorer, de réfléchir et de se reconfigurer? C'est l'idée centrale du *registre de gratitude* , une pratique d'une simplicité trompeuse mais profondément transformatrice qui relie l'activité financière à la régulation émotionnelle et à la neuroplasticité.

Le Registre de Gratitude est bien plus qu'un simple journal. C'est un acte conscient de *remodelage* – une pratique qui vous invite à interrompre le pilotage automatique du stress financier et à le remplacer par la conscience, l'appréciation et le choix. S'inspirant de disciplines aussi diverses que la finance comportementale, la neuropsychologie, la thérapie somatique et la psychologie positive, cette méthode propose un changement radical mais accessible: associer une réflexion sur la gratitude à chaque transaction financière, aussi minime soit-elle. Ce faisant, non seulement vous suivez votre argent, mais vous redéfinissez votre *relation* avec lui.

Pour comprendre l'impact de ce phénomène, il faut prendre en compte le contexte biologique et émotionnel dans lequel la plupart des gens interagissent avec l'argent. Des recherches neuroscientifiques confirment que l'amygdale – le système de détection des menaces de notre cerveau – est fréquemment activée lors de la prise de décisions financières, notamment en situation d'incertitude. Cela peut entraîner une dysrégulation chronique: augmentation du cortisol, contractions musculaires, concentration dispersée et comportement réactif. Lorsqu'une personne ouvre son application bancaire et ressent une pointe de panique, ce n'est pas irrationnel ; il s'agit d'une réaction conditionnée du système nerveux, ancrée dans des expériences passées et une menace perçue.

La gratitude, en revanche, active le système nerveux parasympathique, la branche du repos et de la digestion qui favorise le calme, la présence et l'intégration. Des études menées par des chercheurs tels que Robert Emmons et Martin Seligman ont constamment démontré que la gratitude augmente la résilience psychologique, améliore la qualité du sommeil, réduit la dépression et renforce le sentiment de contrôle. Associée à une prise de conscience financière, la gratitude devient plus qu'une émotion agréable: elle devient *un antidote neurologique à la peur financière* .

Le registre de gratitude fonctionne en systématisant ce couplage. Après chaque action financière – qu'il s'agisse de payer une facture, de percevoir un revenu, d'acheter un repas ou de faire un don –, prenez le temps de réfléchir: qu'a permis cette transaction? Quelle valeur a-t-elle créée ou honorée? À quel besoin a-t-elle répondu? Même dans les moments de frustration ou de dépenses, le cabinet invite à une remise en question. Une facture dentaire devient une occasion d'être reconnaissant pour l'accès aux soins de santé. Le paiement d'un loyer devient un rituel honorant le logement et la stabilité. L'annulation d'un abonnement devient une célébration du retour à l'équilibre.

Il ne s'agit pas de positivité toxique. Il ne s'agit pas de nier la réalité des difficultés financières ni de prétendre que chaque transaction est une source de joie. Il s'agit plutôt d'une pratique d' *intégration émotionnelle*: laisser place à l'expérience complète tout en entraînant le système nerveux à percevoir la suffisance plutôt que le simple manque. Au fil du temps, ce lien répété entre gratitude et finances crée un nouveau schéma neuronal: l'argent n'est plus associé à une menace, mais à l'autonomisation et à la présence.

Des histoires vécues illustrent l'ampleur de ce changement. Prenons le cas d'Helena, une administratrice scolaire anxieuse depuis longtemps face aux factures. Chaque mois, elle évitait d'ouvrir les courriels des fournisseurs d'électricité ou des banques jusqu'à ce qu'elle soit obligée d'agir. Grâce à un coaching guidé, elle a commencé à utiliser la méthode du registre de gratitude. Au début, ses réflexions étaient superficielles: « Facture d'électricité payée. Reconnaissante pour l'électricité. » Mais à mesure que la pratique s'est approfondie, sa présence s'est également accrue. Elle a commencé à associer ses paiements au réconfort de repas chauds, à la possibilité de lire le soir, à la sécurité de ses enfants. Le fait de prendre conscience de ces liens a opéré un changement subtil, non seulement dans sa perception du paiement des factures, mais aussi dans sa façon de vivre son rôle de pourvoyeuse de fonds. En trois mois, elle ouvrait sans crainte ses correspondances financières et avait automatisé la plupart de ses paiements. Le poids psychologique s'était allégé, non pas parce que les chiffres avaient changé, mais parce que *sa relation avec eux* ...

Le registre de gratitude est également efficace pour remodeler les habitudes de dépenses. Des études comportementales montrent que les pratiques basées sur la pleine conscience réduisent les comportements compulsifs et émotionnels réactifs en augmentant le délai entre l'impulsion et l'action. Intégrer la gratitude aux dépenses crée un moment de pause, une occasion de faire le point sur ses valeurs. Cette transaction est-elle cohérente? Est-elle en phase avec mon objectif? Est-elle respectueuse de mes ressources? Lorsque ces questions sont ancrées non pas dans le jugement, mais dans l'appréciation, elles créent un espace de discernement.

Un autre avantage clé de cette pratique est qu'elle favorise *l'intimité financière* . Pour les couples, les familles, voire les partenaires professionnels, un registre de gratitude partagé peut favoriser la confiance et la transparence. Au lieu de discuter des budgets en termes de limites ou d'erreurs, la conversation peut se concentrer sur les valeurs partagées, la reconnaissance des contributions et les objectifs communs. Une famille qui analyse ses dépenses mensuelles en notant ce que chaque transaction a apporté au foyer – éducation, alimentation, liens – développera naturellement une culture financière plus cohérente et résiliente qu'une famille qui se concentre uniquement sur la réduction des dépenses.

Concrètement, le registre de gratitude peut prendre de nombreuses formes. Certains préfèrent un carnet physique, consacrant une ligne à chaque transaction et à son reflet. D'autres utilisent un tableur numérique ou une application de prise de notes, associant des catégories budgétaires à des notes de gratitude hebdomadaires. Le format importe moins que la *constance et la sincérité* de la pratique. L'essentiel est de faire de la gratitude une habitude ; non pas une pensée fugace, mais un exercice physique associé à un engagement financier.

Une adaptation efficace du Grand Livre de Gratitude consiste à réfléchir non seulement aux *sorties* , mais aussi aux *entrées* . Nombreux sont ceux qui reçoivent de l'argent – salaire, remboursements, cadeaux ou revenus passifs – sans s'arrêter, passant immédiatement à l'obligation suivante. Cela normalise un état de déconnexion financière, où recevoir devient inconscient et sous-estimé. En prenant le temps d'exprimer notre gratitude pour un revenu, aussi modeste soit-il, nous renouons avec la vérité: l'argent est plus qu'un chiffre: c'est une énergie, une relation et un échange. Cela renforce ce que la psychologie positive appelle l'« orientation vers la réception » – la capacité à accueillir l'abondance sans culpabilité, détournement ni contraction.

La gratitude accroît également notre capacité à ressentir la suffisance. Comme l'explique Lynne Twist dans son ouvrage fondateur *« L'Âme de l'Argent »* , la plus grande pauvreté n'est pas matérielle, mais la croyance qu'il n'y en a jamais assez. Le Grand Livre de Gratitude contrecarre cette croyance en mettant en lumière ce qui est déjà présent, ce qui circule, ce qui est déjà disponible. Il entraîne l'esprit à percevoir non seulement l'écart entre la réalité présente et la réalité désirée, mais aussi la *plénitude du présent* .

Bien sûr, des résistances surgiront. Certains jours, la réflexion peut sembler routinière ou forcée. Parfois, le bilan peut révéler des vérités dérangeantes: des habitudes de dépenses excessives, des choix non alignés ou des priorités négligées. Cela fait partie du processus. La gratitude n'est pas une solution de contournement, c'est un pont. Elle permet d'affronter l'inconfort avec compassion et de réagir avec plénitude plutôt qu'avec honte.

À long terme, le Registre de Gratitude cultive ce que les psychologues appellent *la cohérence cognitive*: l'alignement entre croyances, valeurs et actions. Lorsque votre comportement financier reflète vos valeurs, et que celles-ci sont consciemment honorées par la gratitude, un sentiment de congruence interne émerge. Cette congruence est non seulement satisfaisante, mais aussi *stabilisante* . Elle apaise le système nerveux, affine la prise de décision et renforce la motivation à long terme.

Le Grand Livre de Gratitude peut paraître simple, mais ses implications sont profondes. Il redéfinit la gestion financière comme un dialogue sacré entre le concret et le profond. Il honore la vérité selon laquelle chaque transaction n'est pas seulement économique: elle est émotionnelle, énergétique et existentielle.

Et dans un monde qui traite souvent l'argent soit comme une mesure de valeur, soit comme une source de honte, cette pratique offre quelque chose de rare: *le respect* . Non pas pour l'argent lui-même, mais pour ce qu'il *rend possible* . Pour ce qu'il reflète sur notre façon d'aimer, de vivre et d'honorer l'abondance qui coule déjà dans nos vies.

En fin de compte, le Grand Livre de Gratitude ne vise pas seulement à changer votre perception de l'argent. Il s'agit de *changer le sens de l'argent*: de fardeau à bénédiction, de déclencheur à enseignant, de rareté à gestion sacrée.

Outil interactif: créez votre budget aligné

La budgétisation a longtemps été considérée comme un exercice arithmétique fastidieux – une tâche nécessaire, souvent redoutée, liée à la discipline, aux privations et aux feuilles de calcul. Pourtant, dans un paradigme plus conscient, la budgétisation n'est ni une punition ni un perfectionnisme. C'est un acte intime d'auto-leadership: un miroir de vos valeurs, un plan directeur pour vos priorités et un rituel de vie intentionnelle. Bien gérer son budget ne consiste pas simplement à contrôler ses dépenses. C'est *créer un flux* – un rythme qui répond à la fois à ses besoins matériels et à ses aspirations profondes. Un *budget aligné* est donc plus qu'un outil financier ; c'est une pratique de congruence. Il garantit que là où votre argent circule, votre sens suit.

Créer un tel budget exige de dépasser les objectifs abstraits et de s'ancrer dans une réalité concrète. Cela exige une analyse lucide de votre situation financière réelle – revenus, charges fixes, épargne et dépenses discrétionnaires – ainsi qu'une analyse plus approfondie de vos valeurs, de vos désirs et de votre vécu financier. Il ne s'agit pas d'un choix entre logique et intuition, mais d'une fusion consciente des deux. Un budget cohérent intègre feuilles de calcul et travail de réflexion, structure et esprit, chiffres et signaux nerveux.

La première étape consiste à s'ancrer dans la conscience. Commencez par comprendre vos flux de trésorerie actuels: vos entrées, vos sorties et les éventuelles fuites. Cela peut paraître évident, mais beaucoup de gens se basent sur des estimations ou des suppositions. Ils croient connaître approximativement leurs dépenses, mais sont surpris chaque mois par l'accumulation inconsciente de dépenses. Un budget cohérent commence par la clarté. Non pas pour juger, mais pour se responsabiliser. Comme l'a observé Carl Jung: « Tant que vous ne rendrez pas l'inconscient conscient, il dirigera votre vie et vous l'appellerez le destin. » Il en va de même pour l'argent.

Une fois la clarté établie, l'étape suivante consiste à cartographier vos valeurs. Cela ne se limite pas à une simple liste de vertus. Il s'agit de nommer les expériences vécues qui vous tiennent le plus à cœur et auxquelles vous souhaitez donner la priorité. Pour certains, il peut s'agir d'aventure, exprimée par des voyages ou des expériences inédites. Pour d'autres, il peut s'agir de santé, nécessitant des investissements dans une alimentation de qualité, de l'exercice physique et des pratiques réparatrices. D'autres encore privilégieront la créativité ou le service, nécessitant des fonds pour l'éducation, le mentorat ou la contribution communautaire. La clé est la précision. Les valeurs doivent être traduites en catégories concrètes pour orienter le budget de manière pertinente.

C'est là que la nature interactive de cet outil entre en jeu. Plutôt que de commencer par des catégories budgétaires génériques, créez des catégories ancrées dans votre *raison d'être* . Vous n'affectez pas simplement de l'argent aux « transports » ou aux « courses ». Vous l'affectez à *la mobilité* , *à l'alimentation* , *à l'appartenance* ou *à la croissance* . Ce subtil changement de langage réoriente votre rapport à la dépense. Il devient moins transactionnel et plus relationnel.

Prenons le cas de Rafael, un consultant qui gagnait bien sa vie mais se sentait perpétuellement déconnecté de son argent. Malgré une gestion budgétaire rigoureuse, il éprouvait souvent du ressentiment envers les dépenses fixes et de la culpabilité envers les dépenses discrétionnaires. En clarifiant ses valeurs, Rafael a compris que l'autonomie, l'aventure et la générosité étaient ses motivations principales. Il a restructuré son budget pour y inclure des catégories telles que « Générosité spontanée », « Exploration créative » et « Fonds de liberté ». Ces intitulés n'étaient pas des gadgets, ils reflétaient de véritables priorités émotionnelles. Résultat? Il n'a pas dépensé plus, mais il s'est senti *mieux* dans ses dépenses. Son budget est devenu un document vivant, et non une contrainte.

Une fois les valeurs clarifiées et les catégories renommées, le budget aligné vous invite à allouer les fonds avec *présence* . Commencez par les obligations fixes (loyer, charges, remboursement de dettes) et demandez-vous: sont-elles en adéquation avec ma vie actuelle et mon orientation future? Sont-elles proportionnées? Y a-t-il des contrats, des abonnements ou des accords que je ne peux plus gérer? Cette étape ne vise pas à des changements immédiats, mais à une évaluation honnête. Vos obligations actuelles servent-elles votre évolution?

Ensuite, passez aux dépenses discrétionnaires. Plutôt que de revenir au modèle du mois dernier, imaginez repartir de zéro. Si vous aviez une feuille blanche, comment répartiriez-vous vos fonds disponibles entre vos catégories de valeurs? Qu'est-ce qui vous semblerait généreux sans être excessif? Suffisant sans être radin? Ce processus est moins une question de précision que de résonance. Il exige une écoute intérieure: où votre argent *souhaite-t* - il aller? Où votre énergie se sent-elle le plus respectée?

Ce processus révèle souvent un sous-investissement dans des domaines importants. Vous pourriez découvrir que vous accordez une grande importance au repos, mais que vous ne consacrez rien aux vacances ou aux temps libres. Ou que vous aspirez à l'expression créative, mais que vous n'avez financé ni outils, ni cours, ni espaces pour la soutenir. Un budget aligné ne vous rend pas honteux de ces lacunes ; il les met en lumière afin qu'elles puissent être comblées. Il vous invite à passer d'une attitude inconsciente d'évitement à une conception consciente.

L'aspect émotionnel d'un budget équilibré est primordial. Les neurosciences montrent que les habitudes changent plus efficacement lorsqu'elles sont portées par l'émotion. Un budget non seulement fonctionnel mais aussi *ressenti* est plus susceptible de le respecter. C'est pourquoi cette méthode encourage la tenue d'un journal dans le cadre du bilan mensuel. Posez-vous les questions suivantes: comment mes dépenses ont-elles été en phase avec mes valeurs ce mois-ci? Où ai-je dépensé plus que prévu et pourquoi? Qu'est-ce qui m'a apporté le plus de joie par kilo dépensé? Quelles tendances émergent, non seulement sur le plan financier, mais aussi émotionnel?

Une cliente, Meena, a adopté cette pratique et a découvert un phénomène récurrent. Chaque fois qu'elle sous-estimait ses dépenses en soins personnels, ses dépenses en livraison de repas augmentaient. Cette commodité n'était pas due à la faim, mais à la fatigue et à des besoins émotionnels non satisfaits. En augmentant son budget soins personnels, même modestement, elle a réduit ses dépenses discrétionnaires globales et s'est sentie plus sereine tout au long de la semaine. Les chiffres n'ont pas radicalement changé, mais l'alignement, si. Son corps a ressenti le changement. Son système nerveux s'est détendu. Son anxiété financière a diminué.

Cela met en lumière une vérité fondamentale: la budgétisation n'est pas seulement intellectuelle, elle est somatique. Votre corps est porteur d'une mémoire financière. Le stress, la culpabilité, la pénurie: tous ces éléments laissent des traces. Un budget cohérent, surtout lorsqu'il est établi avec des révisions mensuelles ou hebdomadaires, contribue à recréer ces traces. Il dit: *vous pouvez regarder en toute sécurité. Vous méritez d'être conçu. On vous fait confiance pour choisir à nouveau.*

Bien sûr, un budget cohérent doit aussi laisser une place à la spontanéité et à l'inconnu. Trop de rigidité mène à la rébellion. C'est pourquoi des catégories comme « Sérendipité » ou « Argent magique » peuvent être à la fois ludiques et essentielles. Elles permettent l'improvisation sans compromettre la structure. Elles honorent l'imprévisibilité de la vie tout en préservant l'intégrité de l'intention.

D'un point de vue comportemental, l'efficacité d'un budget aligné réside dans sa capacité à satisfaire à la fois les systèmes de pensée 1 et 2: le cerveau rapide, émotionnel et intuitif, et le cerveau lent, analytique et rationnel. Il crée une structure suffisante pour soutenir les fonctions exécutives, tout en permettant une expression émotionnelle suffisante pour stimuler la motivation intrinsèque. Il s'agit d'un budget pour *des êtres humains à part entière* , et non pour des robots.

La phase finale de cette pratique est l'étalonnage. Chaque mois, le budget aligné doit être révisé, non seulement pour en vérifier l'exactitude numérique, mais aussi pour en vérifier la résonance énergétique. Où le flux était-il fluide? Où était-il serré? Qu'est-ce qui vous a surpris? Qu'est-ce qui ne vous semble plus pertinent? Comme tout bon système, le budget aligné est vivant. Il évolue avec vous.

En résumé, un budget aligné n'est pas une formule normative: c'est une *conversation consciente* avec votre argent, votre identité et vos valeurs. C'est le pont entre votre monde intérieur et votre monde extérieur. Il reflète vos valeurs et incarne ce que vous devenez.

Créer un plan d'affaires ne requiert pas la perfection. Cela exige honnêteté, attention et soin. En retour, cela offre quelque chose d'extraordinaire: non seulement de meilleures finances, mais aussi une vie plus harmonieuse. Une vie où votre âme et votre feuille de calcul ne sont pas en opposition, mais en harmonie. Où vos objectifs soutiennent votre esprit, et où votre esprit nourrit vos objectifs.

C'est l'avenir de la gestion de l'argent: pas stérile, pas basé sur la peur, mais plein d'âme, incarné et profondément, irrévocablement *vous* .

Chapitre 6
Investir avec intuition et intellect

L'investissement, tel qu'il est généralement présenté, est une question de logique pure: un domaine d'analyse, d'évaluation des risques et de stratégie à long terme. C'est le royaume où les graphiques et les ratios règnent en maîtres, et où les émotions sont traitées comme des distractions gênantes. Mais, sous le langage familier des rendements et de la diversification, se cache une vérité plus subtile: les décisions d'investissement sont rarement prises dans le vide de la raison pure. Elles sont invariablement façonnées par nos croyances, nos valeurs et nos expériences, ainsi que par cette boussole intérieure insaisissable que nous appelons l'intuition. Les investisseurs les plus avisés n'opposent pas l'intellect à l'instinct ; ils fusionnent les deux. Ce chapitre explore cette puissante fusion entre perspicacité financière et harmonie énergétique, démontrant comment l'investissement peut être à la fois astucieux et profondément ancré dans l'esprit.

Le monde de l'investissement actuel s'étend bien au-delà de Wall Street. Avec l'accès généralisé aux plateformes immobilières, aux prêts entre particuliers, aux fonds éthiques, aux cryptomonnaies et aux fractions d'actions, chacun se sent non seulement en mesure d'investir, mais aussi obligé de se demander comment et pourquoi il le fait. Cet élargissement du choix entraîne une réflexion plus approfondie: quel type d'investisseur êtes-vous? Vous appuyez-vous sur des recherches rigoureuses, des données historiques et des signaux techniques? Ou préférez-vous vous fier à la dynamique, suivre votre instinct et interpréter vos émotions comme des données significatives? Ce ne sont pas des opposés, mais plutôt des facettes de nous-mêmes qui peuvent coexister, à condition d'apprendre à les reconnaître et à les respecter.

Comprendre son style d'investissement commence par une prise de conscience de soi. L'investisseur analytique recherche la structure: il valorise la diligence raisonnable, privilégie les faits aux conjectures et aborde généralement le risque avec prudence, sauf s'il est appuyé par des preuves solides. Son point fort réside dans la cohérence et la gestion des risques, même s'il se laisse parfois paralyser par l'analyse, manquant des moments qui appellent une action rapide et instinctive. À l'inverse, l'investisseur intuitif suit les courants d'énergie. Il perçoit des schémas, saisit les signaux de timing et se sent attiré par des projets qui défient toute explication simple. Agile et visionnaire, certes, mais parfois imprévisible ou trop confiant. L'investisseur avisé ne se cantonne pas à un seul camp, mais cultive ces deux facultés, apprenant à se fier aux données et à écouter les murmures de son intuition.

Investir est loin d'être un acte neutre. L'argent est toujours porteur d'une intention, et chaque allocation génère des ondes énergétiques vers un résultat précis. C'est là qu'entre en jeu la notion de résonance énergétique. Si vous investissez dans des entreprises dont l'éthique est en contradiction avec la vôtre, cette dissonance peut ronger votre tranquillité d'esprit et perturber votre flux d'énergie. À l'inverse, les investissements qui correspondent à vos valeurs – qu'il s'agisse de développement durable, d'innovation, de solidarité ou d'équité – deviennent le prolongement de votre raison d'être. L'investissement éthique n'est pas un simple argument marketing ; c'est un pacte énergétique, une déclaration de ce que vous croyez mériter de prospérer.

Les données empiriques le confirment également. Une étude du Global Impact Investing Network révèle que les portefeuilles axés sur les valeurs égalent souvent, voire dépassent, la performance des portefeuilles traditionnels. Pourtant, même avec des rendements identiques, les dividendes émotionnels et spirituels d'un investissement aligné sont incomparables. Il existe une satisfaction qui va au-delà du profit: une satisfaction profonde qui se trouve non seulement dans ce qui augmente, mais aussi dans la raison pour laquelle cela augmente.

L'un des cadres les plus convaincants du chapitre est l'association de l'intérêt composé et de la loi de la gestation. Financièrement, l'intérêt composé représente la croissance exponentielle générée par le réinvestissement des bénéfices, récompensant la patience, les contributions régulières et le temps. Métaphysiquement, la loi de la gestation nous rappelle que toute création nécessite une incubation ; on ne peut pas précipiter la récolte, ni précipiter les idées avant qu'elles ne soient prêtes. Ensemble, ces principes offrent une puissante métaphore de la richesse: fiez-vous au timing de vos semences. Investir judicieusement n'est pas une quête de gains rapides, mais un engagement sur la durée, même lorsque les progrès ne sont pas immédiatement visibles.

Cette patience s'avère particulièrement cruciale lorsqu'on investit en soi, que ce soit par l'éducation, l'entrepreneuriat, le développement des compétences ou le bien-être. Ces formes d'investissement produisent rarement des rendements financiers immédiats, mais génèrent des bénéfices exponentiels à long terme en termes de confiance, de capacités et de potentiel de gain. Elles exigent foi, résilience et tolérance à l'incertitude. Respectez le rythme gestationnel de la croissance et vous vous libérerez de la tyrannie de la gratification instantanée pour vous diriger vers une richesse durable.

Il est essentiel de distinguer les mouvements monétaires du momentum monétaire. Un mouvement monétaire peut être une transaction unique – achat d'actions, acquisition immobilière ou trading de cryptomonnaies. Ces mouvements peuvent être exaltants, audacieux, voire lucratifs, mais ils restent des actes isolés. Le momentum monétaire, en revanche, est la force cumulative de choix cohérents et soutenus dans le temps. C'est une cohérence énergétique, un courant invisible qui se construit à mesure que vous prenez des décisions qui respectent vos valeurs, votre tolérance au risque et développent votre potentiel. Le créateur de momentum n'est peut-être pas tape-à-l'œil, mais sa richesse s'accroît grâce à la congruence.

Prenons l'exemple de Devan, un entrepreneur créatif sans formation financière. Pendant des années, il a évité d'investir, convaincu que c'était trop complexe, risqué ou tout simplement « pas pour quelqu'un comme lui ». Pourtant, après avoir exploré sa vision de l'argent grâce à la thérapie somatique et au coaching, il a commencé à percevoir des impulsions intuitives. Attiré par une start-up spécialisée dans les technologies de la santé mentale, il a perçu l'intégrité de sa direction et une résonance avec son propre cheminement de guérison. Fort de quelques recherches fondamentales, il a réalisé un investissement modeste et l'a laissé reposer. En quatre ans, l'entreprise a connu une croissance régulière, générant non seulement des gains financiers, mais aussi un profond sentiment de participation significative. Son choix n'était ni une foi aveugle ni un calcul froid, mais une synthèse d'intuition, de valeurs et d'actions concrètes. Peu à peu, il s'est perçu moins comme un investisseur passif que comme un promoteur de changements positifs.

Investir est donc une danse entre intuition et intellect – une interaction dynamique entre logique et savoir incarné, feuilles de calcul et subtilité. Il ne vous demande pas d'abandonner votre esprit critique au profit de vœux pieux, ni de taire votre sagesse intérieure au nom de chiffres abstraits. Au contraire, il vous invite à écouter – les données comme votre système nerveux. À réaliser que les meilleurs investissements nourrissent non seulement votre compte en banque, mais aussi votre identité. Qui devenez-vous grâce à ce choix? Que cultive cet investissement en vous?

Au fil de ce chapitre, vous serez encouragé à explorer votre style d'investissement, à clarifier vos valeurs, à évaluer votre portefeuille sous un angle énergétique et à expérimenter des décisions qui respectent à la fois votre esprit stratégique et votre intuition. N'oubliez pas qu'investir n'est pas seulement une quête d'accumulation externe, c'est un cheminement intérieur vers l'expansion.

À une époque où la volatilité, la vitesse et le spectacle sont omniprésents, cette approche intégrée est à la fois radicale et bien ancrée. Elle ose suggérer que votre argent est plus qu'une ressource: c'est un signal. Un indicateur qui vous indique ce que vous estimez possible, ce qui compte pour vous et qui vous croyez être.

Lorsque ce signal se fera clairement sentir – lorsque vos investissements seront guidés à la fois par les données et la dignité, le timing et la confiance – votre patrimoine fera plus qu'augmenter. Il résonnera, se constituera et se multipliera, non seulement en chiffres, mais aussi en sens.

Au-delà de Wall Street: quel type d'investisseur êtes-vous?

L'archétype de l'investisseur a longtemps été façonné par Wall Street: costumes élégants, symboles boursiers et rationalité froide. Dans ce modèle traditionnel, investir est un exercice de prise de décision basée sur des données, où l'investisseur idéal est impassible, très analytique et perpétuellement détaché du résultat. Mais le monde de l'investissement a changé et continue d'évoluer. N'étant plus confiné aux salles de marché institutionnelles ou aux fonds spéculatifs d'élite, l'investissement est aujourd'hui accessible, diversifié et profondément personnel. La question n'est plus seulement de savoir dans *quoi* investir, mais *comment* investir et, plus important encore, *qui* vous êtes en tant qu'investisseur.

Comprendre son style d'investissement n'est pas une simple question de préférence ; c'est un acte fondamental de conscience financière. Cela vous aide à filtrer les interférences, à clarifier votre approche et à éviter les stratégies qui peuvent sembler rentables sur le papier, mais s'avérer incohérentes en pratique. Au cœur de cette introspection se trouve une distinction fondamentale: l'investisseur analytique et l'investisseur intuitif. Ces deux approches ne sont pas des opposés binaires, mais l'expression de forces cognitives et de préférences décisionnelles différentes. Identifier vos tendances naturelles – et celles qui pourraient vous être bénéfiques – peut transformer non seulement vos résultats financiers, mais aussi votre relation à l'argent dans son ensemble.

Les investisseurs analytiques sont méthodiques et axés sur la recherche. Ils s'appuient sur les diligences préalables, l'analyse des tendances et les indicateurs macroéconomiques. Leurs décisions sont guidées par des faits, des projections et des modèles quantifiables. Cette approche repose sur les principes de la théorie du choix rationnel, qui suppose que les individus prennent leurs décisions en évaluant systématiquement toutes les informations disponibles afin de maximiser l'utilité espérée. Bien que ce modèle ait été largement critiqué, notamment en économie comportementale, il continue d'influencer une grande partie de la formation et des stratégies d'investissement conventionnelles. L'investisseur analytique est souvent discipliné, conscient des risques et cohérent. Mais son point faible potentiel réside dans la suranalyse, le scepticisme face à l'instinct et la paralysie occasionnelle liée à l'attente de conditions « parfaites » qui ne se présentent jamais.

En revanche, les investisseurs intuitifs fonctionnent davantage à partir d'une boussole interne que d'un tableur. Ils sont attentifs à des signaux subtils – résonance émotionnelle, timing, intuition – et prennent souvent des décisions rapidement, guidés par un sentiment d'alignement plutôt que par la pure logique. Les neurosciences cognitives offrent un éclairage sur ce style: l'intuition n'est ni une conjecture ni un mysticisme. C'est le traitement rapide de connaissances expérientielles, stockées dans l'inconscient et transmises sous forme de ressenti corporel. L'hypothèse des marqueurs somatiques, introduite par le neuroscientifique Antonio Damasio, explique comment les signaux émotionnels du corps influencent la prise de décision, souvent plus efficacement que la délibération rationnelle dans des environnements incertains ou complexes. Les investisseurs intuitifs ont tendance à être agiles, audacieux et créatifs, mais ils peuvent être sujets à l'incohérence, à l'excès de confiance ou à un manque de diligence raisonnable s'ils ne tempèrent pas leur instinct par la recherche.

Les investisseurs les plus efficaces, notamment dans le paysage en constante évolution de l'investissement éthique, d'impact et conscient, allient les deux styles. Ils privilégient la précision de la logique et la sagesse de l'émotion. Ils savent quand analyser les chiffres et quand se fier à une influence subtile. Mais une telle intégration commence par une prise de conscience: connaître son environnement par défaut, comprendre ses forces et ses limites, et choisir quand élargir ou s'appuyer.

Prenons l'histoire d'Anita, une entrepreneure sociale sans formation formelle en finance qui a fait ses débuts dans le monde de l'investissement via des plateformes de financement participatif. Au départ, elle s'est fiée uniquement à son instinct, investissant dans des entreprises qui correspondaient à ses valeurs. Si cela a créé un lien émotionnel fort avec son portefeuille, cela a également entraîné des résultats inégaux: certains investissements ont prospéré, d'autres ont échoué en raison de faiblesses structurelles qu'elle n'avait pas étudiées. Grâce au mentorat, elle a commencé à intégrer des pratiques analytiques: évaluation des modèles économiques, lecture des états financiers et vérification des antécédents. Ses rendements se sont améliorés, mais surtout, elle s'est sentie *plus autonome* . Elle n'avait pas abandonné son intuition ; elle en avait *renforcé le contexte* .

Comparez cela avec Jordan, un analyste quantitatif qui a longtemps géré son portefeuille grâce au trading algorithmique et aux modèles de marché. Malgré des rendements stables, il a commencé à se sentir détaché et sans inspiration. Investir était devenu mécanique. Il a commencé à explorer les fonds ESG (Environnement, Social et Gouvernance), d'abord avec scepticisme, puis avec curiosité. Il a découvert qu'allouer des capitaux à des causes auxquelles il croyait – énergie propre, éducation, technologies équitables – donnait du sens à sa stratégie financière. Ses rendements globaux sont restés solides, mais son engagement et sa satisfaction ont considérablement augmenté. Il n'a pas abandonné l'analyse ; il a intégré la résonance.

Ces exemples illustrent le paradigme émergent de l'investissement valorisant – une pratique qui n'exige pas la conformité à une méthode, mais invite plutôt à une combinaison consciente des forces. Le conseiller financier et auteur Carl Richards aborde cet équilibre avec son concept d'« écart de comportement » – la différence entre la performance d'un investissement et celle d'un investisseur, causée par des décisions motivées par l'émotion en réaction aux marchés. Lorsque l'intuition et l'intellect sont perçus comme des partenaires, plutôt que comme des adversaires, cet écart se réduit. L'investisseur devient moins réactif et plus réactif.

Cette réactivité est particulièrement cruciale dans l'écosystème financier complexe d'aujourd'hui. Avec l'essor des cryptomonnaies, de la finance décentralisée, du trading basé sur l'IA et de la volatilité mondiale, l'avenir de l'investissement exige plus que des modèles rigides. Il exige adaptabilité, intelligence émotionnelle et clarté éthique. Il exige des investisseurs qu'ils cultivent à la fois compétence et conscience, acuité et agilité. Il ne suffit plus de courir après le rendement: il faut définir ce qu'un *rendement signifie pour vous* . S'agit-il d'appréciation du capital? D'impact? De souveraineté?

Des outils pratiques peuvent soutenir cette réflexion. Tenir un journal après chaque décision d'investissement pour identifier ce qui semblait clair ou non. Créer une matrice de décision intégrant à la fois des indicateurs financiers et une résonance émotionnelle. Suivre non seulement le retour sur investissement (ROI), mais aussi ce que l'on pourrait appeler le « ROE » (*retour sur investissement*). Quels investissements vous dynamisent? Lesquels vous épuisent? Où ressentez-vous fierté, paix ou épanouissement? Il ne s'agit pas de se complaire dans l'excès, mais d' *une diligence raisonnable pour l'âme.*

De plus, intégrer l'intuition à votre processus d'investissement ne signifie pas ignorer le risque. Au contraire, cela invite à une relation différente avec le risque, où l'incertitude n'est pas un déclencheur de peur, mais une invitation à approfondir votre discernement. L'investisseur intuitif ne prédit pas les marchés: il perçoit *l'état de préparation* . L'investisseur analytique ne suit pas ses intuitions: il évalue *la faisabilité* . Ensemble, ces approches créent un modèle d'investissement résilient, réfléchi et ancré.

En fin de compte, identifier votre profil d'investisseur ne consiste pas à trouver une étiquette. Il s'agit de cultiver une perspective. Il s'agit de bâtir une pratique qui reflète à la fois votre intelligence financière et votre évolution personnelle. C'est une invitation à dépasser les dogmes de Wall Street et à explorer votre propre sagesse – à vous rappeler qu'investir n'est pas seulement un outil d'accumulation, mais un miroir de qui vous êtes et de qui vous devenez.

La question n'est donc pas seulement *de savoir ce que contient votre portefeuille ;* mais plutôt de savoir *qui vous en êtes le gestionnaire.* Lorsque vos investissements reflètent non seulement votre analyse, mais aussi votre essence, vous ne vous contentez pas de créer de la richesse, vous construisez de la cohérence. Vous créez une stratégie logique sur le papier et qui vous semble juste. C'est l'essence même d'un investissement cohérent. Et c'est là que commencent vos meilleurs rendements.

L'énergie derrière les investissements: aligner le capital sur la conscience

Dans le monde de l'investissement traditionnel, la réussite se mesure largement au rendement financier: pourcentages gagnés, portefeuilles diversifiés, capital apprécié. Ce cadre, bien que financièrement solide, néglige souvent une dimension plus subtile et plus puissante de l'investissement: l' *énergie* qui se cache derrière les capitaux que nous investissons. Chaque investissement n'est pas une simple transaction ; c'est une transmission de conviction, d'intention et d'influence. Lorsque nous investissons, que ce soit en actions, en entreprises, dans l'immobilier ou pour des causes, nous ne recherchons pas seulement le rendement, nous *privilégions une orientation de croissance* . La question n'est alors plus simplement: « Est-ce que cela va rapporter de l'argent? », mais plutôt: « Qu'est-ce que cet investissement *me procure de l'énergie* et est-ce en phase avec moi-même? »

Le concept de résonance énergétique en investissement nous invite à réévaluer l'idée reçue qui considère l'argent comme neutre. Si l'argent est inerte, sa *fonction* est toujours énergétique: il circule vers tout ce à quoi il est connecté, l'accélère et l'amplifie. Investir sans tenir compte des conséquences énergétiques – éthiques, environnementales et émotionnelles – risque d'amplifier des systèmes, des secteurs et des discours qui contredisent nos valeurs profondes. Mais lorsque nous investissons avec une intention consciente, notre argent devient plus qu'un outil de gain personnel ; il devient un vecteur d'intégrité.

C'est le cœur de l'investissement éthique, un mouvement qui a pris de l'ampleur ces dernières années sous différentes appellations: investissement ESG (environnemental, social et de gouvernance), investissement socialement responsable (ISR), investissement d'impact. Ces cadres permettent aux investisseurs de prendre en compte non seulement la rentabilité, mais aussi la durabilité, la justice sociale et la transparence de la gouvernance. On oublie souvent, cependant, l'alignement intérieur nécessaire à une véritable pratique de l'investissement éthique. Il ne suffit pas de choisir un fonds commun de placement vert ou d'éviter certains secteurs. Il faut se demander: *est-ce que je me sens en phase avec cet investissement?*

Amplifie-t-il le monde dans lequel je souhaite vivre? Respecte-t-il à la fois mon intellect et mon intuition?

La recherche confirme la viabilité des investissements éthiques du point de vue de la performance. Une méta-analyse de 2021, publiée dans le *Journal of Sustainable Finance & Investment,* a passé en revue plus de 1 000 études empiriques et a révélé que l'investissement ESG génère généralement des performances financières comparables, voire supérieures, à celles des portefeuilles traditionnels. Mais au-delà de la performance, les investissements éthiques génèrent souvent *des bénéfices psychologiques*: un sentiment d'utilité, de paix et de fierté, non quantifiables par des feuilles de calcul, mais profondément ressentis physiquement et psychiquement.

Cette clarté énergétique crée ce que l'on pourrait appeler *la cohérence du portefeuille*: un état dans lequel vos investissements ne sont pas seulement diversifiés financièrement, mais aussi intégrés philosophiquement. Prenons l'exemple de Marcus, ancien dirigeant du secteur pétrolier devenu investisseur. Après des années d'accumulation de richesses dans les industries extractives, Marcus a connu ce qu'il a plus tard décrit comme une « dislocation de valeurs ». Sa vie financière s'améliorait, mais son épanouissement personnel et son sens des responsabilités sociales déclinaient. Après un congé sabbatique et une période d'introspection, il a réorienté son capital vers des start-ups du secteur des énergies propres, l'agriculture régénératrice et des plateformes d'équité éducative. Si ses rendements globaux sont restés stables, Marcus a constaté une diminution spectaculaire du stress financier et un sentiment accru de contribution significative. Son argent, a-t-il déclaré, était enfin « orienté dans la bonne direction ».

Ce concept – orienter son argent – exige une sensibilité aux retours énergétiques. Tout comme nous pouvons entrer dans une pièce et ressentir une harmonie ou une dissonance, nous pouvons saisir une opportunité d'investissement et ressentir un alignement ou une contraction. Il ne s'agit pas de mysticisme, mais de neuroception – la capacité du corps à détecter la sécurité, la congruence ou le risque au-delà du niveau de la pensée consciente. Un investisseur qui ignore ces signaux peut en tirer un profit matériel, mais se sentir épuisé, distrait ou en conflit éthique. Un investisseur qui les respecte est plus susceptible de ressentir ce que Mihaly Csikszentmihalyi appelle le « flow » – un état de facilité, de clarté et de détermination.

L'intégration pratique de la conscience énergétique dans l'investissement commence par une réflexion. Quelles sont les valeurs implicites des entreprises ou des projets que vous financez? Qui bénéficie de leur croissance? Qui pourrait en être affecté? Y a-t-il des pratiques de chaîne d'approvisionnement, des politiques du travail ou des impacts environnementaux qui vous importent? Faites-vous confiance à l'équipe de direction? Le modèle économique favorise-t-il la résilience ou l'exploitation? Ces questions ne remplacent pas la diligence raisonnable financière, elles *la renforcent* . Elles ajoutent une dimension morale et émotionnelle qui approfondit la compréhension et prévient les angles morts.

Par exemple, investir dans une entreprise technologique en pleine croissance peut paraître attrayant sur le papier, mais qu'en est-il si son principal revenu provient de pratiques d'exploration de données que vous jugez invasives? À l'inverse, une petite entreprise locale aux rendements modestes peut offrir un alignement énergétique profond: elle fait circuler l'argent au sein de votre communauté, soutient l'emploi éthique et correspond à votre engagement envers les économies relationnelles. L'une n'est pas objectivement supérieure ; la question est de savoir laquelle *correspond à votre objectif* .

L'investissement énergique redéfinit également la notion de *retour sur investissement* . Le rendement financier est important, mais il ne constitue pas la seule forme de rendement. Il existe un rendement lié à l'énergie, un rendement lié à l'impact et un rendement lié à l'alignement. Lorsque ces éléments sont en harmonie, les rendements financiers suivent souvent, non pas par magie, mais parce que la cohérence attire le flux. Un investisseur cohérent est moins enclin à l'auto-sabotage, plus susceptible de maintenir son engagement face à la volatilité et plus résilient face à l'incertitude. Le corps ne s'oppose pas à la décision ; il la soutient.

Prenons le cas de Leila, une investisseuse de la génération Y qui a débuté son parcours financier avec des robots-conseillers et des fonds indiciels. À mesure que ses revenus augmentaient, elle était de plus en plus inquiète face à l'automatisation aveugle de son portefeuille. Une analyse a révélé des participations dans des secteurs qu'elle jugeait éthiquement problématiques: fabrication d'armes, tabac, fiducies immobilières abusives. Plutôt que de se désinvestir immédiatement, Leila a pris six mois pour se former aux indicateurs ESG, à l'économie de l'énergie et au capitalisme participatif. Elle a reconstruit son portefeuille en combinant obligations vertes, plateformes de prêts communautaires et fonds de technologies climatiques. Si sa nouvelle stratégie nécessitait davantage d'engagement, Leila a décrit le processus comme une « réappropriation financière ». Ses investissements n'étaient plus abstraits: ils étaient le prolongement de son identité.

Ce type de clarté énergétique peut également influencer le timing. Les investisseurs se concentrent souvent exclusivement sur *ce* dans quoi investir, mais *le moment* opportun peut être tout aussi important. L'intuition joue ici un rôle important. Une transaction peut sembler solide, mais sembler précipitée. Un marché peut être en baisse, mais votre corps peut vous signaler que vous êtes prêt. L'investissement énergique vous apprend à être attentif à ces signaux, non pas comme un substitut aux tendances du marché, mais comme un complément d'intelligence. Il vous invite à vous demander: « Est-ce le moment? » et à patienter si la réponse n'est pas claire.

Il est important de noter qu'investir avec énergie ne requiert ni sainteté ni perfection. Il ne s'agit pas d'absolutisme moral ni d'éradication de l'ambition financière. Il s'agit d' *intégration*: veiller à ce que vos investissements reflètent le monde que vous souhaitez façonner et la personnalité que vous souhaitez exprimer. Il s'agit de reconnaître que l'argent est une fréquence et que vous en êtes le transmetteur. Plus vous êtes en phase avec elle, plus votre processus de création de patrimoine s'harmonise.

Ce chapitre a des implications qui dépassent le cadre individuel. À mesure que le capital collectif s'oriente de plus en plus vers des cadres fondés sur des valeurs, les marchés eux-mêmes commencent à évoluer. Les entreprises qui prônent la transparence, la durabilité et une conception centrée sur l'humain attirent davantage de financements. L'activisme actionnarial redéfinit les priorités des entreprises. Les plateformes de financement participatif permettent aux mouvements citoyens de gagner du terrain. Lorsqu'un nombre suffisant d'individus investissent avec intégrité et énergie, le système commence à évoluer, non pas par révolution, mais par recalibrage.

Dans un monde financier qui privilégie encore souvent la rapidité, l'échelle et la spéculation, la pratique de l'investissement dynamique offre un atout essentiel: *la profondeur* . Elle nous rappelle qu'investir n'est pas un acte neutre, mais créatif. Chaque euro investi dans le monde est une graine. Ce qui en découle dépend non seulement du marché, mais aussi de l'intention, de la clarté et de la conscience avec lesquelles elle a été plantée.

Investir avec énergie, c'est investir dans sa globalité: l'esprit vif, le cœur ouvert, les valeurs vivantes. C'est reconnaître que votre argent est indissociable de votre esprit et que la richesse, lorsqu'elle est alignée sur un objectif, devient non seulement une ressource, mais aussi un ondes de choc. Et cette onde de choc, une fois déclenchée, peut faire bouger les marchés, non seulement en termes de chiffres, mais aussi de sens.

Intérêts composés et loi de la gestation: l'alchimie du temps, de l'intention et de la confiance

L'éclat des intérêts composés est souvent décrit comme l'une des forces les plus puissantes de la finance. Calme, constant et exponentiel par nature, il défie les attentes d'une croissance linéaire. Albert Einstein l'aurait qualifié de huitième merveille du monde, non seulement pour son impact numérique, mais aussi pour l'incarnation d'un principe bien plus ancien et universel que l'économie moderne: la *loi de gestation* . Dans le contexte spirituel de la manifestation, cette loi nous rappelle que toute création – qu'il s'agisse d'un objectif financier, d'une entreprise ou d'un rêve – nécessite du temps pour prendre forme. Elle doit être nourrie dans sa phase invisible avant d'être visible dans le monde. Ensemble, les intérêts composés et la loi de gestation offrent un cadre qui transcende la pensée transactionnelle et nous invite à une relation plus profonde avec le temps, la patience et la confiance.

Pour comprendre leur intégration, il faut d'abord les explorer individuellement. L'intérêt composé est le processus par lequel les bénéfices d'un investissement sont réinvestis, générant des revenus supplémentaires au fil du temps. Il s'agit d'un cycle de croissance auto-alimenté. Plus le capital est laissé intact et fructueux longtemps, plus l'effet est puissant. Un investissement de 10 000 £ avec un rendement annuel moyen de 7 %, par exemple, atteindra plus de 38 000 £ en vingt ans sans apport supplémentaire. Mais l'efficacité ne réside pas seulement dans le taux de rendement: elle réside dans *le temps* et dans la constance de *la non-interférence* . Dès qu'un investisseur se retire prématurément ou interrompt le cycle de capitalisation, il perd ses plus puissants avantages.

Cette dynamique reflète le principe spirituel de gestation, selon lequel chaque intention, une fois plantée, nécessite son propre développement sacré. Un agriculteur ne tire pas sur les jeunes plants pour les forcer à pousser ; une femme enceinte ne précipite pas la naissance avant la date prévue. De même, lorsque nous fixons une intention financière – ou toute autre manifestation – nous devons prévoir son incubation. Le moment n'est pas toujours sous notre contrôle. Ce *qui* relève de notre compétence, c'est la clarté de la graine, la consistance de la nourriture et la foi d'attendre sans abandonner le processus à mi-chemin.

Trop souvent, l'obsession de la culture moderne pour l'immédiateté perturbe à la fois la stratégie financière et la confiance spirituelle. Nous recherchons des rendements à court terme, nous nous adaptons de manière erratique face à l'inconfort et nous nous jugeons selon des critères conçus pour l'urgence plutôt que pour la profondeur. Ce faisant, nous perdons non seulement de l'argent, mais aussi un élan plus profond: la confiance énergique qui se construit lorsqu'on s'engage, qu'on s'aligne et qu'on laisse le temps faire son travail. L'investisseur qui comprend à la fois les intérêts composés et la gestation ne se contente pas de calculer: il *cultive* ...

Prenons l'histoire de Priya, une éducatrice qui a commencé à investir tard dans sa vie. Avec des revenus modestes et peu d'expérience en finance, elle a commencé modestement: 200 £ par mois dans un fonds indiciel mondial. Au début, les progrès semblaient lents. La deuxième année, son portefeuille n'avait progressé que de quelques centaines de livres au-delà de ses cotisations. Le doute s'est installé. Cela en valait-il vraiment la peine? Mais au lieu de se retirer ou de changer de cap, Priya a décidé d'associer sa stratégie à une réflexion spirituelle. Elle a traité chaque investissement comme un acte de foi sacré. Elle a consigné dans un journal sa vision de la souveraineté financière, a éprouvé de la gratitude pour chaque cotisation mensuelle et s'est rappelé que les résultats suivent le rythme, et non la précipitation. À la dixième année, son investissement avait non seulement connu une croissance significative, mais commençait aussi à lui procurer un sentiment de sécurité qu'elle n'aurait jamais cru possible. « Les chiffres n'étaient qu'une partie de l'équation », a-t-elle confié. « Ce qui a vraiment changé, c'est mon rapport au *temps* . »

C'est l'essence même de l'association des intérêts composés et de la loi de la gestation. Ce n'est ni passif, ni oisif. C'est *une non-ingérence intentionnelle* . C'est la discipline qui consiste à maintenir le cap sans microgérer l'évolution. Financièrement, cela se traduit par des cotisations régulières, des portefeuilles diversifiés à faibles frais et l'abstention de panique lors des fluctuations du marché. Sur le plan énergétique, cela implique de prendre soin de son état d'esprit, de se libérer de l'attachement aux résultats et d'approfondir la confiance: confiance en sa stratégie, confiance en son timing et confiance en soi.

Cette perspective remet en question le discours dominant qui considère la création de richesse comme une conquête. Au lieu de rechercher des résultats, nous devenons des intendants. Nous créons des environnements propices à la croissance et respectons les mécanismes invisibles de l'incubation. Cela ne signifie pas que nous évitons toute intervention: il y a des moments propices au rééquilibrage des portefeuilles, à la mise à jour des intentions ou à l'apprentissage de nouveaux outils. Mais ces actions découlent de l'alignement, et non de la peur. De la réactivité, et non de la réactivité.

L'intersection de ces principes offre également un éclairage sur la définition d'objectifs. Les conseils financiers traditionnels privilégient souvent les objectifs SMART: spécifiques, mesurables, atteignables, pertinents et temporels. Bien qu'utile, ce cadre peut s'avérer insuffisant lorsqu'il est appliqué à des objectifs qui nécessitent une certaine *imprévisibilité gestationnelle* . Créer un portefeuille d'investissement à revenus multiples, créer une entreprise à vocation spécifique ou financer une fondation caritative peut ne pas correspondre parfaitement à un échéancier de 12 mois. Adopter une conscience gestationnelle signifie définir clairement l'objectif tout en renonçant à un contrôle strict sur son déroulement précis. Cela invite à une *attitude co-créative* avec la vie.

C'est ici que la manifestation croise la patience stratégique. La manifestation n'est pas un simple vœu pieux ; c'est l'acte d'aligner croyances, émotions et actions vers un résultat souhaité. Mais même les manifestations les plus alignées requièrent de *la maturité* . La loi de la gestation nous protège des résultats prématurés. Elle garantit que ce que nous recevons nous appartient véritablement. Tout comme l'intérêt composé garantit que les rendements sont accumulés au fil du temps, la gestation garantit que les manifestations arrivent lorsque nous sommes prêts à les recevoir, non seulement financièrement, mais aussi émotionnellement et spirituellement.

L'impatience qui pousse de nombreux investisseurs à surinvestir, à abandonner des stratégies solides ou à courir après le buzz se reflète dans l'impatience spirituelle: douter de sa propre valeur, remettre en question le timing divin ou tenter de forcer les manifestations. Ces deux formes d'impatience révèlent un manque de confiance sous-jacent. Lorsque nous comprenons que l'argent et les miracles nécessitent du temps, nous commençons à agir différemment. Nous cessons de mesurer la valeur à l'immédiateté et commençons à respecter *le rythme* .

Il est important de noter qu'intégrer ces principes ne signifie pas renoncer à l'ambition. Il s'agit d'ancrer l'ambition dans un contexte plus large. Un plan financier bien structuré, basé sur les intérêts composés, peut néanmoins permettre d'atteindre des objectifs ambitieux. Une pratique de manifestation ancrée dans la gestation peut néanmoins porter une vision ambitieuse. L'intégration n'est pas une question de limitation, mais de *libération du déséquilibre* . Elle nous permet de rechercher la richesse et un but sans devenir esclaves de l'urgence.

Un autre niveau de cette intégration est la régulation émotionnelle. Investir comme manifester nécessitent de gérer l'incertitude. Il y aura des creux – sur les marchés, dans l'humeur, dans la dynamique. Le système nerveux, s'il n'est pas entraîné, interprète ces creux comme un danger. L'investisseur sans fondement réagit en vendant. Le manifestant sans fondement réagit en sombrant dans le doute. Mais ceux qui pratiquent l'alignement avec la gestation et la croissance composée comprennent ces creux différemment. Ce sont des fluctuations dans une trajectoire globale ascendante. Ce sont des contractions avant la prochaine expansion.

Cette compréhension construit ce que la finance comportementale appelle *la maturité temporelle*: la capacité à retarder la gratification en vue d'une récompense future plus importante. Elle développe également la maturité spirituelle: la volonté de croire en des progrès invisibles. Ensemble, ces éléments créent ce que l'on pourrait appeler *la foi composée*: une confiance à plusieurs niveaux qui, investie régulièrement, s'approfondit et se développe avec le temps.

Pour mettre cela en pratique, envisagez d'adopter un double processus d'évaluation. Chaque trimestre, examinez vos indicateurs financiers: croissance, contributions, ajustements. Simultanément, réfléchissez à votre posture énergétique: faites-vous confiance au processus? Restez-vous en phase avec vos valeurs? Laissez-vous l'espace nécessaire à la réalisation de vos objectifs sans interférence anxieuse? Réalisés régulièrement, ces examens se renforcent mutuellement. La progression financière devient le reflet de l'évolution spirituelle. La confiance spirituelle devient le fondement de la résilience financière.

Ainsi, la notion de richesse se transforme. Il ne s'agit plus seulement de ce que l'on accumule, mais de ce que l'on *devient* au fil du temps. Maîtriser les intérêts composés et la loi de la gestation ne se contente pas de constituer des actifs: elle forge *son caractère* . Elle cultive la patience, le discernement, la confiance et la vision – des qualités qui perdurent plus longtemps que les marchés, surpassent la valeur monétaire et rayonnent dans tous les domaines de la vie.

C'est l'alchimie du temps et de l'intention. C'est le véritable retour sur investissement. En alignant la logique de la croissance composée sur la sagesse du timing divin, vous cessez de courir après la richesse et commencez *à la recevoir* – non pas d'un coup, mais en rythme, avec grâce et plénitude. Et c'est ce genre de richesse qui s'accumule bien au-delà du bilan.

Mouvements monétaires vs Momentum monétaire: la stratégie rencontre la durabilité énergétique dans la création de richesse

Dans le paysage en constante évolution du conseil financier, l'attrait du « mouvement d'argent » est omniprésent. Les réseaux sociaux regorgent de stratégies promettant des gains rapides: secrets du day trading, conseils sur les cryptomonnaies, activités annexes lucratives et reventes immobilières. Ces tactiques, souvent présentées comme urgentes et essentielles, peuvent certainement modifier la situation financière d'une personne. Mais lorsqu'on prend du recul et adopte une perspective plus globale, une autre vérité apparaît: tout mouvement ne crée pas *une dynamique* . Il existe une distinction fondamentale entre l'activité financière tactique et la force profonde et durable qui crée un patrimoine durable. Cette force est la dynamique monétaire – une combinaison de stratégie intentionnelle, d'alignement énergétique et de congruence interne qui renforce non seulement le capital, mais aussi *la cohérence* .

Les mouvements financiers sont par nature sensibles. Ce sont des décisions prises dans un moment d'opportunité ou de nécessité – un nouvel investissement, une reconversion professionnelle, une modification de la stratégie tarifaire ou une refonte budgétaire. Ils peuvent être déterminants, voire bouleverser une vie. Cependant, leur efficacité dépend de la base sur laquelle ils reposent. Sans une base dynamique et stratégique stable, un mouvement financier peut devenir réactif plutôt que réactif, impressionnant extérieurement mais dissonant intérieurement. C'est là qu'intervient le concept de momentum, non pas comme substitut à la stratégie, mais comme son substrat profond.

L'élan monétaire fait référence à la cohérence énergétique et comportementale qui sous-tend une richesse durable. Il ne s'agit pas de rapidité, mais de *direction et d'endurance* . Il ne s'agit pas de changements radicaux, mais d'un alignement durable. Imaginez l'élan comme la différence entre un mouvement fulgurant et le courant d'une rivière: un mouvement lent, délibéré et suffisamment puissant pour façonner les paysages au fil du temps. En termes financiers, l'élan se crée lorsque vos comportements de gain, de dépense, d'épargne et d'investissement sont ancrés dans vos valeurs, guidés par l'intentionnalité et répétés avec discipline.

Pour comprendre cette interaction, prenons l'exemple de Karim, graphiste qui a décidé de se lancer en freelance à temps plein. Son premier « coup de pouce » financier fut audacieux: quitter son emploi pour créer sa propre entreprise. Il s'est lancé rapidement, a trouvé des clients et a réalisé plusieurs mois à cinq chiffres dès la première année. De l'extérieur, cela ressemblait à un succès. Mais sous la surface, Karim se sentait anxieux, surmené et épuisé sur le plan créatif. Ses tarifs étaient irréguliers, ses clients ne correspondaient pas à son public cible et ses prix étaient davantage dictés par la rareté que par la souveraineté. Ce qu'il avait créé, c'était de l'activité, et non une dynamique. Son entreprise avait évolué, mais pas dans une direction durable.

Après avoir suivi un coach financier et mental, Karim a entrepris de se reconstruire. Il a réévalué son créneau, restructuré son offre, aligné sa tarification sur ses valeurs et mis en place des systèmes pour générer des revenus récurrents. Il a également commencé à pratiquer régulièrement un travail d'incarnation financière, utilisant la respiration, la journalisation et la conscience somatique pour comprendre ses schémas financiers internes. Petit à petit, un nouveau rythme s'est imposé. Il n'avait plus besoin de courir après les revenus ; ils ont commencé à affluer avec moins de résistance. Son système nerveux s'est calmé. Les clients sont arrivés grâce à des recommandations. La trésorerie s'est stabilisée. Son entreprise a désormais pris de l'élan, moins visible peut-être, mais exponentiellement plus résiliente.

Ce type de transformation n'est possible que si l'on dépasse une relation superficielle avec l'argent. La plupart des conseils financiers conventionnels sont axés sur l'accumulation, l'optimisation et l'exécution. Bien que ces éléments soient importants, ils négligent souvent l'architecture interne de la richesse: les croyances, les émotions et les schémas énergétiques qui amplifient ou bloquent l'élan. Un mouvement d'argent en conflit avec les capacités de votre système nerveux, vos valeurs ou votre estime de soi peut produire des résultats à court terme, mais finit par s'effondrer sous son propre poids. À l'inverse, une approche basée sur l'élan se construit progressivement, mais est *intègre*: elle semble authentique, durable et porteuse d'avenir.

Sur le plan énergétique, l'élan se crée lorsque vos actions sont en harmonie avec votre identité. Ceci est confirmé par des recherches en économie comportementale et en théorie de l'identité, qui montrent que les individus sont plus susceptibles de conserver des habitudes et des comportements financiers cohérents avec l'image qu'ils se font d'eux-mêmes. Si vous vous identifiez comme quelqu'un qui a du mal avec l'argent, aucun conseil tactique ne tiendra. Le comportement finira par s'adapter à votre identité. Mais lorsque celle-ci commence à évoluer – lorsque vous commencez à *vous percevoir* comme une personne avisée, généreuse ou intentionnelle sur le plan financier –, même de petites actions, répétées avec constance, produisent des résultats cumulatifs.

Cela nous amène au rôle du système nerveux dans la création d'une dynamique. L'argent est l'un des sujets les plus chargés émotionnellement de la vie moderne. Les décisions financières déclenchent souvent une réaction de stress, en particulier chez les personnes ayant des antécédents de pénurie, de traumatisme lié à l'endettement ou d'instabilité financière. La réaction de combat ou de fuite prend le contrôle du cortex préfrontal, la partie du cerveau responsable de la planification à long terme et de la pensée critique. Dans cet état, les tactiques à court terme sont tentantes. Le cerveau recherche un soulagement, et une décision financière – comme un investissement à haut risque, l'inscription à un programme coûteux ou la réduction de toutes les dépenses – offre l'illusion d'un contrôle immédiat. Mais de telles décisions, prises sous pression, manquent souvent de durabilité. Une dynamique ne peut se construire à partir d'une situation de contraction.

C'est pourquoi des pratiques comme la régulation somatique, la pleine conscience et la budgétisation basée sur les valeurs ne sont pas un luxe, mais une nécessité. Elles créent les conditions internes d'un comportement financier cohérent. Elles permettent à votre système de rester suffisamment régulé pour prendre des décisions en fonction de votre moi supérieur plutôt que de votre cerveau de survie. Lorsque vous vous sentez en sécurité dans votre corps, vous cessez de courir après les doses de dopamine financière et commencez à construire *des rythmes* . Ce rythme est le moteur de l'élan.

Prenons un autre cas: Talia, une employée qui souhaitait devenir coach financier. Sa première initiative a été de créer une formation en ligne. Elle a dépensé des milliers de dollars en image de marque et en logiciels, mais a eu du mal à inscrire des clients. L'infrastructure externe était là, mais la clarté interne manquait. Elle ne savait pas clairement à qui elle voulait s'adresser, quels résultats elle promettait, ni comment sa propre histoire financière influençait son message. Ce n'est qu'après six mois passés à affiner ses propres limites financières, à repenser ses croyances limitantes et à coacher gratuitement un petit groupe que les choses ont commencé à changer. Elle a gagné en confiance, a recueilli des témoignages et a mis en place des systèmes de manière naturelle. Lorsqu'elle a relancé son programme, les inscriptions ont afflué sans effort. Elle n'avait pas simplement franchi un pas, elle avait créé une dynamique. Son entreprise n'était plus seulement une stratégie ; elle était le reflet vivant de son intégrité.

Le contexte culturel plus large joue également un rôle. Dans un système qui récompense la rapidité et le spectacle, l'élan est souvent mal compris. On nous dit que la richesse se construit en saisissant les opportunités, en agissant vite et en redoublant d'efforts. Pourtant, nombre des fortunes les plus durables au monde ont été bâties discrètement, grâce à une vision à long terme, un capital relationnel, un alignement éthique et un réinvestissement patient. Warren Buffett a attribué sa richesse non pas à la complexité, mais à *la patience* . Oprah Winfrey attribue sa réussite financière à un profond alignement avec un objectif et une constance. Il ne s'agit pas de simples mouvements financiers, mais d'un élan manifeste.

D'un point de vue pratique, la dynamique est une question *de systèmes* . Un plan de dépenses aligné sur les valeurs et répété mensuellement. Une stratégie d'investissement qui s'accumule discrètement au fil des ans. Un calendrier de contenu qui fidélise une audience. Une journée hebdomadaire de PDG pour examiner les finances et les réajuster. Ces éléments ne sont pas prestigieux. Ils sont rarement partagés de manière virale. Mais avec le temps, ils créent les conditions propices à l'enracinement de la richesse, non pas comme un pic, mais comme un *écosystème* .

Pour différencier un mouvement d'un élan, posez-vous les questions suivantes: cette action est-elle ancrée dans la clarté ou la réactivité? Augmente-t-elle mes capacités ou les épuise-t-elle? Est-ce que je répète cela avec constance ou est-ce que je recommence tous les deux ou trois mois? Plus important encore, ce cheminement me semble *-t-il en phase* avec la personne que je suis en train de devenir? Si la réponse à ces questions est « oui », alors vous construisez probablement quelque chose qui durera.

L'invitation n'est donc pas d'abandonner la stratégie, mais de lui insuffler une âme. De comprendre que la richesse la plus puissante ne se construit pas par élans frénétiques, mais par un alignement soutenu. Que les héritages les plus durables ne se forgent pas par la précipitation, mais par l'harmonie. Les mouvements financiers peuvent changer votre vie. Mais l'élan financier peut *transformer votre réalité* .

En fin de compte, la différence entre ceux qui restent bloqués et ceux qui s'enrichissent ne réside pas seulement dans l'intelligence, les ressources ou les opportunités. C'est la culture d'une dynamique alignée, où chaque décision devient un vote pour votre futur. Ce soi n'a pas besoin de se précipiter. Il avance avec détermination. Il construit avec patience. Et finalement, il arrive – non pas par accident, mais grâce à *un alignement soutenu dans le temps* .

Étude de cas: L'investisseur guidé par son instinct

Le discours sur l'investissement repose depuis longtemps sur le principe de rationalité. La théorie économique classique postule que les individus prennent des décisions fondées sur la logique, l'analyse des risques et les données empiriques. Pourtant, en pratique, l'acte d'investir est rarement aussi stérile. L'émotion, l'intuition et la reconnaissance de schémas subconscients précèdent souvent, voire supplantent, la pensée purement analytique. Si l'intuition est encore perçue comme spéculative ou naïve, des recherches croissantes en neurosciences cognitives, ainsi que d'innombrables témoignages, révèlent que, associé aux principes financiers fondamentaux, l'investissement intuitif peut être non seulement efficace, mais aussi profondément transformateur. Cette étude de cas explore le parcours de Maya Patel, une ancienne cheffe de projet londonienne de 42 ans devenue investisseuse à temps plein dans des placements passifs, dont la démarche de création de patrimoine a été guidée non par des formules traditionnelles, mais par une confiance rare en sa boussole intérieure.

La vie financière de Maya a débuté de manière assez conventionnelle. Formée en économie et employée dans un environnement d'entreprise structuré pendant plus de quinze ans, elle était, de toute évidence, compétente en matière financière. Elle gérait son salaire avec prudence, évitait les dettes de consommation et maintenait un modeste ISA. Mais malgré sa discipline, Maya se sentait insatisfaite et de plus en plus déconnectée des systèmes auxquels elle appartenait. Ses investissements dans des fonds indiciels et des comptes de retraite ont augmenté régulièrement, mais son enthousiasme pour le processus a diminué. « J'avais l'impression d'externaliser non seulement mon argent », a-t-elle raconté plus tard, « mais aussi mon âme. »

Le tournant n'est pas survenu lors d'une crise financière, mais lors d'une profonde réflexion personnelle. Après le décès soudain d'un ami proche, Maya s'est mise à remettre en question ses idées reçues sur la sécurité, le temps et la réussite. Elle a commencé à méditer régulièrement, à explorer la thérapie somatique et à tenir un journal intime, non pas pour améliorer ses finances, mais pour renouer avec une vitalité qu'elle estimait avoir perdue. De manière inattendue, ce travail intérieur a commencé à influencer son rapport à l'argent. Elle a pris conscience de la tension énergétique qu'elle ressentait en examinant ses investissements. « Ce n'était pas qu'ils étaient mauvais », a-t-elle dit. « Ils étaient simplement émotionnellement morts pour moi. »

À la même époque, elle tomba sur un forum en ligne consacré au prêt immobilier entre particuliers. Le fil de discussion en lui-même était peu inspirant – graphiques, pourcentages de rendement, projections de risque de défaut – mais quelque chose dans le modèle sous-jacent suscita une réaction instinctive. Elle ressentit une bouffée de chaleur au plexus solaire, une fascination qui dépassait la logique. Elle poursuivit ses recherches, croisant les évaluations des plateformes, les politiques réglementaires et les informations sur les risques. Pourtant, les chiffres ne disaient pas tout. Son esprit était prudemment sceptique, mais son corps disait oui.

Plutôt que d'ignorer ce signal, Maya marqua une pause. Elle s'autorisa à explorer – non pas avec insouciance, mais avec respect. Elle décida d'allouer une modeste part de son capital d'investissement – un peu moins de 5 000 £ – à un ensemble diversifié de plateformes de prêt P2P, en privilégiant celles qui financent des projets de logements éthiques et de revitalisation communautaire. Ce n'était pas seulement une décision financière ; c'était une décision conforme à ses valeurs. Elle voulait que son capital génère plus que des rendements: il voulait qu'il crée *quelque chose dont elle puisse être fière* .

La première année, les rendements furent modestes – environ 4,8 % annualisés – mais le retour émotionnel fut immense. Pour la première fois, elle était impatiente de se connecter et de consulter son tableau de bord. Elle commença à suivre non seulement ses performances, mais aussi sa cohérence énergétique. Cette plateforme lui semblait-elle cohérente? Le projet avait-il un écho? Les communications étaient-elles transparentes? Elle remarqua que plus elle suivait ses intuitions – en restant sur les plateformes qui lui semblaient cohérentes et en s'éloignant de celles qui lui semblaient

« inadaptées » – plus elle gagnait en confiance. Ce n'était pas du jeu. C'était du discernement.

Avec une confiance croissante, Maya s'est lancée dans l'investissement direct dans des projets immobiliers de petite envergure par l'intermédiaire d'un club d'investissement socialement responsable. Une opportunité – un espace de colocation pour mères célibataires à Birmingham – l'a d'abord rendue nerveuse. C'était un projet atypique, et certains de ses pairs financiers le considéraient comme risqué. Mais Maya a ressenti une profonde attirance émotionnelle et un étrange sentiment de calme en visitant le site du projet. Elle a examiné les données financières, jugé les fondamentaux raisonnables et a investi. Cette décision est devenue l'une de ses plus gratifiantes: elle a non seulement obtenu un rendement de 8 %, mais a également ressenti un profond sentiment de contribution.

L'approche de Maya n'était pas sans difficulté. Elle a constaté que son intuition pouvait être obscurcie par la peur, l'excitation ou l'influence sociale. Pour gérer cela, elle a commencé à développer ce qu'elle a appelé son « filtre d'alignement »: un système en trois parties fondé sur la conscience du système nerveux, la cohérence des valeurs et l'analyse rationnelle. Avant tout investissement, elle vérifiait son corps (était-ce expansif ou restrictif?), ses valeurs (était-ce à l'honneur de ce qu'elle était en train de devenir?) et les données (étaient-elles solides?). Si les trois étaient alignés, elle poursuivait. Si même un seul était erroné, elle attendait ou déclinait.

Au cours des cinq années suivantes, Maya a constitué un portefeuille diversifié de sources de revenus passifs: investissements immobiliers éthiques, actions à dividendes dans des entreprises du secteur des énergies durables, microcrédits à des entreprises dirigées par des femmes dans des économies en développement et royalties tirées d'un livre numérique sur le bien-être co-écrit. Ses revenus passifs ont fini par dépasser son salaire d'entreprise. Mais ce qui est remarquable, ce n'est pas seulement sa réussite financière, mais aussi la manière dont elle *y est parvenue*: non pas par une optimisation maximale, mais par *une résonance maximale* .

Les psychologues et les neuroscientifiques commencent à comprendre ce que Maya et d'autres perçoivent intuitivement depuis des années. Des études sur la cognition incarnée montrent que l'axe intestin-cerveau joue un rôle essentiel dans la prise de décision. Le nerf vague, qui relie l'intestin au cerveau, véhicule une multitude de données sensorielles qui éclairent les évaluations subconscientes de la sécurité, du risque et de la confiance. Ce que nous appelons souvent « l'intuition » est en réalité une forme d'intelligence incarnée rapide, particulièrement utile dans des environnements complexes et incertains comme l'investissement, où les données peuvent être incomplètes ou contextuellement ambiguës.

De plus, la finance comportementale nous enseigne que même les investisseurs les plus rationnels sont profondément influencés par leurs émotions: peur de la perte, cupidité, esprit de troupeau. La différence avec les investisseurs intuitifs comme Maya ne réside pas dans le fait qu'ils ont moins d'émotions, mais dans le fait qu'ils *dialoguent* avec elles. Ils n'ignorent pas les signaux. Ils les analysent. Ils respectent leurs connaissances sans se laisser influencer par elles.

Le parcours de Maya n'est pas un modèle, mais une étude de cas sur le pouvoir de la cohérence interne. Son parcours remet en question le rapport binaire logique/instinct. Il démontre que lorsque les connaissances financières sont associées à la conscience de soi, lorsque la stratégie est soutenue par la sensibilité somatique et lorsque l'intuition est vérifiée par les données, une puissante synergie émerge.

En tant qu'enseignante, Maya aide désormais ses clients à élaborer ce qu'elle appelle une « carte de résonance financière ». Elle intègre des outils traditionnels (évaluation des risques, principes de diversification, planification de l'horizon temporel), mais les agrémente de pistes de réflexion: comment cet investissement vous affecte-t-il? Quelles valeurs exprime-t-il? Quel rôle joue-t-il dans votre héritage? Pour beaucoup, cela ouvre une nouvelle dimension de l'investissement, où l'argent n'est pas seulement géré, mais *incarné* .

L'investisseur instinctif n'est ni téméraire, ni mystique. Il est relationnel. Il considère l'argent non pas comme un objet stérile à contrôler, mais comme une force énergétique à laquelle il faut s'associer. Il pose des questions plus profondes. Il respecte les nuances. Il reconnaît que la richesse, dans sa plus haute expression, n'est pas seulement une question d'accumulation, mais aussi d' *alignement* .

Dans une culture financière dominée par la vitesse, le bruit et la nouveauté constante, l'histoire de Maya nous rappelle que l'outil d'investissement le plus puissant n'est peut-être pas une stratégie, une plateforme ou un tableur. Il s'agit peut-être de quelque chose de plus discret, de plus profond et de bien plus ancien: la sagesse intérieure. Cultivée avec soin, cette sagesse ne nous guide pas seulement vers les bons investissements, elle nous guide vers la bonne relation à la richesse elle-même.

Chapitre 7
Flux de revenus et expansion identitaire

La plupart des discussions sur l'augmentation des revenus ont tendance à se concentrer sur les compétences, les tactiques ou les opportunités ; elles s'aventurent rarement sur le terrain plus profond de la façon dont le revenu est lié à l'identité. Pourtant, c'est précisément ce paysage intérieur – notre estime de soi, les rôles que nous acceptons ou rejetons, les limites que nous intériorisons – qui détermine souvent non seulement nos revenus, mais aussi leur régularité et leur croissance durable. Pour véritablement transformer sa situation financière, maîtriser des stratégies externes ne suffit pas. Il faut plutôt recalibrer le cadre intérieur qui façonne notre identité de gagnant. Ce chapitre explore les dimensions psychologiques, émotionnelles et énergétiques de la génération de revenus, offrant un guide non seulement pour augmenter les flux financiers, mais aussi pour devenir une personne capable de les recevoir et de les développer naturellement.

Commençons par décortiquer la notion de conquête identitaire. Nombreux sont ceux qui voient leurs revenus plafonnés, mais cette limite découle généralement moins des réalités du marché que d'une perception profonde de soi. Peut-être avez-vous grandi dans un foyer où les difficultés financières étaient la norme, ou où la richesse était considérée avec méfiance ou mépris. Peut-être avez-vous assimilé des messages du type: « Je ne suis pas le genre de personne à gagner plus que ça » ou « Les gens comme moi ne s'enrichissent pas. » Ces récits hérités fixent discrètement les limites de l'évolution de vos revenus. Les psychologues appellent ce phénomène la congruence du concept de soi: la tendance à agir en accord avec notre identité profonde. En termes financiers, cela signifie que nous avons tendance à gagner notre vie en harmonie avec ce que nous pensons être, et non pas nécessairement avec ce que nous pourrions objectivement devenir.

Pour échapper à ces schémas internes, il faut d'abord en prendre conscience. Le travail narratif s'avère alors indispensable. Quelle histoire vous êtes-vous racontée à propos de votre capacité à gagner votre vie? Les opinions de vos parents, votre conditionnement culturel ou vos échecs passés ont-ils cimenté cette histoire? La réécrire ne relève pas de la chimère ; il s'agit de reprendre le contrôle de votre parcours financier. Cela implique de reconnaître que votre potentiel de gain n'est pas figé: il évolue avec votre image de vous-même.

Des histoires vécues illustrent ce processus. Prenons l'exemple d'Alina, une massothérapeute qui, pendant près de dix ans, a plafonné ses revenus à environ 30 000 £ par an. Malgré la fidélité de ses clients et les critiques élogieuses, elle a résisté à l'augmentation de ses prix ou à l'élargissement de son offre. Le coaching a révélé qu'elle ressentait un profond sentiment de culpabilité à l'idée de gagner plus que sa mère, qui avait travaillé sans relâche pour peu de revenus. Alina était inconsciemment liée par une loyauté qui limitait son développement. Après avoir considéré son succès comme un hommage plutôt qu'une trahison envers sa lignée, elle a ajusté ses prix et lancé des produits numériques. En un an, ses revenus ont doublé, non pas grâce à un marketing agressif, mais en développant son identité.

Avec cette vision renouvelée de soi, l'étape suivante est la diversification, sans pour autant disperser les efforts. Ce chapitre prône un modèle de sources de revenus multiples, unies par un objectif unique. L'objectif n'est pas de courir après chaque opportunité, mais de s'assurer que chaque source soit en résonance avec vos valeurs fondamentales et votre vision. Des sources de revenus fragmentées, mal alignées ou opportunistes drainent votre énergie. À l'inverse, ancrées dans un objectif clair – qu'il s'agisse de soigner, d'enseigner, de construire ou de diriger – elles deviennent synergiques. Votre présence s'approfondit, votre réputation s'épanouit et votre dynamique se construit grâce à la cohérence plutôt qu'au chaos.

Prenons l'exemple de Jordan, ancien stratège d'entreprise reconverti dans le coaching holistique. Au départ, il jonglait avec une multitude d'activités annexes – conseil, cours de yoga, marketing d'affiliation –, mais aucune ne s'articulait autour d'une mission commune. Occupé mais pourtant énergiquement dispersé, il a fini par se recentrer sur son objectif principal: aider les professionnels à renouer avec leur corps. Cette clarté a donné naissance à une gamme cohérente d'offres: ateliers somatiques, cours de respiration en ligne et podcast par abonnement. Ses revenus se sont stabilisés et sont devenus plus faciles à gérer. Ce n'était pas seulement un ajustement tactique, c'était existentiel. Jordan a cessé de gagner sa vie en cherchant à faire ses preuves et a commencé à gagner sa vie en tant que créateur, en phase avec sa véritable essence.

Ce développement repose sur le muscle de la réception d'argent. Nombreux sont ceux qui excellent dans le travail acharné, mais peinent à en recevoir. Ils peuvent se fixer des objectifs de revenus ambitieux, mais lorsque l'argent arrive – qu'il s'agisse d'une augmentation, d'un paiement client ou d'une manne inattendue –, l'anxiété, la culpabilité ou l'auto-sabotage s'ensuivent souvent. Il ne s'agit pas d'un manque d'ambition, mais d'une question de capacité. Tout comme le corps doit être conditionné à soulever des poids plus lourds, le système nerveux a besoin d'être entraîné à gérer des sommes d'argent plus importantes sans se contracter.

Renforcer cette capacité exige une régulation du système nerveux, des pratiques d'incarnation et un traitement émotionnel. Des exercices comme accepter les compliments sans détourner l'attention, recevoir du soutien sans culpabilité et pratiquer la gratitude avant la réussite peuvent progressivement reprogrammer les circuits qui associent abondance et menace. Le muscle de la réception d'argent doit se développer non seulement au niveau du compte en banque, mais aussi au niveau du corps lui-même. Lorsque le corps se sent capable de recevoir davantage, il cesse de repousser ce qu'il a consciemment sollicité.

Pourtant, il existe un autre aspect souvent négligé dans la quête de croissance financière: l'ombre. Nombre de blocages liés à la réussite n'ont rien à voir avec la stratégie ou l'estime de soi ; ils naissent de conflits émotionnels inconscients: l'envie (ressentiment envers la réussite des autres), la culpabilité (désirer plus que son entourage) ou la supériorité (croire que l'argent est inférieur à son niveau spirituel ou intellectuel). Ces ombres agissent comme des ancres énergétiques, vous tirant en arrière, malgré tous vos efforts pour avancer.

Travailler l'ombre autour des revenus consiste à mettre en lumière ces forces cachées, sans jugement. Si vous méprisez les « riches », devenir riche peut vous mettre en danger. Si vous enviez la réussite d'un ami, vous pourriez inconsciemment saboter la vôtre pour préserver des liens ou une position morale élevée. Affronter ces tensions n'est pas une question de condamnation personnelle, mais d'intégration. Lorsque l'ombre est acceptée, votre énergie s'harmonise et vos revenus s'écoulent sans conflit interne.

Pour tisser ces liens, le chapitre se termine par un puissant outil de réflexion: l'histoire de vos origines financières. Cet exercice de journalisation vous invite à retracer les moments fondateurs qui ont façonné votre relation à l'argent: des impressions de l'enfance et des premiers emplois aux hauts et aux bas financiers, ainsi qu'aux émotions que chaque phase a suscitées. Cartographier votre histoire de revenus vous permet de clarifier les croyances héritées et les identités que vous avez adoptées, tout en vous donnant les moyens d'écrire un nouveau scénario, non pas par défaut, mais délibérément conçu.

En fin de compte, le flux de revenus transcende les simples chiffres: c'est une signature énergétique. Il témoigne de la force vitale que vous vous autorisez à exprimer, à recevoir et à diffuser. L'expansion identitaire n'est pas un luxe dans la création de richesse ; c'est le mécanisme même par lequel la richesse se manifeste. À mesure que vous évoluez vers la personne que vous croyez être, vous élargissez ce que vous accueillez dans votre vie: non seulement l'argent, mais aussi le sens, la facilité et la souveraineté.

Ce chapitre offre plus qu'une nouvelle perspective sur le revenu ; il propose un nouveau paradigme. Un paradigme où le revenu n'est pas arraché par la lutte, mais cultivé par l'alignement. Où recevoir n'est pas accidentel, mais incarné. Et où la richesse n'est pas un symbole de statut social, mais un miroir reflétant ce que vous êtes devenu.

Décoder votre identité de gain: la psychologie de la valeur, de la richesse et du potentiel de revenu

Pour beaucoup, gagner sa vie est perçu comme une équation fonctionnelle: compétences et opportunités égalent revenu. Mais sous la surface de la stratégie professionnelle et de la planification financière se cache une force bien plus complexe et influente: votre identité de gain. Ce modèle invisible, façonné par une vie d'expériences, de croyances et d'associations inconscientes, régit non seulement vos revenus, mais aussi votre perception du gain, votre réaction à la croissance financière et votre capacité à conserver et à accroître durablement votre patrimoine au fil du temps. Pour comprendre le revenu dans son contexte le plus profond, il faut regarder au-delà des variables externes et se tourner vers l'intérieur, vers l'architecture même de l'identité.

Votre identité de gain est le schéma interne qui définit ce que vous croyez être possible, approprié ou accessible pour gagner de l'argent. Elle fonctionne comme un thermostat interne, maintenant une température financière fixe basée sur votre image de soi, votre zone de confort émotionnel et votre fidélité inconsciente à vos expériences passées. Augmentez la température externe – par exemple par une augmentation, une promotion ou un nouveau contrat – et si elle dépasse le seuil de votre identité, l'auto-sabotage ou le mal-être s'ensuivent souvent. Il ne s'agit pas simplement d'une question d'état d'esprit, mais d'une question d'identité. Tant que ce thermostat n'est pas ajusté, aucun développement de compétences ni aucune action stratégique ne pourront engendrer de changement durable.

Au cœur de la construction de l'identité se trouve l'estime de soi. Non pas dans un sens abstrait, celui de l'estime de soi, mais dans un sens profondément concret et incarné de *ce que vous croyez avoir droit à recevoir* . Si vous associez inconsciemment un revenu élevé à l'exploitation, à l'abandon ou à une responsabilité excessive, vous pouvez inconsciemment limiter vos revenus pour éviter ces risques perçus. De même, si votre estime de soi est liée à la lutte ou au sacrifice personnel – comme c'est souvent le cas chez ceux qui ont grandi dans des environnements où le travail était valorisé par-dessus tout – vous pourriez résister à un revenu facile, même lorsqu'il est possible.

Prenons le cas de Raj, un consultant senior qui sous-facturait systématiquement ses prestations en freelance. Malgré les éloges de ses clients et ses années d'expérience, Raj peinait à facturer au prix du marché. En explorant son identité de gagne-pain grâce au coaching, il a découvert très tôt un lien entre richesse et déconnexion émotionnelle. Son père, un cadre prospère, était distant et émotionnellement indisponible. Raj avait inconsciemment associé revenus élevés et déconnexion de l'amour et de la présence. Pour préserver son intégrité et sa proximité relationnelle, il maintenait ses honoraires à un niveau bas, veillant à rester accessible, surmené et sous-payé. Ce n'était pas un comportement irrationnel, mais *une affirmation de son identité* . Ce n'est qu'en libérant l'argent de l'abandon que Raj a pu commencer à élargir son plafond financier.

Ce phénomène se retrouve dans les recherches psychologiques sur la motivation identitaire. Selon les travaux d'Oyserman et Destin (2010), les individus sont plus susceptibles d'adopter des comportements en phase avec leurs récits identitaires marquants. Une personne se perçoit comme créative, mais sans esprit d'entreprise, et peut éviter les actions susceptibles d'accroître ses revenus, comme la prospection, le marketing ou la négociation, car ces actions lui semblent déphasées par rapport à sa perception de soi. De même, une personne se considère comme spirituelle, mais non matérialiste, peut limiter son potentiel de revenus par crainte que la réussite financière ne compromette son authenticité. Le défi n'est donc pas de changer d'abord ses habitudes, mais de faire évoluer sa *perception* de l'argent.

Cette évolution nécessite souvent une réflexion plus approfondie sur l'origine de votre histoire financière. Les expériences de l'enfance sont particulièrement formatrices. Peut-être avez-vous vu un parent se démener sans relâche pour peu de récompenses, vous apprenant subtilement que l'argent exige des sacrifices. Ou peut-être que la réussite financière dans votre famille a eu un coût émotionnel – divorce, jalousie ou éloignement –, enracinant l'idée que plus de revenus signifie plus de problèmes. Ces expériences ne restent pas dans la mémoire ; elles deviennent le support de vos croyances d'adulte. Sans réflexion, ces histoires se figent et deviennent des limites. Avec la prise de conscience, elles peuvent être réécrites.

Sara, cadre dans une association à but non lucratif, offre un exemple frappant de ce processus. Après une promotion substantielle, elle a commencé à ressentir une anxiété intense et un syndrome de l'imposteur. Malgré ses qualifications, elle se sentait indigne du poste, et plus particulièrement de l'augmentation de salaire. Lors de séances avec un thérapeute, Sara a fait remonter son malaise à un souvenir d'enfance de sa mère, licenciée et en proie à des difficultés financières. Sa mère lui disait souvent: « Les gens comme nous n'ont pas de chance. Il faut travailler pour tout. » Sara avait intériorisé l'idée que les gains inattendus – ou le succès apparemment facile – étaient indignes de confiance. En recadrant cette croyance et en honorant à la fois la résilience de sa mère et ses propres capacités, elle a commencé à accepter sa nouvelle réalité financière avec plus de facilité. Son anxiété s'est atténuée et ses performances se sont améliorées, non pas parce que ses compétences avaient changé, mais parce que son *identité s'était élargie.*

Faire évoluer votre identité de gagnant, c'est remettre en question les récits qui ne correspondent plus à votre personnalité financière la plus élevée. Mais il ne s'agit pas seulement d'un exercice cognitif. Le corps doit être impliqué dans le processus. Des pratiques somatiques, comme la respiration, la visualisation ou l'EFT (Techniques de Libération Émotionnelle), peuvent aider à réguler le système nerveux, notamment lorsque l'on se trouve aux limites de l'aisance financière. Ces pratiques sont essentielles, car les changements d'identité sont souvent source d'inconfort. Augmenter ses tarifs, demander une augmentation ou accepter un nouveau poste bouleverse le statu quo. Votre système nerveux peut interpréter cela comme une menace, même si le changement est positif.

C'est là que le soutien et l'intégration deviennent essentiels. Travailler avec des coachs, des thérapeutes ou des groupes de pairs qui renforcent votre identité élargie peut ancrer votre nouveau seuil de rentabilité. De même, créer des rituels d'affirmation, de célébration et d'incarnation peut vous rappeler: « Vous pouvez progresser sans risque. Vous pouvez gagner plus sans risque. Vous pouvez gagner plus sans risque. » Ces messages, répétés au fil du temps, commencent à reprogrammer les circuits émotionnels liés à l'argent.

Pourtant, l'expansion identitaire ne consiste pas à poursuivre des objectifs de revenus arbitraires ou à adopter la définition du succès de quelqu'un d'autre. Il s'agit d'une question *d'alignement* . L'identité la plus puissante n'est pas celle qui rapporte le plus, mais celle qui permet d'exprimer pleinement sa personnalité sans conflit interne. Lorsque vos revenus reflètent vos valeurs, votre service et votre image de soi, gagner sa vie devient moins exigeant et plus authentique. Vous cessez de vous contorsionner dans des stratégies qui ne vous conviennent pas. Vous cessez de sous-facturer pour vous sentir en sécurité. Vous cessez de travailler trop pour vous sentir valorisé.

L'un des outils les plus efficaces pour reprogrammer votre identité de gagnant est le récit – non pas de la fiction, mais un récit autobiographique. Réfléchir aux moments clés de votre histoire financière, percevoir le ton émotionnel de chaque chapitre et réécrire intentionnellement l'histoire peut avoir des effets profonds. Et si, au lieu de considérer votre passé comme une série d'erreurs ou de limites financières, vous le considériez comme le terrain idéal pour vous préparer à gérer votre richesse de manière consciente? Et si les revers n'étaient pas des signes d'échec, mais des invitations à développer vos capacités?

En réalité, aucune stratégie financière ne sera efficace si elle entre en conflit avec votre identité. Vous pouvez mettre en place un nouveau modèle de tarification, adopter un système budgétaire ou investir dans une stratégie commerciale, mais si l'image de soi sous-jacente reste limitée, empreinte de peur ou de honte, la stratégie finira par s'effondrer. Une croissance financière durable n'est donc pas une question d'outils. C'est une question de *qui vous êtes lorsque vous les utilisez* .

Ainsi, décrypter votre identité de gagnant ne se limite pas à gagner plus d'argent. Il s'agit de reprendre le contrôle de l'histoire qui façonne votre vie financière. Il s'agit de choisir la valeur plutôt que la honte, la souveraineté plutôt que la survie, et l'expansion plutôt que la contraction. Lorsque votre identité évolue, vos revenus n'augmentent pas seulement: ils se stabilisent. Ils s'intègrent. Ils reflètent non seulement ce que vous faites, mais aussi ce que vous êtes devenu. Et c'est là, en fin de compte, la forme la plus profonde de la richesse.

Plusieurs flux, un objectif unique: redéfinir les activités secondaires grâce à l'alignement

L'idée de créer de multiples sources de revenus n'est plus réservée aux entrepreneurs ambitieux ou aux adeptes de l'indépendance financière. Elle est devenue un principe central des conseils modernes en matière de création de patrimoine, reflétant un monde où la volatilité économique, l'automatisation et l'évolution des modèles de carrière exigent agilité et diversification. Mais en cours de route, le concept de multiples sources de revenus a perdu son âme. À vouloir élargir ses horizons – plus de plateformes, plus de missions, plus de revenus passifs –, on sacrifie souvent la profondeur. Le temps se fragmente. L'énergie se fragmente. La passion se dilue. Il en résulte non pas la liberté, mais la fatigue.

Ce sous-chapitre propose un paradigme différent: un paradigme qui ne rejette pas la multiplicité, mais la fonde sur la cohérence. Au cœur de ce paradigme se trouve une question simple mais radicale: *et si chaque source de revenus provenait de la même source: votre objectif?* Et si vos différentes activités génératrices de revenus n'étaient pas des activités isolées, mais des prolongements d'une identité singulière, chacune renforçant l'autre? C'est l'essence même de la création de sources multiples avec un objectif unique: un modèle de génération de revenus non seulement stratégique mais porteur d'âme, non seulement rentable mais intégrateur.

Pour comprendre ce modèle, il faut d'abord s'attaquer au problème de la manière dont les activités annexes sont généralement abordées. Souvent, elles sont réactives: une réponse à la pression financière, à l'insatisfaction professionnelle ou au désir d'une plus grande autonomie. Si ces motivations sont valables, elles poussent souvent les gens à se lancer dans des projets générateurs de revenus sans lien réel avec leur vision à long terme. Un comptable devient chauffeur de VTC le week-end. Un coach commercialise des gadgets en livraison directe à ses heures supplémentaires. Un créatif crée un produit numérique qui ne correspond pas à sa vocation profonde. Ces activités peuvent générer des revenus, mais elles suscitent rarement *un écho* . Avec le temps, elles peuvent créer un frein énergétique, éloignant l'individu de son objectif au lieu de le rapprocher de son épanouissement.

L'alternative consiste à cultiver un *écosystème de revenus axé sur un objectif précis* , où chaque flux, bien que fonctionnellement distinct, est intégré thématiquement. Vos offres, produits, partenariats et plateformes répondent tous à la même intention fondamentale, renforçant votre autorité, approfondissant votre marque et élargissant votre impact. Vous devenez connu pour quelque chose, et pas seulement pour votre travail acharné.

Prenons l'exemple de Renée, une ancienne institutrice devenue militante pour l'alphabétisation. En quittant l'école, elle n'a pas abandonné sa mission: elle l'a élargie. Elle a commencé à donner des cours particuliers en ligne, à consulter des concepteurs de programmes scolaires et à créer des produits numériques pour soutenir les parents d'élèves en difficulté de lecture. Elle a ensuite lancé un podcast, un club de lecture par abonnement et a coécrit un livre sur l'équité en matière d'alphabétisation. Chaque source de revenus était autonome, mais toutes renforçaient sa mission unique: démocratiser la lecture pour les enfants défavorisés. Le résultat n'était pas seulement une diversification financière, mais une intégration identitaire. Son travail était porteur de sens, son message cohérent et son public profondément fidèle.

Cette approche est également soutenue par la recherche en psychologie. Selon la *théorie de l'autodétermination* développée par Deci et Ryan, la motivation humaine repose sur l'autonomie, la compétence et le lien social. Les activités annexes, nées de motivations déconnectées ou purement extrinsèques, conduisent souvent à l'épuisement professionnel ou au désengagement. Mais lorsque les activités génératrices de revenus s'alignent sur des objectifs intrinsèques – tels que la créativité, la contribution ou la croissance – elles deviennent autonomes. Avoir un but n'est donc pas un luxe. C'est une nécessité structurelle pour un engagement et une cohérence à long terme.

De plus, l'idée d'un objectif unique ne signifie pas une expression unique. Au contraire, la diversité est encouragée, à condition qu'elle soit ancrée. Un objectif peut s'exprimer par le coaching, l'écriture, l'enseignement, la construction, le mentorat, l'animation ou l'innovation. L'important est que chaque volet soit perçu comme un membre d'un même corps, et non comme un appendice d'un organisme différent. C'est toute la différence entre être un freelance fragmenté et être un créateur motivé par une mission. L'un recherche le revenu, l'autre cultive *des voies d'impact* .

Pour entamer ce processus, il est utile d'articuler clairement votre objectif, non pas sous forme de slogan, mais de directive fonctionnelle. Quelle transformation êtes-vous censé faciliter? Qui servez-vous? Pourquoi est-ce important? Grâce à cette clarté, vous pouvez analyser vos sources de revenus existantes ou potentielles à travers le prisme de la résonance. Cette activité amplifie-t-elle mon message? Renforce-t-elle ma crédibilité? Me permet-elle d'agir avec intégrité? Si la réponse est oui, elle est candidate à l'inclusion. Sinon, mieux vaut la laisser de côté, même si elle est bien rémunérée à court terme.

Des études de cas continuent de confirmer ce modèle. Prenons l'histoire de Marcus, un chef passionné par les traditions culinaires ancestrales. Au lieu de lancer une entreprise de traiteur classique, il a commencé à proposer des dîners contés culturels, des cours en ligne sur la fermentation traditionnelle et a écrit un mémoire sur la signification spirituelle de la nourriture dans les communautés de la diaspora. Ses activités comprenaient des événements, des redevances, des produits dérivés et du conseil, mais toutes étaient liées par un fil conducteur: la reconquête de la nourriture ancestrale. L'effet fut puissant. Son entreprise a prospéré, sa réputation s'est consolidée et il a éprouvé une joie professionnelle qui transcendait le seul revenu.

Cet alignement crée également *une force de marque* . Sur un marché saturé, la cohérence devient un facteur de différenciation. Le public est attiré par ceux dont les offres semblent intentionnelles et interconnectées. Il vous fait davantage confiance. Il vous recommande davantage. Il est prêt à payer plus cher. À mesure que votre écosystème se développe, les opportunités deviennent synergétiques. Un podcast stimule les ventes de livres. Un atelier alimente une adhésion. Une conférence ouvre la voie à un contrat de conseil. Vous ne construisez plus de cloisons, vous construisez un *domaine* .

Des cadres pratiques peuvent soutenir ce processus. Cartographier visuellement votre écosystème de revenus, par exemple, vous permet d'identifier les connexions et les lacunes. Vous remarquerez peut-être que votre contenu est déconnecté de vos services ou que votre principale source de revenus manque d'évolutivité à long terme. À partir de là, vous pouvez affiner votre stratégie: affiner votre message, développer des produits complémentaires ou supprimer progressivement les revenus qui semblent extractifs. Avec le temps, votre situation financière commence à refléter votre clarté intérieure.

Il est néanmoins essentiel de reconnaître que la diversification axée sur un objectif n'est pas une voie rapide. Il s'agit d'un jardin stratégique, et non d'une culture commerciale. Les premières étapes peuvent nécessiter une croissance plus lente, une écoute plus approfondie et une plus grande intentionnalité qu'un modèle d'entreprise dispersée. Mais le rendement à long terme est non seulement plus durable, mais aussi plus satisfaisant. Vous ne gagnez pas seulement plus. Vous *devenez plus*: plus visible, plus ancré, plus souverain.

Et c'est précisément cette intégration qui transforme le sens de la liberté financière. Il ne s'agit pas seulement de gagner de l'argent de sources multiples. Il s'agit de s'exprimer pleinement par de multiples moyens. Il s'agit de créer une entreprise – ou une vie – qui ne nécessite pas de fragmenter son identité pour payer ses factures. Il s'agit de se réapproprier l'idée que le travail peut être une extension sacrée de soi, plutôt qu'un compromis sur ses besoins.

Au final, les multiples sources de revenus ne sont pas intrinsèquement libératrices. Sans intention, elles peuvent devenir une cage dorée. Mais lorsque ces sources proviennent d'une source unifiée – un objectif qui résonne profondément en vous – elles prennent une toute autre dimension. Elles forment un courant de cohérence, vous menant non seulement vers la richesse, mais aussi vers *la plénitude* . Et dans un monde qui nous demande souvent de choisir entre passion et pragmatisme, c'est peut-être la décision financière la plus radicale qui soit.

Le muscle de la réception d'argent: développer votre capacité à demander, recevoir et maintenir des revenus plus élevés

Malgré des décennies d'éducation financière et de conseils aux entrepreneurs, un sujet reste nettement sous-exploré dans le discours traditionnel: la capacité à *recevoir* de l'argent. Non seulement à le gagner, à le négocier ou à le budgétiser, mais à *le laisser entrer véritablement et durablement* . Pour beaucoup, en particulier ceux qui entretiennent des relations complexes avec l'estime de soi, la visibilité ou le contrôle, cet acte est loin d'être passif. Il exige compétence, conscience et un profond travail intérieur. Comme tout autre muscle, celui qui reçoit de l'argent doit être entraîné – consciemment et régulièrement – afin que, lorsque la richesse afflue, elle puisse être accueillie, conservée et multipliée sans effondrement énergétique.

L'idée selon laquelle nous possédons tous une « capacité » définie à percevoir un revenu n'est pas théorique: elle est observable dans nos comportements. Nous atteignons régulièrement des paliers de revenus qui ne résultent pas de limitations du marché ou de déficits de compétences, mais de points de consigne internes. Nous augmentons nos prix, puis nous surperformons. Nous recevons une manne financière et la dépensons inconsciemment. Nous vivons un lancement réussi et ressentons immédiatement un sentiment de culpabilité ou un syndrome de l'imposteur. Il ne s'agit pas d'échecs stratégiques, mais de symptômes d' *une inadéquation du système nerveux* . Lorsque ce que nous recevons dépasse ce que notre corps estime être sûr ou juste, le sabotage s'ensuit, non par malveillance, mais par régulation inconsciente.

Cette dynamique est bien documentée en psychologie du traumatisme et en études somatiques. Le corps recherche l'homéostasie – la familiarité – même lorsque cette familiarité implique la rareté. Une expansion financière qui ne s'accompagne pas d' *une augmentation des capacités* devient insoutenable. Tout comme un coureur doit entraîner ses poumons et son cœur à affronter de plus longues distances, un entrepreneur ou un professionnel doit entraîner son organisme à gérer plus d'argent, plus d'attention et plus d'opportunités sans se sentir dépassé. La capacité à recevoir n'est pas figée. Elle peut être développée. Et l'entraînement commence de l'intérieur.

Prenons l'exemple d'Eliza, coach bien-être qui gagnait entre 3 000 et 4 000 £ par mois depuis plusieurs années. Après avoir travaillé intensivement sur son marketing et son packaging, elle a lancé un programme de groupe qui lui a rapporté 18 000 £ en un seul mois, soit plus de quatre fois son record précédent. Ce qui a suivi n'a pas été une célébration, mais une paralysie. Eliza peinait à répondre aux e-mails, retardait la livraison des modules et commençait à remettre en question ses tarifs. Elle se disait que c'était de l'épuisement professionnel, mais sous cette fatigue se cachait la peur: « Et si je n'y parvenais pas? Et si on me démasquait? Et si je perdais tout? » Son corps avait interprété cette soudaine hausse de revenus comme une menace. Jusqu'à ce qu'elle s'investisse davantage pour réguler sa capacité à recevoir, la croissance lui semblait précaire.

Recevoir exige plus qu'un simple changement d'état d'esprit: cela exige une réorganisation des croyances, de l'identité et de l'expérience incarnée. Pour beaucoup, cela commence par désapprendre l'idée que recevoir est égoïste, cupide ou transactionnel. Surtout parmi ceux qui ont grandi dans des cultures qui glorifient le sacrifice de soi ou le travail émotionnel, l'idée de recevoir *sans* avoir à se justifier ou à le mériter sans cesse peut paraître presque hérétique. Pourtant, sans la capacité de recevoir, même les meilleures stratégies de revenus échoueront – ou pire, réussiront d'une manière qui engendrera des conflits internes.

Les exercices pour développer le muscle de la perception de l'argent sont ancrés à la fois dans la psychologie et la physiologie. Une pratique fondamentale consiste à développer *la tolérance à la vue*

. La visibilité est souvent le précurseur des revenus, qu'il s'agisse de lancer un produit, de négocier une augmentation ou de présenter son travail. Mais pour beaucoup, être vu est intrinsèquement inconfortable, surtout si cela était autrefois associé à la critique, à l'exclusion ou à la vulnérabilité. Le système nerveux interprète la visibilité comme une exposition. Le muscle de la perception doit donc inclure des exercices pour être vu et accepté. Cela peut être aussi simple que de se laisser célébrer sans détourner l'attention, d'accepter les compliments sans les minimiser, ou de partager ses réussites publiquement sans s'excuser. Ces petites pratiques habituent le corps à reconnaître sa valeur.

Une autre dimension essentielle est *la demande* . Nombreux sont ceux qui s'attendent inconsciemment à ce que l'argent vienne à eux, tout en craignant de devoir exprimer leur valeur. Qu'il s'agisse d'augmenter les honoraires, de réclamer un paiement en retard ou de renégocier un contrat, demander est chargé d'émotion. Il fait émerger des histoires de rejet, d'indignation ou de pénurie. Entraîner son potentiel à recevoir de l'argent signifie s'entraîner à demander, non seulement lorsque l'on est « prêt », mais comme un exercice d'expansion délibéré. Une méthode consiste à effectuer des micro-demandes: demander du soutien, des commentaires ou des ressources dans des environnements à faibles enjeux afin de se familiariser avec l'autre et de réduire les frais. Avec le temps, le seuil d'inconfort se déplace. La demande devient un acte de service, et non une intrusion.

Recevoir signifie aussi *conserver* . Gagner plus d'argent est une chose, le conserver, le répartir judicieusement et le faire fructifier sans crainte ni dissociation en est une autre. C'est là que des pratiques comme l'intimité financière et l'hygiène énergétique deviennent essentielles. Consultez-vous régulièrement vos comptes ou les évitez-vous? Êtes-vous calme ou tendu lorsque vous examinez vos revenus? Conserver son argent est une question de relation, pas seulement de conservation. Les personnes mal à l'aise avec la présence de l'argent le repoussent souvent inconsciemment, non par manque d'effort, mais par manque de *familiarité* . Tout comme entretenir une relation exige présence et attention, détenir un patrimoine l'exige.

L'histoire de Sofia illustre bien ce phénomène. Graphiste, confrontée à un afflux soudain de clients fortunés, elle a constaté que son compte en banque était plus élevé que jamais. Mais au lieu de se sentir en sécurité, elle se sentait anxieuse. Elle a réservé des vacances inutiles, acheté des articles coûteux dont elle n'avait pas vraiment envie, et en quelques mois, ses économies ont fondu. En thérapie, elle a découvert une croyance selon laquelle l'argent crée une distance – qu'en avoir plus la rendrait antipathique ou la couperait de ses amis. Après avoir décrypté cette histoire et redéfini l'argent comme un outil de connexion plus profonde, elle a pu maintenir et accroître ses revenus sans sabotage émotionnel.

Il est important de noter que tout cela n'est pas une question de cupidité ou d'accumulation pour soi. Développer sa capacité à recevoir est une question de *résilience* . Il s'agit de créer un espace intérieur propice à l'abondance afin de gérer la richesse de manière cohérente, généreuse et fondée. Lorsque vous pouvez recevoir sans culpabilité, demander sans honte et conserver sans crainte, vous devenez un canal, non seulement pour la prospérité personnelle, mais aussi pour l'impact collectif. Vos revenus deviennent le reflet de votre capacité à honorer votre valeur et à servir avec intégrité.

D'un point de vue sociétal plus large, développer la capacité collective à recevoir de l'argent est aussi une forme de guérison économique. De nombreux groupes historiquement marginalisés portent des traumatismes hérités liés à l'argent, que ce soit par la colonisation, la privation systémique des droits ou des récits culturels qui assimilent richesse et corruption. Pour ces groupes, recevoir n'est pas seulement personnel: c'est révolutionnaire. Cela nécessite de réécrire des générations de limitations intériorisées. Ainsi, le renforcement des capacités financières devient une forme de travail de libération.

Concrètement, développer ce muscle passe par des rituels d'affirmation, d'incarnation et de réflexion. Des pratiques simples mais constantes – comme suivre ses revenus avec gratitude, dépenser intentionnellement ou visualiser l'acte énergétique de recevoir – peuvent modifier les bases neuronales et émotionnelles. Avec le temps, ce qui semblait étranger devient familier. Ce qui semblait autrefois insécurisant devient plus facile. Le corps rattrape l'ambition de l'âme.

En fin de compte, la capacité à percevoir l'argent n'est pas une question de performance. C'est une question de *permission* . Permission de se sentir méritant. Permission de s'épanouir. Permission d'être perçu dans sa plénitude et de voir cette plénitude récompensée. Le revenu n'est alors plus un combat. C'est un flux, un flux que vous êtes structurellement, émotionnellement et spirituellement prêt à soutenir. Et de cette disponibilité émergent de nouvelles possibilités, non pas parce que vous avez travaillé plus dur, mais parce que vous avez appris à les *laisser entrer* .

Travail de l'ombre pour l'expansion de la richesse: transformer l'envie, la culpabilité et la supériorité en maturité financière

Si de nombreux cadres de création de richesse se concentrent sur l'état d'esprit, la stratégie et l'acquisition de compétences, rares sont ceux qui explorent les forces psychologiques souterraines qui façonnent, limitent ou sabotent discrètement notre potentiel financier. Le travail de l'ombre – le processus de confrontation avec les aspects refoulés, reniés ou inconscients de soi – est l'un des outils les plus puissants, mais pourtant négligé, pour accroître sa richesse. Non pas parce qu'il nous apprend à gagner ou à investir, mais parce qu'il nous libère des contrats émotionnels cachés et des distorsions identitaires qui limitent discrètement ce que nous nous autorisons à recevoir et à maintenir. L'envie, la culpabilité et la supériorité ne sont pas seulement des défauts moraux ou des traits de personnalité ; ce sont des blocages énergétiques qui façonnent notre rapport au revenu, au succès et à la visibilité. Non examinés, ils forment un plafond de verre. Pris en conscience, ils deviennent la matière première de la transformation.

Pour comprendre l'importance du travail de l'ombre pour la croissance financière, il faut d'abord clarifier ce que l'on entend par « l'ombre ». Popularisée par Carl Jung, l'ombre représente les parties de nous-mêmes que nous renions parce qu'elles ne correspondent pas à l'image que nous avons de nous-mêmes ou à celle que nous souhaitons projeter aux autres. Il peut s'agir de traits indésirables – rage, arrogance, cupidité – mais aussi de traits positifs qui menacent le sentiment d'appartenance ou la sécurité perçue, comme l'ambition, le pouvoir ou la confiance. Réprimés, ces traits ne disparaissent pas. Au contraire, ils se projettent vers l'extérieur ou s'expriment de manière marginale, déformant nos relations, nos décisions et notre image de soi. Dans le contexte financier, les traits de l'ombre se manifestent souvent par l'auto-sabotage, le jugement des autres, les dépenses émotionnelles ou le sous-gain chronique.

L'envie est l'un des signaux les plus clairs de la nécessité d'un travail sur l'ombre. Dans une culture qui culpabilise cette émotion, nous la rejetons souvent ou l'intellectualisons. Pourtant, l'envie recèle une intelligence profonde. Elle révèle un fossé entre qui nous sommes et qui nous croyons avoir le droit d'être. Si vous enviez la richesse, la visibilité ou le style de vie de quelqu'un, ce n'est pas nécessairement par superficialité ou par cupidité. C'est parce qu'une partie de vous-même reconnaît un désir refoulé, enfoui sous la honte, le conditionnement ou des récits protecteurs. L'envie dit: « Ça pourrait être moi, mais je n'ai pas le droit de le vouloir. » Le travail sur l'ombre nous invite à accueillir cette envie, non pas comme un défaut à purger, mais comme une porte d'entrée vers l'intégration. Lorsque nous pouvons admettre: « Je veux ça aussi », nous commençons à réduire la distance entre nous et l'abondance que nous projetons sur les autres.

Ana, une praticienne holistique, a peiné à augmenter ses tarifs malgré une liste d'attente débordante. Elle s'est mise à éprouver du ressentiment envers ses pairs qui facturaient plus cher et se vendaient avec assurance. Au début, elle a écarté ces sentiments, les considérant comme la preuve d'une « plus terre à terre » ou d'une « moins commerciale ». Mais après réflexion, Ana a reconnu que son dédain masquait de l'envie, et que sous cette envie se cachait un désir reniée d'aisance financière et de reconnaissance. Elle avait intériorisé la conviction qu'être spirituel impliquait de rejeter le confort matériel. En mettant ce conflit en lumière, Ana a pu renégocier son rapport à l'argent. Elle a restructuré ses offres, doublé ses revenus en six mois et, surtout, s'est sentie *authentique* en le faisant. Son succès n'était pas une trahison de ses valeurs, mais un développement de celles-ci.

La culpabilité est une autre ombre courante qui érode discrètement la souveraineté financière. Nombreux sont ceux qui se sentent coupables de gagner « trop », surtout s'ils sont issus de milieux modestes, exercent des professions d'aide ou ont intériorisé des récits qui assimilent richesse et préjudice. La culpabilité peut également naître du fait de survivre ou de prospérer alors que nos proches sont en difficulté. Souvent inconsciente, elle se manifeste dans des schémas comportementaux: sous-facturation, surperformance, sabotage des gains inattendus ou distribution d'argent sans discernement. La culpabilité se traduit par: « Si j'ai plus, quelqu'un d'autre aura moins. » Elle reflète une perception de la valeur à somme nulle, ancrée dans la rareté et souvent renforcée par des dynamiques familiales précoces ou des croyances culturelles.

Travailler sur la culpabilité exige à la fois un recadrage intellectuel et un traitement émotionnel. Intellectuellement, nous devons comprendre que la richesse n'est pas limitée et que notre expansion financière peut être génératrice plutôt qu'extractive. Émotionnellement, nous devons gérer le chagrin et la peur qui accompagnent souvent la séparation d'anciennes identités ou de systèmes d'appartenance. Cela peut impliquer de faire le deuil de la simplicité, d'une lutte commune ou des récits qui nous protégeaient autrefois. La culpabilité ne peut être transcendée par la seule logique. Elle doit être *ressentie* , métabolisée et libérée. Ce n'est qu'alors que nous pourrons gagner et recevoir avec intégrité, plutôt que de nous excuser.

La supériorité, bien que moins évoquée, peut être tout aussi limitante. Elle se cache souvent derrière l'humilité ou le détachement, surtout dans les milieux intellectuels, universitaires ou créatifs où la réussite financière est perçue avec suspicion. La supériorité dit: « Je suis au-dessus de tout ça » ou « Je n'ai pas besoin de grand-chose ». Elle peut paraître vertueuse, mais elle masque souvent la peur: la peur d'être jugé, d'être corrompu ou de devoir affronter son propre pouvoir. La supériorité crée une fausse hiérarchie morale, où être fauché ou modeste est assimilé à être bon, et être riche à être compromis. Ce système de croyances est non seulement inexact, mais corrosif. Il nous divise intérieurement et extérieurement, renforçant la honte liée à la visibilité, au désir et au leadership.

Le travail de l'ombre consiste ici à se réapproprier les parts de nous-mêmes que nous avons enfouies au nom de la vertu. Pouvons-nous accepter notre désir d'influence, de confort ou de reconnaissance sans sombrer dans l'ego ou la défensive? Pouvons-nous respecter la richesse sans l'idolâtrer ou la diaboliser? En intégrant l'ombre de la supériorité, nous développons *l'humilité financière* – la capacité de grandir sans grandiloquence, de réussir sans avoir besoin de dominer ou de se cacher. Cela ouvre la voie à une forme de richesse plus mature et relationnelle, fondée, responsable et transparente.

Une façon pratique d'entamer ce processus d'intégration de l'ombre est de recourir à la réflexion induite. Lorsque vous ressentez de l'inconfort, du jugement ou du ressentiment face au succès d'autrui, prenez le temps de vous poser la question: quelle part de moi-même est reflétée? Quel désir ou quelle peur est exposé? Quelle croyance ai-je à propos de l'argent, du pouvoir ou de la valeur? Ensuite, remontez à la source de cette croyance. Est-elle la vôtre? Ou a-t-elle été héritée, conditionnée ou adoptée pour survivre? Ce type d'interrogation n'est pas toujours confortable, mais il est profondément libérateur. Il déplace le centre de contrôle des circonstances extérieures vers la clarté intérieure.

Une autre méthode est le dialogue expressif avec l'ombre – une technique de journal intime qui permet à la part de soi reniée de s'exprimer librement. Laissez l'envie, la culpabilité ou la supériorité s'exprimer. Que désire-t-elle? De quoi a-t-elle peur? De quoi vous protège-t-elle? En permettant à ces parties de s'exprimer sans censure, nous libérons leur emprise. Nous les humanisons. Et ce faisant, nous récupérons l'énergie qu'elles retenaient en otage.

En fin de compte, le travail de l'ombre pour l'expansion de la richesse ne consiste pas à chasser l'obscurité. Il s'agit *d'apporter la lumière* – celle de la conscience, de la compassion et de l'intégration. Il s'agit de reconnaître que nos limites ne sont pas seulement techniques ou circonstancielles ; ce sont souvent des contrats psychiques que nous avons passés avec notre passé. En renégociant ces contrats, nous débloquons non seulement plus de revenus, mais aussi plus de cohérence. Nous cessons de gaspiller notre énergie dans l'évitement, la projection ou la performance. Nous devenons entiers.

Dans une société obsédée par l'apparence, où la réussite financière se mesure à l'étalage public, le travail de l'ombre offre une voie plus sereine et plus profonde. Il nous invite à rencontrer les parts de nous-mêmes que nous avons cachées et à comprendre que notre relation à l'argent ne se résume pas à l'argent. Il s'agit d' *auto-permission* , *de vérité* et *de maturité émotionnelle* . À partir de là, la richesse n'est plus un masque ni une arme, mais une expression naturelle de ce que nous devenons.

Lorsque l'envie se fait clarté, la culpabilité discernement et la supériorité humilité, la voie de l'expansion financière n'est plus bloquée. Elle s'ouvre, non par la force, mais par *l'intégration* . Et dans cette ouverture, nous découvrons non seulement plus d'argent, mais aussi plus de nous-mêmes.

Exercice interactif: l'histoire de vos origines financières

Chaque décision financière que vous prenez aujourd'hui est, en partie, le reflet d'une histoire que vous avez commencé à écrire bien avant de savoir que vous en étiez l'auteur. Cette histoire – celle de vos origines financières – ne se résume pas à des chiffres, des comptes ou des transactions. C'est un récit psychologique complexe, façonné par des expériences précoces, des croyances héritées, une programmation culturelle et des empreintes émotionnelles. Il régit vos attitudes envers le fait de gagner, d'épargner, de dépenser, de donner et de recevoir. Et tant que vous ne l'aurez pas exhumée, examinée et révisée consciemment, elle restera le scénario incontesté de votre vie financière.

L'idée d'une histoire d'origine financière s'inspire de la thérapie narrative et de la psychologie des profondeurs, selon lesquelles les histoires que nous nous racontons inconsciemment deviennent des prophéties autoréalisatrices. Ces récits façonnent notre identité, influencent nos choix et déterminent nos convictions. Dans le monde de l'argent, cela peut faire la différence entre un manque chronique de revenus et une accumulation de richesses assurée ; entre un sabotage inconscient et une gestion intentionnelle.

Ce sous-chapitre vous invite à un processus guidé de réflexion financière approfondie. Non pas pour juger le passé, mais pour le comprendre. Non pas pour glorifier les traumatismes ou les difficultés, mais pour reprendre le contrôle. Et non pas pour contourner la complexité de votre évolution financière, mais pour l'explorer avec précision, curiosité et compassion.

Pour commencer, il est essentiel de reconnaître que vos convictions financières ne sont pas nées à l'âge adulte. Elles ont été assimilées durant vos années les plus formatrices, bien avant votre premier salaire. C'est durant l'enfance que votre plan financier se construit. Non pas par des leçons explicites, mais par l'observation, l'atmosphère émotionnelle et des réponses structurées. Peut-être vos parents se disputaient-ils à voix basse à propos d'argent, derrière des portes closes. Ou peut-être parliez-vous constamment d'argent, mais toujours avec stress, urgence ou honte. Peut-être l'abondance était-elle présente, mais pas l'amour ; la richesse était-elle alors associée à la froideur ou à la distance. À l'inverse, peut-être votre famille a-t-elle connu des difficultés, mais a-t-elle offert chaleur et connexion, associant la rareté à la sécurité et à l'intimité émotionnelle.

Un client, Malcolm, a raconté comment son père, comptable de profession, parlait rarement d'argent et dégageait pourtant une certaine anxiété dès l'arrivée des factures. Malcolm, bien que diplômé et compétent, a résisté à la réussite financière jusqu'à la trentaine. Malgré de multiples offres d'emploi mieux rémunérées, il a opté pour des postes à responsabilités minimales et aux salaires modestes. Grâce à la tenue d'un journal intime et à un dialogue thérapeutique, il a découvert une conviction profonde: plus d'argent signifiait plus de pression, et cette pression signifiait devenir émotionnellement indisponible, comme son père. Une fois ce lien pris conscience, Malcolm a pu dissocier revenu et stress et accepter progressivement des rôles en adéquation avec ses talents et ses valeurs.

C'est là le pouvoir de l'histoire des origines financières. Elle révèle comment votre présent est souvent un hommage inconscient à votre passé. En prenant conscience de ces schémas, vous créez l'espace nécessaire pour choisir différemment. Non pas en rejetant vos origines, mais en modernisant votre système d'exploitation.

Dans ce contexte, tenir un journal devient plus qu'une simple expression personnelle: c'est une méthode d'exploration de la mémoire et de transformation des croyances. Ce processus implique d'identifier les scènes, les personnages et les messages clés de votre enfance qui ont façonné votre vision de l'argent. Ces souvenirs peuvent inclure la promotion d'un parent, la perte d'une maison, le commentaire d'un enseignant sur votre situation financière ou la façon dont vos pairs plus aisés étaient traités. Chaque vignette contient des données émotionnelles. Non seulement ce qui s'est passé, mais aussi ce que vous avez ressenti. En sécurité? Honteux? Envieux? Invisible? Ces émotions ne sont pas anodines: elles sont le ciment qui lie les croyances au comportement.

Prenons le cas de Lianne, une artiste visuelle qui peinait à monétiser son travail. Son art était célébré, mais elle avait l'habitude de le donner ou de le vendre à des prix inférieurs à ceux du marché. À travers le processus de création de son histoire, elle a revisité un souvenir d'enfance où sa mère lui disait que « l'art est un don au monde, pas quelque chose qu'on lui fait payer ». Ce sentiment bienveillant s'était ancré dans la psyché de Lianne comme une directive: monétiser son art reviendrait à trahir sa pureté. Une fois cette conviction révélée, elle a pu l'examiner d'un œil critique et la recadrer. Elle s'est forgé un nouveau mantra: « Mon art est un don, et les dons méritent d'être reçus avec valeur. » En six mois, elle a lancé une boutique en ligne rentable, tout en préservant l'intégrité de son œuvre créative.

Il est important de noter que votre histoire d'origine ne se résume pas à ce que vous avez intériorisé. Elle concerne aussi ce que vous *avez rejeté* . Certaines personnes construisent leur identité financière comme une rébellion, faisant sciemment le contraire de ce dont elles ont été témoins. Si vos parents accumulaient de l'argent, vous pourriez dépenser excessivement pour prouver votre générosité. Si votre richesse était affichée de manière superficielle, vous pourriez sous-gagner pour maintenir votre supériorité morale. Si la rébellion peut sembler valorisante, elle vous enchaîne néanmoins à l'histoire même que vous essayez d'échapper. La véritable souveraineté ne vient pas de l'opposition, mais de l'intégration: du choix de ce que l'on garde, de ce que l'on jette et de ce que l'on réécrit.

Cet exercice vous invite également à examiner les personnages qui ont jalonné votre jeunesse financière. Qui a modelé la richesse? Qui a modelé le manque? Qui a parlé ouvertement et qui a complètement évité le sujet? Quelles leçons ont été enseignées explicitement et quels messages ont été assimilés implicitement, par le ton, l'absence ou la contradiction? En nommant ces figures et leur influence, vous commencez à comprendre la lignée ancestrale et culturelle qui façonne vos comportements financiers actuels. Cet exercice est particulièrement puissant pour les personnes issues de communautés marginalisées, où les traumatismes économiques et les stratégies de survie générationnelles sont souvent transmis sans réflexion ni réparation. Nommer ces schémas hérités est la première étape pour les briser.

Une fois la matière première de votre histoire originelle explorée, l'étape suivante est la réécriture. Il s'agit de créer un nouveau récit, un récit qui honore votre passé sans être dicté par lui. Au lieu de dire « Je suis nul avec l'argent », vous pourriez écrire: « On ne m'a jamais appris les compétences financières, mais j'apprends maintenant. » Au lieu de dire « Les gens comme moi ne s'enrichissent pas », vous pourriez déclarer: « Ma fortune sert un but plus noble et je peux m'enrichir en toute sécurité. » Il ne s'agit pas d'une positivité illusoire. Il s'agit d'une question de souveraineté narrative. Vous n'êtes plus le récepteur passif d'un scénario: vous êtes l'auteur, le monteur et le réalisateur de votre vie financière.

Réécrire votre histoire d'origine, c'est aussi reconnaître votre évolution. Quelles croyances avez-vous déjà remises en question? Quelles preuves avez-vous maintenant qui contredisent l'ancien scénario? Ces validations sont importantes. Elles créent un lest émotionnel pour votre nouvelle trajectoire. Si vous pensiez autrefois ne pas pouvoir augmenter vos taux, mais que vous l'avez fait, notez-le. Si vous craigniez d'investir et que vous détenez désormais un portefeuille, conservez-le. La transformation n'est pas toujours spectaculaire. Il s'agit souvent d'une accumulation silencieuse de petites rébellions contre de vieilles histoires.

Pour soutenir ce processus, vous pouvez créer un rituel autour de votre journal. Allumez une bougie. Écoutez de la musique qui vous apaise. Réservez-vous du temps libre. Considérez cet exercice non pas comme une tâche, mais comme une conversation avec vous-même, votre lignée et votre avenir. Vous pouvez commencer par des suggestions telles que :

Quel est mon premier souvenir lié à l'argent?

Qu'ai-je appris sur les gens qui avaient plus que nous? Moins?

Quelles règles tacites concernant l'argent ma famille respectait-elle?

Quel rôle ai-je assumé financièrement – en tant qu'enfant, adolescent, adulte?

Comment ces premières expériences influencent-elles encore mes décisions financières aujourd'hui?

À la fin de l'exercice, votre histoire d'origine ne sera plus un mystère. Ce sera une carte, un document vivant qui vous aidera à naviguer d'où vous venez et où vous pouvez aller. Plus encore, elle deviendra un portail pour reprendre votre pouvoir. Car lorsque vous pouvez nommer votre histoire, elle ne vous appartient plus.

En fin de compte, comprendre l'histoire de vos origines financières ne consiste pas à réparer ce qui est brisé. Il s'agit de mettre en lumière ce qui a été caché. Il s'agit de reconnaître que chaque peur, résistance ou angle mort a une origine – et donc une opportunité de résolution. En déterrant, en réfléchissant et en réorganisant votre argent, vous le transformez, passant d'une source de confusion ou de contrainte à un miroir de votre évolution personnelle. Ce faisant, vous ne modifiez pas seulement vos revenus. Vous modifiez la conscience avec laquelle vous créez, recevez et gérez votre patrimoine. Et c'est là, plus que n'importe quel chiffre sur un compte bancaire, la véritable mesure de la prospérité.

Chapitre 8
Surmonter les revers et rester dans le flux

La croissance financière est souvent décrite comme une ascension facile et ordonnée, un escalier stable et prévisible. Mais quiconque a réellement parcouru ce chemin sait qu'il se déroule rarement aussi facilement. Le plus souvent, il ressemble à une spirale: des boucles en arrière, des esquives, des pauses, parfois des creux avant de remonter. Ces obstacles – les revers – ne sont pas de simples détours ; ce sont des catalyseurs, révélant ce que la navigation sans heurts n'a jamais pu faire. Ils révèlent des croyances cachées, révèlent des faiblesses structurelles et nous offrent la possibilité de reconstruire avec un alignement plus profond. Ce chapitre explore ce que signifie réellement rester dans le flux lorsque le courant se retourne contre nous de manière inattendue.

Les revers sont inévitables. Qu'ils soient causés par des récessions économiques, des pertes d'emplois, des faillites d'entreprises, des crises sanitaires soudaines ou des bouleversements boursiers, chacun est confronté à des moments où ses finances externes vacillent malgré une vision intérieure claire. La question n'est pas de savoir si des difficultés surgiront, mais comment les interpréter et y répondre. Les conseils financiers traditionnels ont tendance à se concentrer sur les fonds d'urgence et les plans de secours, abordant rarement le terrain psychologique ou spirituel que les perturbations perturbent. Pourtant, c'est précisément dans ce domaine intérieur que réside la différence: si un revers devient une source de honte ou un tremplin vers une force nouvelle.

Les difficultés financières agissent souvent comme un miroir, reflétant non seulement notre préparation pratique, mais aussi nos croyances en matière de valeur, de résilience et d'estime de soi. Lorsque les revenus s'assèchent ou diminuent, la réaction n'est pas toujours la simple peur: elle est souvent enveloppée d'un sentiment d'échec. L'identité, la sécurité et l'adéquation commencent à vaciller. Cette réaction n'est guère irrationnelle ; dans les sociétés où l'argent est synonyme de réussite, la perte de revenus peut sembler indissociable de la perte de statut, de sécurité, voire d'identité. Mais ces moments de contraction invitent aussi à un changement radical de perspective, nous obligeant à considérer la prospérité non pas comme un état fixe, mais comme un rythme fluide.

L'idée de prospérité par l'incertitude introduit un état d'esprit détaché de toute stabilité extérieure. La véritable prospérité, suggère-t-elle, se mesure à la capacité d'une personne à s'adapter, à se réajuster et à rester fidèle à son objectif, même lorsque les chiffres chutent ou que les circonstances sont chaotiques. Les neurosciences corroborent cette hypothèse: la flexibilité de pensée est corrélée à une créativité et une régulation émotionnelle accrues. Ceux qui s'épanouissent malgré les difficultés partagent souvent un trait commun: non pas nécessairement de plus grandes ressources, mais une plus grande ingéniosité.

Prenons l'exemple de Dev, un responsable marketing licencié suite à une restructuration majeure de son entreprise. Au départ, il était dévasté, sombrant dans le doute et interprétant ce licenciement comme la preuve que sa réussite n'était que circonstancielle. Pourtant, grâce à la réflexion thérapeutique et à des pratiques de pleine conscience, Dev a commencé à déconstruire cette croyance. Il a repensé ce licenciement, non pas comme un échec personnel, mais comme une invitation forcée à se tourner vers un sens plus profond. En moins d'un an, il a lancé un cabinet de conseil spécialisé dans le branding éthique – gagnant moins au départ, mais gagnant beaucoup plus d'alignement et d'autonomie. Sa prospérité n'avait pas disparu ; elle s'était simplement transformée. Ce revers ne l'a pas arrêté. Il l'a réorienté.

Ceci nous amène à l'essence même de la Spirale. Un progrès authentique et durable suit rarement une ligne droite. Les revers ne sont pas des régressions, mais des moments propices à l'intégration. Chaque retour à un défi familier se fait d'un point de vue plus élevé. Il ne s'agit pas de tourner en rond, mais de s'élever en spirale, même lorsqu'on a l'impression de revenir sur ses pas. Cette perspective démantèle le mythe toxique de l'élan constant vers l'avant et invite à une compréhension plus douce et cyclique de l'évolution financière.

Au-delà de la métaphore, les neurosciences de la transformation permettent de comprendre pourquoi la rupture précède souvent la percée. La plasticité cérébrale – sa capacité à forger de nouvelles connexions neuronales – est à son apogée en période d'incertitude et de perturbations. Lorsque les schémas routiniers sont rompus, le cerveau s'ouvre davantage à de nouvelles idées et associations. Ainsi, les bouleversements majeurs de la vie suscitent souvent des prises de conscience profondes ou des changements radicaux. Les difficultés financières ne sont pas seulement gênantes ; elles constituent un terreau fertile pour redéfinir les croyances, les habitudes et l'identité.

Cette fusion entre intuition spirituelle et validation scientifique se reflète dans l'idée que le Détour est le Destin. Ce qui apparaît comme un retard ou un déraillement peut, avec le recul, s'avérer être la rupture nécessaire pour amorcer une transformation tant attendue. Il ne s'agit pas de romancer les difficultés ni de s'y soumettre passivement. Il s'agit plutôt d'une invitation à les affronter consciemment, à se demander non seulement « Comment puis-je y remédier? », mais aussi « Qu'est-ce que cela me révèle? » Ainsi, nous retrouvons notre auteur, même en période d'instabilité.

Des outils pratiques soutiennent ce changement philosophique. La boîte à outils Flow Recovery, présentée ici, propose des pratiques concrètes conçues pour aider les individus à se recentrer pendant et après une crise financière. Parmi celles-ci, on trouve des réinitialisations du système nerveux, des exercices de concentration basés sur la gratitude et des techniques de micro-alignement visant à restaurer un sentiment d'autonomie. Prenons par exemple la « réinitialisation en 5 secondes », une méthode d'ancrage somatique qui éloigne le système nerveux de la réaction de combat ou de fuite, ou le « mini-audit de gratitude », qui fait passer en douceur l'esprit de la pénurie à la suffisance. Ces outils ne contournent pas les difficultés ; ils créent la stabilité intérieure nécessaire pour les surmonter avec clarté.

L'histoire d'Aisha, une restauratrice qui a perdu son entreprise en pleine crise sanitaire mondiale, illustre parfaitement ces principes. Accablée par l'effondrement de ce qu'elle avait laborieusement construit pendant une décennie, elle a d'abord sombré dans le chagrin et la paralysie. Pourtant, au lieu de se précipiter pour reconstruire ou de forcer un tournant, elle s'est autorisée une pause. Durant cette période liminaire, elle s'est mise à écrire, digérant les conséquences émotionnelles et psychologiques de cette perte. Ces notes de journal ont donné naissance à un projet de livre, qui a été publié. Aujourd'hui, Aisha travaille comme conférencière et coach pour des entrepreneurs du secteur alimentaire, alliant son expertise à sa nouvelle voix. Elle n'a pas retracé son ancien chemin ; elle en a tracé un nouveau, plus riche, plus cohérent, né des cendres de la perte.

Son parcours incarne la « courbe du retour » – un concept qui redéfinit la reprise non pas comme un retour à la normale, mais comme une sortie de crise avec une intégration et une compréhension plus profondes. Ce concept rejette le mythe du « rebond » de la culture de la productivité, valorisant plutôt la nature lente, progressive et multidimensionnelle d'un véritable retour. La reconstruction ne se résume pas à des mesures externes – revenus, actifs, croissance – mais à une harmonisation, une clarté et une préparation internes.

En fin de compte, ce chapitre invite à une relation plus mature avec le flow, une relation qui considère la contraction, le retard et le recalibrage comme des rythmes essentiels du cycle créatif. Le flow n'est pas un état d'esprit auquel on s'accroche désespérément ; c'est une cadence dynamique à observer, à laquelle il faut s'engager et à laquelle il faut se fier. Lorsque nous l'acceptons, les échecs cessent d'être perçus comme des menaces. Ils deviennent des enseignements. Nous cultivons une identité souple, non fragile ; réactive, non réactive ; façonnée non par des événements extérieurs, mais par une cohérence intérieure.

La résilience financière est donc moins une question de préparation qu'une question de perspective. Lorsque nous apprenons à affronter l'incertitude avec perspicacité et les perturbations avec profondeur, nous ne nous contentons pas de rester dans le flux, nous le devenons. De ce point de vue, les revers cessent de nous définir. Au contraire, ils nous affinent, forgeant une richesse aussi mentale et émotionnelle que matérielle. Et cette richesse, une fois acquise, ne se perd jamais vraiment.

Prospérité malgré l'incertitude: changements de mentalité et outils pour rester autonome pendant les perturbations financières

La véritable prospérité est souvent imaginée comme une destination – un point stable marqué par la prévisibilité, la sécurité et l'abondance. Pourtant, la réalité vécue de la croissance financière est bien plus volatile. Les bouleversements économiques, les pertes d'emploi, les contractions d'activité et les urgences personnelles bouleversent régulièrement les plans les plus soigneusement élaborés. Dans ces moments-là, les conseils financiers conventionnels ont tendance à se concentrer sur la gestion des dégâts: réduire les dépenses, liquider les actifs, chercher un emploi. Si ces mesures peuvent être nécessaires, elles ne suffisent guère à apaiser la désorientation interne, la peur et la perte d'autonomie qui accompagnent souvent les perturbations financières. Cultiver la prospérité malgré l'incertitude exige plus qu'une stratégie ; cela exige un changement radical de mentalité et le développement d'outils qui prennent en compte les dimensions psychologiques, émotionnelles et énergétiques de l'instabilité.

L'incertitude, notamment financière, déclenche souvent une réaction primaire. Le système nerveux humain, sensible aux menaces pesant sur la survie, peut rapidement adopter des réactions de combat, de fuite, de paralysie ou de flagornerie lorsque les revenus sont menacés. Il ne s'agit pas d'un manque de discipline ou de résilience, mais d'un problème biologique. Mais le danger ne réside pas dans la réaction de stress elle-même, mais dans la durée pendant laquelle nous y restons et dans la façon dont nous la laissons dicter nos décisions. Les neurosciences nous apprennent que le stress chronique diminue notre capacité à accéder au cortex préfrontal, siège de la pensée rationnelle, de la créativité et de la planification à long terme. Lorsque notre cerveau de survie prend le dessus, nous pouvons faire des choix réactifs: nous accrocher à ce qui nous est familier, rejeter le soutien ou intérioriser la honte. Ces réactions perpétuent la pénurie que nous craignons.

La prospérité malgré l'incertitude commence par dissocier l'abondance des circonstances. Il ne s'agit pas de nier la réalité matérielle de la perte d'emploi ou de la contraction économique, mais de créer un fondement intérieur qui demeure intact même lorsque les conditions extérieures évoluent. Fondamentalement, cet état d'esprit nous invite à redéfinir la prospérité comme *une capacité*: notre aptitude à nous adapter, à nous connecter et à réinventer, et non pas seulement à accumuler. Il remet en question l'idée selon laquelle la richesse se résume à ce que nous avons et la repositionne comme notre façon d'appréhender le changement.

Prenons l'exemple de Jordan, un cadre intermédiaire licencié lors d'une fusion d'entreprise. Sa première réaction a été la panique et l'autocritique. Malgré des évaluations de performance élogieuses, Jordan a interprété ce licenciement comme un signe d'inadéquation personnelle. Mais après une réflexion structurée et des pratiques d'ancrage somatique, il a perçu la situation non pas comme un verdict sur sa valeur, mais comme un changement structurel sans rapport avec sa propre valeur. Ce recadrage lui a permis d'aborder les prochaines étapes non pas par désespoir, mais avec discernement. Il a identifié des intérêts latents pour le secteur du développement durable, s'est perfectionné grâce à une courte formation en ligne et, en cinq mois, il était consultant pour une start-up de technologies vertes, avec un salaire plus élevé qu'auparavant. Ce changement n'était pas seulement logistique, il était *ontologique* . Jordan n'a pas seulement trouvé un emploi. Il a redéfini son identité économique.

Ce type de retournement de situation ne se produit pas par hasard. Il requiert des disciplines mentales spécifiques, dont la première est *la souveraineté émotionnelle* . En période d'instabilité financière, il est facile de se laisser emporter par des récits extérieurs: panique des marchés, comparaison avec ses pairs ou peurs héritées. La souveraineté émotionnelle signifie rester ancré dans sa propre boussole intérieure, même dans le bruit. Cela signifie ressentir sa peur, sans lui déléguer sa prise de décision. Des pratiques telles que la respiration, l'analyse corporelle et la journalisation réflexive ne sont pas un luxe: ce sont des technologies essentielles pour restaurer l'action psychologique. Elles nous permettent d'observer nos réactions plutôt que de nous laisser gouverner par elles.

Une autre redéfinition essentielle consiste à appréhender les revers non pas comme des régressions, mais comme des réajustements.

Ce changement s'inspire à la fois des traditions spirituelles et de la théorie des systèmes. Dans de nombreuses visions du monde autochtones et cycliques, l'effondrement précède la renaissance. Dans la pensée systémique, le chaos est souvent le précurseur d'une réorganisation. Ce qui ressemble à un effondrement peut en réalité être l'abandon de ce qui n'est plus aligné, libérant ainsi l'espace nécessaire à l'innovation. Il ne s'agit pas d'un appel à la passivité, mais à la présence. En considérant les perturbations financières sous cet angle, vous êtes plus susceptible de poser des questions globales: « Qu'est-ce que ce moment m'exige? Qu'est-ce qui veut émerger? » plutôt que des questions réductrices du type: « Qu'est-ce qui a mal tourné? »

La pandémie de COVID-19 offre un terrain fertile à de telles réflexions. Durant cette période d'instabilité économique généralisée, d'innombrables personnes ont été contraintes de changer de cap. Certaines ont subi des pertes incommensurables. D'autres ont découvert des talents en sommeil, retrouvé un sens à leur vie ou restructuré leur vie professionnelle pour mieux s'adapter. Amina, organisatrice d'événements basée à Londres, a ainsi perdu la quasi-totalité de ses revenus durant les premiers mois du confinement. Après une période initiale de désespoir, elle a commencé à organiser des retraites virtuelles de pleine conscience, une passion qu'elle avait longtemps mise de côté. En un an, elle a bâti une communauté en ligne florissante et diversifié ses revenus grâce à des formations et des partenariats numériques. Ce changement n'a pas été linéaire, mais il a été transformateur. Son nouveau modèle lui a non seulement permis de générer des revenus, mais il a aussi reflété ses valeurs.

Ce type de résilience n'est pas inné ; il se cultive. Une pratique qui favorise ce développement est *le zoom contextuel* , un outil de réflexion qui invite à alterner entre perspectives micro et macro. Dans la vision micro, on aborde les aspects pratiques immédiats: quelles dépenses peuvent être renégociées? À quel soutien puis-je accéder? Dans la vision macro, on se demande: quelle est la signification de ce moment dans le cadre plus large de ma vie? Comment pourrait-il contribuer à mon alignement à long terme? Cette oscillation vous maintient ancré tout en évitant une vision étroite. C'est à la fois stratégique et profond.

Une autre pratique essentielle est *la transparence financière envers soi-même* . Dans l'incertitude, la tentation est souvent grande d'éviter les relevés bancaires, les factures en souffrance ou les appels non retournés. Mais l'évitement engendre l'anxiété. La transparence, en revanche, apporte de la clarté. Créer une simple « feuille de clarification d'urgence » – un résumé d'une page de vos revenus, de vos dettes et de vos dépenses essentielles – peut restaurer un sentiment d'autonomie. Associée à une pratique quotidienne de bilans émotionnels, elle permet de garantir que vos décisions financières ne sont pas motivées par la dissociation, mais par une conscience profonde.

La capacité à recevoir est tout aussi importante. Les difficultés financières appellent souvent du soutien – sous forme d'indemnités de départ, d'allocations chômage, d'entraide ou de solidarité. Mais beaucoup peinent à accepter de l'aide en raison d'une honte intériorisée ou d'une hyper-indépendance. Pourtant, le refus de recevoir n'est pas une force, mais une pénurie déguisée en stoïcisme. La véritable prospérité exige l'humilité nécessaire lorsque c'est nécessaire. Elle exige aussi la volonté de donner avec excès lorsque les rôles s'inversent. Cette réciprocité est à la base des économies résilientes, surtout en période d'instabilité.

Enfin, il faut aborder le rôle du sens. Sans but ni cohérence, l'incertitude financière peut être déstabilisante sur le plan existentiel. Mais lorsque la perturbation est placée dans un contexte de sens – croissance, recalibrage, contribution – elle devient non seulement tolérable, mais transformatrice. Viktor Frankl, neurologue autrichien et survivant de l'Holocauste, a soutenu que le sens est le principal moteur de la résilience. Lorsqu'on a un « pourquoi », on peut survivre à presque n'importe quel « comment ». Il en va de même sur le plan financier. Ceux qui lient leurs revenus à leurs valeurs, à leurs relations et à leur expression créative sont plus susceptibles de s'adapter avec grâce que ceux qui recherchent la sécurité pour elle-même.

En conclusion – mais pas pour conclure, car le travail est en cours –, réussir malgré l'incertitude ne consiste pas à ignorer le risque ou à contourner la douleur. Il s'agit de cultiver une structure intérieure suffisamment solide pour vous soutenir dans les turbulences. Il s'agit de développer l'agilité mentale, la régulation émotionnelle et la clarté stratégique. Et il s'agit de refuser de laisser la peur devenir votre boussole.

Ce faisant, vous ne vous contentez pas de traverser la tempête. Vous en devenez le point d'arrêt. Et à partir de là, vous pouvez reconstruire – non pas tel que vous étiez, mais tel que vous avez toujours été capable de devenir.

Le chemin en spirale: le progrès n'est pas linéaire

La croissance financière est souvent décrite comme une ligne droite, ascendante et progressive. Le discours dominant en économie, en entrepreneuriat et même en développement personnel repose sur ce modèle: épargner davantage chaque mois, évoluer de manière prévisible et accumuler régulièrement. Il s'agit d'une vision du monde ancrée dans la linéarité, héritée des systèmes de contrôle, de mesure et de productivité de l'ère industrielle. Pourtant, pour beaucoup, notamment ceux qui s'enrichissent consciemment, ce modèle ne correspond guère à leur vécu. Les revenus fluctuent. La confiance fluctue. Les avancées sont souvent précédées de ruptures. Le progrès stagne, s'inverse, puis refait surface. Plutôt qu'un escalier, l'évolution financière ressemble souvent à une spirale: on revient à des leçons similaires, on revisite d'anciennes peurs avec de nouvelles perspectives et on progresse par cycles plutôt que par lignes droites.

La spirale n'est pas un échec masqué par une métaphore. C'est une façon plus honnête et plus régénératrice d'appréhender la croissance. Elle s'aligne non seulement sur la psychologie de la transformation, mais aussi sur des schémas présents dans la nature, la biologie et même la physique quantique. De la suite de Fibonacci en couches au recâblage synaptique du cerveau, la croissance est rarement linéaire. Elle boucle, s'intègre et se revisite. Appliquée aux finances, cette perspective n'affaiblit pas la discipline ni ne compromet la structure. Au contraire, elle offre un cadre pour comprendre les échecs, consolider les acquis et maintenir la dynamique d'une manière qui respecte la psyché humaine.

La pensée linéaire engendre des attentes irréalistes. Elle nous dit qu'une fois que nous avons « compris » – une augmentation, une manne, une année à six chiffres – nous ne devrions plus jamais avoir à lutter. Mais la réalité est rarement au rendez-vous. Un thérapeute peut doubler ses revenus, puis paniquer lorsque la période des impôts révèle son manque de rigueur. Un coach peut réserver son programme et s'épuiser en plein lancement. Un dirigeant d'entreprise peut quitter son emploi pour se lancer dans une entreprise à vocation sociale et gagner bien moins que prévu pendant une saison. Ce ne sont pas des signes de régression. Ce sont des signes d' *intégration*: le rééquilibrage naturel qui se produit lorsque notre identité rattrape notre réalité.

La spirale permet la coexistence d'expansion et de contraction. Dans les modèles cycliques, la contraction n'est pas une régression, mais une consolidation. C'est le moment où la croissance se replie sur elle-même pour se renforcer avant de repartir. Cela reflète les saisons naturelles: l'hiver n'est pas synonyme de mort, mais de dormance. Les champs restent en jachère non pas parce qu'ils ont échoué, mais parce qu'ils se préparent à une fertilité renouvelée. De même, une accalmie financière n'est pas nécessairement le signe d'un problème. Il peut s'agir d'une période d'incubation, où les systèmes s'affinent, les stratégies mûrissent et le système nerveux s'adapte à de nouveaux niveaux de visibilité ou de responsabilité.

Les neurosciences corroborent ce point de vue. L'apprentissage et le changement de comportement se produisent par la répétition, la réflexion et l'intégration, et non par l'acquisition linéaire. Le cerveau forme de nouvelles voies neuronales non pas selon une pente ascendante continue, mais en boucles, chaque revisite approfondissant l'empreinte. C'est pourquoi les vieilles craintes liées à l'argent refont surface même après un succès externe. Il ne s'agit pas de faiblesse. C'est le cerveau qui revisite une ancienne carte pour la redessiner avec de meilleurs outils. Chaque cycle devient plus conscient, moins réactif. Ce qui vous paralysait autrefois peut encore réapparaître, mais désormais, vous réagissez avec discernement plutôt que par panique. C'est *un progrès* , même si les chiffres externes restent les mêmes.

Ce concept est particulièrement libérateur pour ceux qui se remettent d'un traumatisme financier. Le modèle linéaire exige une amélioration constante, sanctionne les rechutes et laisse rarement place à l'intégration émotionnelle. Le modèle en spirale, au contraire, honore le caractère désordonné de la véritable transformation. Il laisse place à la rechute sans honte, à l'hésitation sans jugement. Il reconnaît que la guérison ne se fait pas en ligne droite, pas plus que la prospérité.

Prenons l'histoire de Leila, rédactrice indépendante qui, après des années de sous-facturation et de surperformance, a enfin réussi à dépasser un palier de revenus persistant. Elle a décroché un client à honoraires élevés, a commencé à épargner régulièrement et s'est sentie, pour la première fois, financièrement autonome. Pourtant, six mois plus tard, elle s'est retrouvée à annuler des présentations, à remettre à plus tard ses factures et à éviter son outil de suivi financier. D'anciens schémas d'évitement avaient refait surface. Mais au lieu de sombrer dans l'auto-accusation, Leila a marqué une pause. Elle a examiné son journal, revisité ses affirmations financières initiales et réalisé que son système nerveux ne s'était pas encore adapté à ce nouveau niveau de revenus et de visibilité. Elle a repris la respiration, a parlé à son coach et s'est réinstallée – non pas en forçant, mais en se repliant sur elle-même. Ce retour à l'intérieur lui a permis de percer à nouveau, mais cette fois avec une résilience plus profonde.

La croissance en spirale remet également en question le système binaire succès/échec. Dans un modèle linéaire, on progresse ou on régresse. Dans un modèle en spirale, on est toujours en mouvement, même si ce mouvement nous ramène à une vieille blessure. La différence essentielle est que l'on revient avec de nouveaux outils, une nouvelle perspective et de nouvelles capacités. Le même problème – peur de facturer plus cher, culpabilité face à l'abondance, inconfort face à la visibilité – peut réapparaître. Mais votre rapport à lui a changé. On ne répète plus, on peaufine. Cette distinction est essentielle. Elle remplace la honte de la récurrence par la compréhension de l'évolution.

L'une des applications pratiques de la pensée en spirale dans la vie financière est le *suivi des étapes émotionnelles* , et pas seulement numériques. Au lieu de mesurer uniquement la croissance des revenus ou l'accumulation d'actifs, concentrez-vous sur les moments de courage, de définition des limites ou de nouveaux niveaux d'intimité financière. Avez-vous négocié un taux pour la première fois? Avez-vous refusé un client mal placé? Avez-vous examiné calmement vos dépenses, même pendant un mois où vos revenus étaient faibles? Ce sont des marqueurs de maturité. Ils indiquent un mouvement dans la spirale – un mouvement qui ne se reflète peut-être pas encore dans votre solde bancaire, mais qui reprogramme déjà votre capacité à conserver et à accroître votre patrimoine.

Une autre implication de la spirale est la nécessité de faire des pauses. Dans les modèles linéaires, les pauses sont perçues comme des faiblesses ou des retards. Dans la croissance en spirale, elles sont stratégiques. Une pause est le lieu où l'intégration se produit. C'est là que les idées se cristallisent et que de nouvelles structures émergent. Sans pause, la croissance devient fragile. Nous construisons vite, mais sans profondeur. Nous réussissons, mais ne pouvons pas durer. La spirale nous rappelle que chaque phase ascendante nécessite un repos correspondant, non pas comme une indulgence, mais comme une infrastructure.

Ce modèle favorise également une confiance plus profonde. Non pas la bravade d'une victoire perpétuelle, mais l'assurance tranquille de pouvoir affronter tout ce qui se présente. Vous faites confiance à la spirale. Vous ne paniquez plus lorsque la progression stagne, car vous comprenez le terrain. Vous pouvez vous situer dans le cycle, sachant que la contraction précède l'expansion, et que revisiter les anciens schémas n'annule pas votre croissance ; au contraire, elle la prouve.

D'un point de vue culturel, adhérer à la spirale incite à s'éloigner du mythe de l'agitation. Dans une société qui vénère l'accélération, la spirale offre un contre-récit: la lenteur n'est pas synonyme de stagnation, la profondeur n'est pas synonyme d'inefficacité, et le retour n'est pas synonyme de régression. C'est particulièrement bénéfique pour les créatifs, les guérisseurs et les entrepreneurs dont le travail défie les normes conventionnelles. Lorsque votre richesse est ancrée dans le service, l'histoire ou l'âme, votre parcours financier peut être non linéaire par nature. La spirale honore cela.

En fin de compte, le chemin en spirale redéfinit ce que signifie être sur la bonne voie. Il nous apprend que la croissance ne se mesure pas à la distance parcourue en ligne droite, mais à la profondeur de notre évolution à chaque retour. Il nous invite à mesurer non seulement ce que nous avons gagné, mais aussi ce que nous avons *intégré* . Non seulement ce que nous avons construit, mais aussi ce que nous avons récupéré de nous-mêmes au cours du processus.

Suivre le chemin en spirale, c'est avancer avec grâce. C'est aborder la vie financière non pas comme une échelle à gravir, mais comme un rythme à danser. Un rythme qui comprend expansion, contraction, pause et renouveau. Un rythme qui laisse place à votre être tout entier – désordonné, brillant, en évolution – pour participer à votre prospérité.

Et de ce rythme émerge quelque chose de profond: non seulement plus de richesse, mais une richesse plus *intelligente* , qui reflète qui vous êtes vraiment et ce que vous êtes vraiment prêt à embrasser. Cette richesse ne s'élève pas simplement. Elle s'envole, plus profonde, plus large, plus riche, à chaque tournant.

Le détour est le destin: perspectives spirituelles et neurosciences expliquant pourquoi les effondrements précèdent souvent les percées en matière de richesse

Dans notre mythologie collective du succès, nous sommes habitués à vénérer le droit chemin: le plan clair, l'ascension, les victoires progressives. Mais la transformation financière, surtout lorsqu'elle implique un profond remaniement intérieur, est rarement linéaire. Elle se manifeste souvent sous le couvert du chaos. Pour beaucoup, les avancées les plus significatives en matière de conscience de la richesse font suite à une période de désorientation, de perte ou d'échec. Ces moments sont souvent considérés comme des revers ou des faux pas. Pourtant, vus sous un angle plus nuancé, nourri à la fois par la sagesse spirituelle et les neurosciences, ces soi-disant détours se révèlent souvent être le terrain même de l'émergence d'une prospérité durable.

Les échecs, notamment financiers, suscitent souvent honte, peur et sentiment de culpabilité. Qu'il s'agisse d'un investissement raté, d'un licenciement imprévu, d'une crise de trésorerie ou d'une chute brutale des revenus, l'expérience peut ressembler à un effondrement non seulement financier, mais aussi identitaire. Cela s'explique par l'attachement psychologique que la plupart des gens ressentent à la stabilité financière. Dans la société moderne, l'argent est rarement un simple moyen d'échange ; c'est un gage de sécurité, de compétence et de légitimité sociale. Lorsque cette structure vacille, elle peut catalyser une crise existentielle. Mais c'est là que réside l'opportunité. Ce qui semble s'effondrer peut en fait se remettre en place, même si c'est par un chemin imprévu.

Dans les traditions spirituelles du monde entier, le motif de la dissolution comme précurseur de la révélation est bien établi. Dans la philosophie bouddhiste, le principe de *sunyata* – vide ou néant – n'est pas une absence nihiliste, mais un espace fertile d'où peut surgir une nouvelle forme. Dans le christianisme mystique, le concept de « nuit obscure de l'âme » représente une phase nécessaire de désintégration spirituelle avant l'union avec une vérité plus profonde. Dans les rites de passage autochtones, les initiés sont souvent conduits à travers des « morts » symboliques ou littérales avant de renaître dans un nouveau rôle au sein de la communauté. Dans ces traditions, la rupture n'est pas une déviation, mais une initiation.

Dans un contexte de richesse, ces ruptures peuvent fonctionner comme des interruptions sacrées. Elles brisent l'attachement de l'ego au contrôle, à la certitude et à l'identité. Elles révèlent des habitudes insoutenables, des croyances dépassées et des schémas hérités. Et surtout, elles créent l' espace psychologique et énergétique nécessaire à l'émergence de quelque chose de nouveau – quelque chose de plus cohérent, de plus résilient et de plus complet.

Les neurosciences contemporaines ajoutent une dimension empirique à cette compréhension. Le cerveau humain est un organe prédictif. Il construit des modèles internes du monde à partir de l'expérience passée et les utilise pour interpréter les nouvelles informations. Lorsque notre réalité vécue s'écarte soudainement de nos attentes – par exemple, un client lucratif annule son rendez-vous ou une crise économique anéantit nos économies – le cerveau perçoit d'abord cela comme une menace. Cela peut activer l'amygdale, déclenchant une cascade de réactions de stress: augmentation du cortisol, réduction de la concentration et réactivité émotionnelle. Mais – et c'est essentiel – lorsque ces perturbations sont accueillies avec conscience plutôt que panique, elles ouvrent également une fenêtre neurobiologique propice au changement.

Durant ces périodes d'incertitude, le cerveau devient plus malléable. La neuroplasticité, la capacité du cerveau à former et réorganiser les connexions synaptiques, augmente lorsque les schémas familiers sont interrompus. Autrement dit, les crises bouleversent les paramètres par défaut. Elles déstabilisent le pilotage automatique. Et cette déstabilisation, gérée consciemment, peut conduire à des schémas de pensée et de comportement plus adaptatifs, créatifs et intégratifs. D'un point de vue neuroscientifique, ce détour n'est pas seulement une initiation spirituelle: c'est un impératif biologique de transformation.

Un cas illustratif est celui d'Arun, un designer produit à succès dans le secteur technologique. Après des années de revenus stables et une évolution de carrière prévisible, il a été brutalement licencié suite à une fusion d'entreprises. Les premières conséquences ont été émotionnellement déstabilisantes. Arun s'est mis à remettre en question non seulement son employabilité, mais aussi sa propre valeur. Pourtant, durant cette pause forcée, il a commencé à explorer des domaines créatifs longtemps ignorés, notamment le design durable. Ce qui n'était au départ qu'un projet annexe s'est transformé en un véritable cabinet de conseil au service des marques éco-responsables. Un an plus tard, les revenus d'Arun avaient non seulement repris, mais dépassé leurs niveaux antérieurs – et pour la première fois de sa vie professionnelle, ils étaient profondément liés à ses valeurs. Ce licenciement n'était pas un détournement de sa voie. C'était la voie.

Ce schéma fait écho à une vérité spirituelle plus profonde: l'évolution exige souvent des bouleversements. Non pas que la souffrance soit noble ou que la lutte soit romantique, mais parce que les anciennes formes doivent être démantelées avant que de nouvelles puissent s'incarner. En termes financiers, cela peut signifier que l'effondrement d'un modèle économique, l'effondrement d'une source de revenus ou la désillusion face à un objectif autrefois convoité ne constituent pas l'échec que nous craignons, mais la libération dont nous avons besoin.

Le danger ne réside pas dans le détour en lui-même, mais dans la façon dont nous l'interprétons. Si nous intériorisons la rupture comme un défaut personnel, nous risquons de sombrer dans la paralysie ou le cynisme. Si, en revanche, nous l'abordons comme une pause révélatrice – comme un enseignement plutôt que comme une menace –, nous ouvrons la voie à un profond rééquilibrage. C'est là que des pratiques mentales telles que la métacognition, la régulation somatique et la réflexion spirituelle deviennent essentielles. Elles nous permettent de *rester avec la rupture* suffisamment longtemps pour en exploiter l'intelligence.

L'une des recadrages les plus puissants durant ces périodes est la question: « Qu'est-ce que cette rupture rend possible, que la stabilité n'a jamais pu rendre possible? » Il ne s'agit pas d'un contournement, mais d'une réorientation. Cela déplace l'attention de la perte vers la révélation. De ce qui se termine vers ce qui *veut commencer* . Ces recadrages ne sont pas de simples exercices mentaux. Ils créent des changements mesurables dans le système nerveux. Des études en neurosciences affectives ont montré que la recherche de sens face à l'adversité réduit l'impact du traumatisme et accélère la croissance post-crise. Le sens n'est pas un luxe. C'est une technologie au service de la résilience.

Concrètement, cela peut consister à créer un espace pour faire le deuil de ce qui a été perdu tout en nourrissant la curiosité de ce qui pourrait être gagné. Cela peut impliquer d'utiliser la pleine conscience pour accepter l'inconfort, plutôt que de se précipiter pour le réparer ou le remplacer. Cela peut impliquer des rituels de libération, des dialogues avec des mentors de confiance ou des suggestions de journal intime qui font remonter les peurs inconscientes à la surface. Tous ces outils permettent non pas d'échapper au détour, mais de *l'aborder pleinement* , armé de présence et de confiance.

Il est important de noter que ce détour est également relationnel. Il oblige souvent à renégocier les limites, les rôles et les systèmes de soutien. Les fluctuations de revenus peuvent également influencer la dynamique avec le partenaire, la famille ou les collègues. Ce ne sont pas des effets secondaires, mais bien une partie intégrante du processus. Une crise financière révèle souvent où la codépendance, l'évitement ou le silence ont masqué des vérités plus profondes. S'attaquer à ces schémas n'est pas seulement une guérison émotionnelle, c'est une stratégie économique. La véritable richesse est relationnelle, et les crises révèlent l'échafaudage relationnel qui soutient ou sabote notre prospérité.

Au niveau collectif, les détours peuvent catalyser une compréhension systémique. Des secteurs, des économies et des communautés entiers subissent des ruptures qui révèlent des inégalités, des inefficacités ou des problèmes de durabilité. Ces ruptures, bien que douloureuses, invitent aussi à une réinvention. La crise financière de 2008 a donné naissance à de nouveaux mouvements d'investissement éthique et de finance décentralisée. La pandémie de COVID-19 a suscité une réévaluation généralisée de l'équilibre entre vie professionnelle et vie privée, du télétravail et de la justice économique. Tout comme les individus, les sociétés font face à des détours initiatiques. Et la question reste la même: allons-nous nous accrocher à l'histoire ancienne ou en écrire une nouvelle?

Accepter le détour comme une fatalité ne revient pas à glorifier les difficultés ni à prôner le chaos. Il s'agit de reconnaître que la transformation est souvent non linéaire, non consensuelle et non négociable. Elle survient au moment où l'on s'y attend le moins, bouleverse ce que l'on croyait permanent et exige un niveau d'alignement plus profond que celui auquel nous savions accéder auparavant.

Mais si nous abordons le détour avec courage, curiosité et grâce, il se révèle non pas comme un écart, mais comme un *approfondissement*

. La route peut se courber, s'effondrer ou disparaître complètement. Mais quelque chose d'autre apparaît – quelque chose de plus vrai, de plus fort et de plus singulier. Non pas malgré la rupture. À cause d'elle.

Et lorsque ce nouveau chemin émerge – lorsque les pièces se reconfigurent et que la vision se cristallise – nous ne revenons pas seulement à la richesse. Nous revenons à nous-mêmes, plus entiers qu'avant. C'est là la véritable avancée. C'est le destin que nous n'aurions jamais pu prévoir, mais pour lequel nous nous étions toujours préparés.

Boîte à outils de récupération des flux: outils pratiques pour renouer avec les flux financiers après des revers

Les revers peuvent être ressentis comme une rupture brutale dans le cours de la vie, surtout lorsqu'ils concernent l'argent. Qu'ils soient provoqués par une perte d'emploi, une dépense imprévue ou un investissement raté, ces bouleversements peuvent freiner notre élan et rompre notre lien avec ce qui semblait être un « flux » financier. Dans de tels moments, même les personnes habituellement ancrées et résilientes peuvent se retrouver paralysées: émotionnellement réactives, cognitivement embrouillées ou spirituellement désorientées. Le système nerveux humain, programmé pour interpréter l'incertitude comme une menace, réagit souvent par contraction. Et dans cet état de contraction, nous avons tendance à adopter des schémas d'évitement, de honte ou d'action compulsive. Il ne s'agit donc pas simplement d'assainir nos finances, mais de rétablir les conditions permettant de ressentir et de réactiver le flux.

Retrouver son flux financier ne signifie pas ignorer la réalité des difficultés. Il s'agit de se réengager intentionnellement avec son pouvoir de perception, sa physiologie et sa concentration, afin de pouvoir faire face aux perturbations avec agilité plutôt que de s'effondrer. C'est là que des outils comme le *« 5-Second Reset »* et *le « Mini Gratitude Audit »* prennent tout leur sens. Ce ne sont pas de simples techniques ; ce sont des réétalonnages de la conscience. Ils permettent de passer du mode survie à un espace de réceptivité, de présence et d'action intelligente. Et contrairement aux stratégies financières à grande échelle, ces outils agissent à l'échelle microéconomique, précisément là où commence l'impasse.

Le premier principe de la récupération du flow est de reconnaître que *le flow est un état, et non une circonstance* . On peut être dans le flow au chômage et en dehors du flow en étant pleinement employé. On peut se sentir riche avec peu d'argent disponible, et ressentir simultanément un manque tout en étant riche. En effet, le flow n'est pas défini par des indicateurs externes, mais par la cohérence interne: lorsque votre esprit, votre corps et vos valeurs sont alignés dans l'instant présent. Les neurosciences appellent cela la « neurointégration ». C'est un état dans lequel différentes parties du cerveau communiquent de manière fluide, notamment le cortex préfrontal (fonctions exécutives), l'amygdale (traitement des émotions) et le cortex insulaire (intéroception). En termes simples, vous pensez clairement, ressentez calmement et agissez de manière cohérente.

Pourtant, lors de bouleversements financiers, cette intégration est souvent rompue. Le système nerveux sympathique active une réaction de combat ou de fuite. Le flux sanguin est redirigé des centres rationnels du cerveau vers les fonctions de survie. C'est alors qu'une facture en retard paraît catastrophique, qu'une dépense mineure déclenche la panique ou que toute planification future devient impossible. Pour retrouver le flow, il faut donc *ralentir le système nerveux* avant de prendre des décisions financières importantes. C'est là que la *réinitialisation de 5 secondes* s'avère précieuse.

La réinitialisation en 5 secondes est une technique d'interruption somatique conçue pour stopper la cascade de stress avant qu'elle ne prenne le dessus sur vos facultés cognitives. La méthode est simple, mais neurologiquement efficace. Dès que vous remarquez les signes révélateurs d'un excès financier – oppression thoracique, pensées tourbillonnantes, impulsions réactives – marquez une pause. Inspirez profondément pendant cinq secondes, retenez votre respiration pendant deux secondes et expirez lentement. Ce faisant, concentrez votre attention sur un détail sensoriel unique: la texture de vos vêtements, le son de votre respiration, le poids de vos pieds au sol. Cela interrompt la suractivation de l'amygdale et ramène votre conscience à l' *instant présent* , le seul lieu d'où une action intelligente peut surgir. Un cycle respiratoire ne résoudra peut-être pas le problème, mais il *créera une lucidité* propice à de meilleurs choix.

Un autre outil essentiel de la boîte à outils Flow Recovery est le *Mini-Audit de Gratitude* . La gratitude est souvent perçue à tort comme un accessoire bien-être – agréable à avoir, mais non essentiel. Pourtant, des recherches en psychologie positive révèlent que la gratitude active les régions du cerveau associées à la régulation émotionnelle, au traitement des récompenses et à la résilience. En période de difficultés financières, cette pratique n'est pas sentimentale ; elle est stratégique. Le Mini-Audit de Gratitude consiste à identifier trois petites choses spécifiques liées à votre vie financière que vous appréciez en ce moment. Il ne s'agit pas d'idéaux abstraits, mais de réalités immédiates: une conversation utile, une ressource à laquelle vous avez encore accès, un paiement encaissé, une compétence monétisable. Nommer ce qui est encore intact, même en période de perturbation, contrecarre le biais de négativité du cerveau et aide à restaurer la flexibilité cognitive.

Prenons l'exemple de Devika, rédactrice indépendante, qui a dû faire face à une baisse brutale de revenus lorsque deux clients importants ont mis fin simultanément à leurs contrats. Au début, elle a sombré dans le désespoir, interprétant cette perte comme un verdict sur sa valeur. Mais grâce à la pratique du « Reset en 5 secondes » et à un mini-audit de gratitude quotidien, elle a commencé à réguler son système nerveux et à reprendre du recul. Elle s'est souvenue d'un contact inactif dans son réseau, qu'elle a contacté avec un esprit de service plutôt que de désespoir. Cette simple conversation a abouti à un contrat de mandat qui, bien que plus modeste qu'auparavant, lui a permis de se stabiliser et, finalement, de se reconstruire avec des clients plus proches de lui.

L'expérience de Devika illustre une vérité plus vaste: le flow ne revient pas par la force. Il revient par la présence. La présence nous permet de discerner où l'énergie fuit, où les histoires faussent la perception et où de petits changements peuvent avoir un impact disproportionné. La récupération du flow est donc une question de *sensibilité*: apprendre à lire les signaux du corps, à écouter les intuitions et à réagir par alignement intérieur plutôt que par peur.

Un autre outil de récupération puissant, mais sous-utilisé, est *le changement de contexte intentionnel* . Englués dans des soucis financiers, nombreux sont ceux qui ruminent sans fin ou se distraient de manière compulsive. Aucune de ces approches ne rompt véritablement la boucle de rétroaction. Le changement de contexte intentionnel, en revanche, consiste à modifier son environnement physique ou sa concentration pour activer un réseau neuronal différent. Cela peut impliquer de sortir, de changer de posture, de dire à voix haute ce qu'il faut faire ou de se lancer dans un bref acte créatif. Ces micro-interventions activent le réseau du mode par défaut – un système lié à l'introspection et à la planification future – et peuvent favoriser une réorganisation mentale après un dépassement de soi.

À plus long terme, rétablir sa capacité financière implique également de repenser sa *relation aux échecs* . C'est là que la construction narrative devient essentielle. Si vous considérez chaque perturbation comme un verdict sur vos compétences, vous risquez de rester dans une boucle étroite. Si, au contraire, vous interprétez l'échec comme un élément d'un schéma plus large – une initiation, un perfectionnement, une réorientation –, alors même les expériences les plus difficiles peuvent être révélatrices. Les travaux du psychologue Dan McAdams sur l'identité narrative montrent que les personnes qui perçoivent l'adversité comme une rédemption plutôt qu'une défaite sont plus susceptibles de faire état d'une croissance post-traumatique. En termes financiers, cela signifie simplement: la façon dont vous *racontez* l'échec influence votre capacité à vous en *remettre* .

La boîte à outils Flow Recovery n'est donc pas une solution unique, mais un ensemble modulaire de pratiques, chacune conçue pour vous recentrer, restaurer la cohérence et relancer le mouvement. Sa puissance réside dans son adaptabilité. Nul besoin de conditions idéales pour la mettre en œuvre. Nul besoin de clarté sur votre plan quinquennal ni même sur votre prochain client. Il vous suffit d'être prêt à faire une pause, à vous ressaisir et à choisir la meilleure étape à suivre *en fonction de l'alignement* .

Cette boîte à outils ne remplace ni l'éducation financière ni la planification à long terme. Elle les complète en vous assurant que votre état d'esprit et votre physiologie sont prêts à *utiliser* efficacement les outils de budgétisation, d'épargne ou d'investissement. Après tout, aucun tableur ne peut vous aider si vous êtes paralysé par la peur. Aucune stratégie de gestion de patrimoine ne fonctionne si votre système nerveux est en arrêt chronique. En intégrant l'intelligence somatique, les outils de réflexion et les micro-pratiques à votre processus de rétablissement, vous rebondirez non seulement, mais aussi, avec une meilleure compréhension et une résilience émotionnelle accrue.

Le flux financier est fondamentalement un état de réceptivité et de réactivité. Il ne signifie pas une ascension constante ni une abondance ininterrompue. Il signifie rester *disponible* à la vie: s'adapter, s'ajuster, recevoir, donner. En cas de revers, le véritable travail ne consiste pas à tout réparer immédiatement, mais à *retrouver* cette disponibilité. La boîte à outils pour le rétablissement du flux est votre boussole pour ce retour, non pas vers votre point de départ, mais vers celui que vous êtes en train de devenir. Et à partir de là, le flux n'est plus une quête, mais une source de *confiance.*

Étude de cas: La courbe du retour — Reconstruire à partir d'un lieu plus profond et plus aligné

Toute transformation financière convaincante a un point commun: à un moment donné, le protagoniste touche le fond. Non pas au sens figuré, mais indéniablement. Il perd ce qu'il a construit, la confiance qu'il portait ou l'illusion à laquelle il s'accrochait – et c'est dans cette chute que commence la véritable ascension. Cet arc est ce que nous appelons la *« courbe du retour »* . Il ne s'agit pas simplement de reconquérir sa richesse matérielle ou son statut professionnel. Il s'agit de se reconstruire à partir d'une conscience de soi plus profonde, d'intégrer les erreurs passées à une nouvelle perspective et d'aligner la croissance future sur des valeurs jusque-là ignorées. La courbe ne suit pas une courbe ascendante nette. Elle plonge, se tord et parfois stagne. Mais elle s'oriente finalement vers la cohérence, la capacité d'agir et une prospérité authentique.

Prenons l'histoire de Marcus, un entrepreneur de trente-sept ans qui a créé – et perdu – une entreprise de bien-être à sept chiffres avant de retrouver le chemin de la réussite, non seulement financièrement, mais aussi existentiellement. L'histoire de Marcus n'est pas unique en raison de son échec. L'échec est fréquent. Ce qui la rend significative, c'est la façon dont il a utilisé cet effondrement comme un tremplin pour retrouver sa raison d'être, repenser son identité et redéfinir la richesse à sa manière.

Au sommet de sa gloire, Marcus incarnait l'économie de l'influence: charismatique, stratégique et publiquement admiré. Son entreprise proposait une gamme de programmes de coaching haut de gamme, de produits de bien-être et de séminaires d'entreprise. De l'extérieur, elle ressemblait à un empire conscient. Mais derrière cette image de marque se cachait un modèle économique basé sur l'épuisement professionnel. Les décisions étaient motivées par des objectifs de croissance, et non par l'impact sur le service. Les recrutements étaient réactifs. Les systèmes étaient disparates. Et Marcus, en privé, fonctionnait à la caféine, au syndrome de l'imposteur et à un sentiment croissant de décalage.

Le dénouement a commencé subtilement: quelques objectifs manqués, le départ d'un membre clé de l'équipe, un scandale impliquant une allégation marketing techniquement défendable, mais éthiquement douteuse. Puis la pandémie est arrivée. Les retraites ont été annulées. Des clients se sont désistés. En six mois, Marcus avait épuisé ses réserves pour tenter de survivre. Il a licencié son équipe, dissous l'entreprise et quitté son appartement pour la chambre d'amis d'un ami. Son identité – PDG, leader d'opinion, fournisseur – s'est effondrée, tout comme l'entreprise qu'il avait bâtie.

Pendant des semaines, Marcus oscilla entre honte et hébétude. Il avait du mal à expliquer ce qui lui était arrivé, même à lui-même. Ses amis lui racontaient des platitudes, mais peu comprenaient la complexité de la perte, non seulement financière, mais aussi personnelle. Dans le milieu du coaching, il avait été l'enfant chéri. Maintenant, il se sentait comme un exemple à suivre. Pourtant, c'est dans cet espace sans fondement que le véritable travail commença.

Incapable de se distraire par la productivité, Marcus se tourna vers l'intérieur. Il commença à respirer quotidiennement et à tenir un journal, non pas pour optimiser sa prochaine action, mais pour *ressentir*… Pour s'asseoir sur le chagrin d'avoir perdu quelque chose qu'il aimait autrefois, et le soulagement d'avoir échappé à une machine qu'il avait appris à détester. Au cours de ces confrontations silencieuses, il réalisa qu'une grande partie de son dynamisme antérieur était alimentée par des récits de pénurie hérités de l'enfance. Ayant grandi dans un foyer ouvrier, la sécurité financière avait toujours été précaire. Créer une entreprise était, en partie, sa façon de s'assurer de ne plus jamais se sentir petit.

Mais l'empire qu'il a bâti n'a jamais reposé sur la sécurité du système nerveux. C'était une maison de verre, belle, impressionnante et fondamentalement fragile.

Au cours de l'année suivante, Marcus a repensé sa relation au travail. Il s'est inscrit à une certification de coaching tenant compte des traumatismes, non pas pour se refaire une image, mais pour comprendre les schémas somatiques qu'il avait ignorés. Il a accepté des missions de stratégie en freelance, non par ego, mais pour garder les pieds sur terre. Il a vécu simplement. Discrètement. Il lisait moins de théorie des affaires et plus de philosophie, se référant souvent aux écrits de Viktor Frankl et de Bell Hooks. Et c'est dans cet espace qu'une nouvelle vision a émergé, non pas pour une entreprise, mais pour une conversation.

Plutôt que de reconstruire la même structure, Marcus a décidé de tout reprendre de l'intérieur. Il a lancé un podcast consacré à des histoires de reconstruction honnêtes et sans glamour. Pas les moments forts, mais les véritables arcs – les courbes du retour. Il a commencé à écrire des essais sur la honte, l'effondrement identitaire et les traumatismes financiers. Et au lieu de cibler une clientèle d'élite, il a proposé des séances de groupe abordables aux jeunes créateurs en transition. En un an, il disposait d'une communauté modeste mais engagée, d'un portefeuille de partenariats cohérents et d'une entreprise qui, bien que plus modeste sur le papier, semblait s'enrichir exponentiellement.

Le retour de Marcus n'a pas été spectaculaire. Il n'a pas été alimenté par des publications virales ou des gains inattendus. Il a été progressif, intégré et profondément intentionnel. Ses revenus sont aujourd'hui stables, mais pas explosifs. Son système nerveux est régulé. Son travail est plus expressif que performatif. Il a reconstitué son épargne, non pas pour apaiser ses peurs, mais pour honorer la durabilité. Plus important encore, il n'associe plus argent à sécurité, ni visibilité à valeur. Son estime de soi ne dépend plus d'indicateurs qu'il ne contrôle pas.

Les leçons que l'histoire de Marcus nous offre offrent une alternative profonde au récit dominant de la réussite et du rétablissement. Premièrement, elles soulignent que la perte n'est pas toujours une déviation. Parfois, c'est la seule chose assez forte pour interrompre une trajectoire qui, inconsciemment, se trahissait. Ce que Marcus a vécu n'était pas seulement un échec financier, c'était une clarification existentielle. Une rupture qui a laissé place à l'authenticité.

Deuxièmement, son histoire illustre que la courbe de retour est moins une question d'accélération que *d'harmonisation* . Il ne s'est pas précipité pour reconstruire. Il a marqué une pause pour intégrer. Il n'est pas revenu à ce qui fonctionnait auparavant ; il a examiné pourquoi cela avait cessé de fonctionner. Ce faisant, il a brisé le cycle de la répétition des mêmes erreurs sous de nouveaux déguisements.

Troisièmement, l'expérience de Marcus révèle le pouvoir de l'incarnation. Bien qu'il disposait de tous les outils de réflexion de ses travaux précédents, ce qui a changé sa trajectoire a été la régulation de son corps. Respiration, lenteur, immobilité. Ces pratiques lui ont redonné la capacité de se sentir en sécurité sans validation extérieure. À partir de là, des décisions plus sages sont devenues non seulement possibles, mais *inévitables* .

En coaching, on parle de « retour à zéro ». Ce terme désigne le processus de déconstruction de tout ce que l'on croyait savoir pour reconstruire à partir d'une base plus authentique. Marcus n'a pas seulement visité le point zéro. Il y a vécu. Et ce faisant, il a réalisé que la véritable richesse ne résidait pas dans les lancements de produits ou les listes de clients, mais dans la clarté, la connexion et le courage qu'il cultivait lorsque personne ne le regardait.

Son retour n'était pas une histoire de rédemption. C'était une histoire de réintégration. Une descente aux enfers de l'identité, suivie d'une réémergence – plus entière, plus humaine, plus souveraine.

L'implication plus large de la courbe du retour est qu'elle invite à redéfinir ce qu'est le succès après une perte. Elle remet en question l' idée que la reprise doit être rapide ou impressionnante. Elle nous encourage à mesurer la croissance non seulement à l'aune des résultats externes, mais aussi de la cohérence interne. Elle nous rappelle que les revers éliminent l'insoutenable, non pas pour nous punir, mais pour nous préparer à un alignement plus profond.

Pour quiconque traverse actuellement une période de déclin – qu'il s'agisse de revenus, de statut, de structure ou de soi-même – la courbe du retour offre à la fois espoir et défi. L'espoir que ce que l'on perd puisse faire place à quelque chose de plus vrai. Le défi de s'accrocher à l'inconfort suffisamment longtemps pour entendre ce qu'il essaie d'enseigner.

L'histoire de Marcus n'est pas unique. Nombreux sont ceux qui reconstruisent après un effondrement. Mais rares sont ceux qui le font consciemment. Rares sont ceux qui résistent à la pression d'un retour précipité au marché. Rares sont ceux qui prennent le temps de démêler les schémas à l'origine de la fragilité. Lorsqu'ils le font, leur retour est plus qu'économique. Il est évolutif.

La prochaine fois que la vie vous fera dévier de votre route, demandez-vous: et si ce détour ne gâchait pas mon chemin, mais le *révélait?* Et si votre chute ne marquait pas la fin de votre histoire, mais le début de votre véritable histoire?

C'est la promesse de la Comeback Curve: non seulement récupérer ce qui a été perdu, mais découvrir qui vous êtes quand il ne vous reste plus rien à prouver.

Chapitre 9
La fréquence héritée

L'héritage est un mot que l'on entend souvent, un concept évoqué dans les testaments et les séminaires sur le patrimoine, mais on en affronte rarement la réalité profonde. Pour beaucoup, il évoque le tangible: l'argent, les biens, un nom de famille gravé sur une plaque de cuivre. Mais le véritable héritage est bien moins matériel et bien plus intime. Il ne s'agit pas seulement de ce que nous léguons, mais de ce que nous intégrons – dans les personnes, les communautés, la culture. L'héritage se manifeste dans les choix que nous faisons, l'énergie que nous portons, les valeurs que nous incarnons et les questions que nous laissons en suspens. Il ne s'agit pas seulement d'accumulation, mais de transmission. Pas seulement de richesse, mais de sagesse. Ce chapitre nous emmène au-delà des mécanismes de la planification financière, nous guidant vers l'architecture profonde de l'influence générationnelle.

Entrez dans l'idée de la Fréquence Héritage – l'énergie subtile et pourtant puissante de notre impact. Tout comme le son se propage par vagues, la richesse, sous toutes ses formes – émotionnelle, matérielle, spirituelle – se propage également. Les décisions que nous prenons avec l'argent se répercutent, influençant des vies bien au-delà de la nôtre. Pour beaucoup, en particulier ceux qui sont les premiers de leur famille à générer une prospérité durable, il s'agit de plus qu'un travail personnel. C'est ancestral. Il s'agit de briser les schémas hérités de la pénurie, de réécrire les scripts silencieux transmis de génération en génération et d'implanter consciemment de nouveaux modèles dans le système familial. Il ne s'agit pas seulement d'éducation financière, mais de la guérison d'une lignée.

Pour changer l'élan générationnel, il faut d'abord comprendre les histoires dont on a hérité – des histoires d'argent, de réussite et d'estime de soi. Ces récits peuvent être percutants ou subtils, tissés dans le quotidien de la famille. Peut-être appartenez-vous à une lignée où la richesse était toujours hors de portée, perçue avec suspicion, ou acquise uniquement par le surmenage et le sacrifice. Ou peut-être l'argent était-il présent, mais toujours empêtré dans la culpabilité, le pouvoir ou le silence. Quels que soient les détails, ce travail exige plus que la responsabilité personnelle. Il exige la digestion des résidus générationnels, tant émotionnels que financiers.

Accomplir ce travail avec présence et détermination signifie devenir une sorte de point d'appui énergétique, respecter le passé tout en choisissant de ne pas s'y limiter. C'est l'acte discret mais radical de dire: « Ça s'arrête ici. Et quelque chose de nouveau commence. » Mais la détermination seule ne suffira pas à soutenir ce choix. Cela nécessite une structure, des outils et un écosystème porteur. Ce chapitre ne se limite pas aux idées ; il s'agit de les ancrer dans la pratique et de considérer ce rôle non pas comme un fardeau, mais comme une vocation. Nous explorerons comment créer non pas sous la pression, mais avec un objectif précis, comment gérer les ressources avec discernement et comment planifier quelque chose de bien plus grand que la simple sécurité financière.

Un principe essentiel de ce cheminement est la générosité en accord avec l'âme. Trop souvent, donner est réduit à une apparence ou à une obligation: nous donnons parce que nous nous sentons obligés, ou parce que cela prouve qui nous sommes. Mais la générosité née de la culpabilité ou du maintien de l'identité produit rarement une véritable abondance. Elle draine. À l'inverse, donner en accord avec l'âme naît d'un débordement. Il naît d'une profonde reconnaissance que nous *sommes* abondance – et que ce que nous partageons est une extension de cette plénitude. Ce qui compte moins, c'est la quantité donnée, mais plutôt l'énergie qui la sous-tend. Est-ce que cela épanouit autant celui qui donne que celui qui reçoit? Si ce n'est pas le cas, peut-être vaut-il la peine de s'y arrêter.

Prenons l'exemple d'Alma, une architecte informatique qui a amassé une fortune considérable à la trentaine. Ses premiers choix philanthropiques étaient traditionnels: des dons importants à des œuvres caritatives reconnues. Mais quelque chose clochait. Ses dons, bien que bien intentionnés, manquaient de résonance. Ils étaient trop clairs, trop attendus. Elle a donc pris du recul. Elle a réfléchi. Puis elle a commencé à financer des initiatives locales dans le pays d'origine de ses grands-parents: des projets visant l'éducation et l'accès au numérique pour les filles. Soudain, sa générosité n'était plus une question de générosité. Elle était un héritage. Ce n'était pas de la petite monnaie, c'était une graine. L'impact s'est intensifié, tout comme son attachement à cette cause.

À partir de là, nous abordons la notion de Plan d'Impact: une carte vivante de la manière dont nos ressources, nos compétences et notre présence peuvent rayonner significativement dans le monde. Après tout, il n'est pas nécessaire de laisser un héritage avant la mort. Pourquoi attendre? Quelles sont les causes qui animent votre esprit? De quelle sagesse disposez-vous dont d'autres pourraient avoir besoin, en particulier les plus jeunes qui vous suivent? Que souhaitez-vous que votre présence accomplisse , au-delà de gagner et d'épargner? Ce ne sont pas des réflexions abstraites . Ce sont des suggestions profondément concrètes: des appels à aligner votre argent sur votre mission.

Dans cette optique, l'héritage n'est plus un document statique rangé dans un tiroir. Il devient un système vivant et dynamique. Vous pouvez encadrer des acteurs du changement en herbe, financer des projets environnementaux, soutenir des artistes ou simplement donner l'exemple d'une maturité émotionnelle dans un foyer qui n'en avait jamais bénéficié auparavant. Les détails comptent moins que l'intention. Et lorsque l'intention est ancrée dans la stratégie, le véritable changement prend racine.

Cette stratégie inclut bien sûr les instruments financiers: testaments, fiducies, assurances, planification de fin de vie. Mais l'héritage n'est pas seulement juridique. Il y a aussi la question de la clôture énergétique. Faire face à notre mortalité peut être inconfortable, mais essentiel. Lorsque nous mourons sans nous occuper des dimensions émotionnelles et spirituelles du départ, nous laissons derrière nous confusion, silence et conflit. Ce n'est pas un héritage, c'est un résidu. Mais les rituels – lettres, enregistrements vocaux, conversations familiales – peuvent adoucir cette tension. Ils transforment la fin, d'une rupture, en un rite de passage.

C'est cette alliance du pragmatique et du poétique qui transforme l'héritage en initiation. Et pour vous aider à concrétiser cette vision, un outil existe: la Carte de l'héritage. Contrairement à un plan successoral classique, ce cadre visuel interactif vous invite à tracer non seulement vos actifs, mais aussi vos intentions. Vos valeurs. Vos espoirs. Votre fréquence. Il ne se contente pas de demander: « Qu'hériteront-ils? » Il demande: « Qui pourraient-ils devenir grâce à ce que je laisse derrière moi? » C'est à la fois une carte, un miroir, un registre et une lettre d'amour.

Au fil du chapitre, vous découvrirez des histoires de personnes qui ont façonné l'avenir de leur famille, non pas en recherchant la gloire ou la fortune, mais en instaurant clarté et cohérence. Des entrepreneurs qui ont créé des entreprises à vocation missionnaire, traversant les générations. Des enseignants qui ont réorienté leurs modestes revenus vers des bourses pour des étudiants qui leur rappelaient leur propre identité. Ce ne sont pas des histoires d'excès. Ce sont des histoires de résonance. De choix de profondeur plutôt que de volume.

Vous trouverez également des exercices guidés pour vous aider à articuler votre propre héritage: réflexions sur les schémas ancestraux, les valeurs fondamentales et l' empreinte que vous souhaitez laisser. Ne les précipitez pas. Ils sont faits pour se déployer lentement, pour agiter, remuer, clarifier. L'héritage n'est pas une liste de choses à faire. C'est un ton que vous donnez, une invitation que vous lancez.

Alors , posez-vous la question, en lisant: à quoi est-ce que je souhaite faire écho une fois parti? Pas seulement dans des feuilles de calcul et des signatures, mais dans des gestes, du courage, de la culture. C'est là votre véritable Fréquence d'Héritage: non pas un bien statique, mais un modèle vivant. Non pas un monument, mais un mouvement. Et plus vous y mettrez d'intention maintenant, plus son impact sera puissant, tout au long de votre vie et bien au-delà.

Transcender les cycles générationnels: comment devenir le « premier » de votre lignée à créer une richesse consciente et comment la transmettre intentionnellement

Transcender un cycle générationnel, c'est réécrire le scénario que la vie nous a légué à la naissance. Lorsque ce cycle implique la pénurie financière, la honte liée à l'argent ou des croyances héritées d'inutilité, créer un patrimoine conscient devient tout simplement révolutionnaire. Il ne s'agit pas simplement de gagner plus, de mieux investir ou de laisser derrière soi des biens matériels. Il s'agit d'interrompre l'élan inconscient du passé et de le réorienter avec intention, clarté et attention. Devenir le premier de sa famille à incarner ce changement exige non seulement du courage, mais aussi une profonde intelligence intérieure – la volonté de décoder l'ADN émotionnel qui a façonné votre histoire financière.

On pense souvent que la constitution d'un patrimoine commence par une stratégie: le bon budget, le bon investissement, la bonne opportunité. En réalité, pour beaucoup, surtout ceux qui innovent au sein de leur lignée, le premier seuil est *la prise de conscience* . Avant de gagner ou de bâtir, il faut *désapprendre* . Nous portons en nous des schémas invisibles hérités de ceux qui nous ont élevés, même s'ils n'ont jamais parlé d'argent. L'anxiété d'un parent face aux factures, la fierté d'un grand-parent face au sacrifice personnel ou le malaise d'un frère ou d'une sœur face à l'ambition font partie intégrante de l'environnement interne dont découle notre comportement financier.

C'est là que le concept d'épigénétique financière offre un éclairage éclairant. Tout comme les traumatismes et la résilience peuvent se transmettre biologiquement de génération en génération, les attitudes et comportements liés à l'argent peuvent également se transmettre culturellement et émotionnellement. Des chercheurs en psychologie et en traumatismes intergénérationnels ont montré que les enfants absorbent non seulement ce que leurs parents leur enseignent explicitement, mais aussi ce qu'ils modélisent, ce qu'ils craignent et ce qu'ils évitent. Si la richesse était absente ou chargée de sens moral dans votre éducation, vous pourriez inconsciemment associer prospérité à trahison, isolement ou danger.

Pour transcender ces cycles, il faut commencer par les rendre visibles. Prenons l'histoire d'Amira, diplômée universitaire de première génération et stratège marketing accomplie. À trente-trois ans, elle gagnait plus en un an que ses parents en dix ans. Malgré cette réussite apparente, Amira se sentait rongée par la culpabilité et sabotait ses objectifs d'épargne. Chaque étape financière importante – qu'il s'agisse d'acheter une maison ou de demander une augmentation – s'accompagnait d'inconfort, parfois même de panique. En thérapie, elle a découvert une croyance profondément ancrée: surpasser la situation financière de sa famille l'éloignerait de leur amour et invaliderait leurs sacrifices. Son système nerveux avait encodé la survie comme une immuabilité ; exceller déclenchait une réaction de menace.

La véritable transformation d'Amira n'a pas commencé avec un conseiller financier, mais avec un engagement intérieur: honorer ses racines sans en reproduire les limites. Elle a commencé à avoir des conversations franches et ouvertes avec ses parents, non pas pour obtenir leur permission, mais pour trouver une solution émotionnelle. Elle a suivi une thérapie narrative pour dissocier son identité de la honte héritée. Ce n'est qu'après ce travail intérieur que le flux externe a commencé à se stabiliser. Elle a recommencé à investir, a augmenté ses dons et a commencé à encadrer des femmes plus jeunes issues de milieux similaires. Son accumulation de richesse est devenue non seulement personnelle, mais ancestrale – une forme de guérison en marche.

Être le premier d'une lignée à créer consciemment une richesse exige à la fois des limites et des passerelles. Des limites, dans le sens où vous devez refuser de reproduire des schémas obsolètes. Des passerelles, dans le sens où vous restez connecté à vos origines, non par loyauté envers la lutte, mais par une contribution intentionnelle. C'est là que la réflexion sur l'héritage doit commencer *avant* la mort. La façon dont vous incarnez aujourd'hui l'intégrité financière devient le modèle que les autres membres de votre famille – frères et sœurs, enfants, cousins, mentorés – pourraient un jour adopter.

Transmettre intentionnellement, c'est dépasser le silence ou le secret. C'est être transparent sur ses valeurs, ses choix et son évolution. Il ne s'agit pas de se vanter. Il s'agit d'enseigner. L'un des moyens les plus efficaces de transmettre une nouvelle richesse est de raconter non seulement ce que l'on a acquis, mais aussi comment on a grandi. Les enfants, en particulier, assimilent les nuances. Lorsqu'ils vous entendent parler d'abondance et de limites, de donner et de recevoir, de dépenser et d'épargner, ils apprennent que la richesse n'est pas statique, mais dynamique. Ils intériorisent la vérité selon laquelle l'argent ne se gagne pas ou ne se perd pas, mais *se gère* .

La gestion responsable est le pilier spirituel de la richesse consciente. Elle redéfinit l'argent non pas comme une possession, mais comme une énergie – quelque chose à gérer, à diffuser et à sanctifier. Dans de nombreuses cultures autochtones et ancestrales, la richesse n'était pas une question d'accumulation individuelle, mais de nourriture collective. Les ressources étaient mises en commun, redistribuées et célébrées non pas de manière isolée, mais dans leur contexte. Intégrer cette philosophie à la création de richesse moderne, c'est allier tradition et transformation. C'est se demander: comment ma réussite peut-elle répondre non seulement à mes besoins, mais aussi au développement du potentiel des autres?

L'un des principes clés ici est *la réciprocité sans épuisement* . De nombreux salariés de première génération se retrouvent à soutenir financièrement leur famille élargie, souvent de manière non structurée ou non durable. La pression émotionnelle peut conduire à l'épuisement professionnel, au ressentiment ou à un sentiment d'oubli. Être riche en conscience exige d'apprendre à donner avec discernement, non par culpabilité, mais par souveraineté. Cela peut impliquer de mettre en place un soutien structuré: financer des études plutôt que des dépenses récurrentes, offrir du capital à une entreprise plutôt que des prêts sans fin, ou créer des fonds familiaux partagés avec des directives claires. Ces choix ne sont pas moins généreux ; ils sont *plus générateurs*: ils plantent des graines plutôt que d'entretenir la dépendance.

Transmettre un patrimoine intentionnellement implique également de préparer des systèmes, et pas seulement des histoires. Cela inclut les testaments, les fiducies vivantes, les plans d'investissement éthiques et l'éducation financière. Mais cela inclut aussi les rituels d'héritage: lettres aux héritiers, déclarations de valeurs, cérémonies de gratitude, rassemblements de narration. Ce sont ces contenants qui renferment les aspects émotionnels et spirituels du patrimoine, garantissant que ce qui est transmis ne soit pas seulement de l'argent, mais aussi du sens.

Prenons le cas de Raj et Priya, un couple d'une quarantaine d'années qui a créé une marque de bien-être multimillionnaire. Issus de milieux modestes, ils étaient déterminés à élever leurs enfants avec stabilité financière et intelligence émotionnelle. Plutôt que de simplement créer une fiducie, ils ont initié des « dialogues d'impact » annuels avec leurs enfants, âgés de dix et treize ans. Ces week-ends dédiés étaient l'occasion d'échanger sur les causes qui leur tenaient à cœur, d'examiner les dons caritatifs et de permettre aux enfants de proposer des idées pour de petites subventions familiales. Au fil du temps, leurs enfants ont commencé à comprendre non seulement les mécanismes de l'argent, mais aussi sa fonction. Raj et Priya ne se contentaient pas de transmettre des biens: ils développaient *des compétences financières, de l'empathie et de l'intention* .

Ce type de leadership intergénérationnel ne nécessite pas de sommes colossales. Il exige *de la clarté* . Une clarté sur ce qui compte, ce qui guérit et ce qui dure. Que vous soyez le premier de votre famille à gagner un salaire à six chiffres, à acheter une maison ou à créer une entreprise, votre travail n'est pas seulement économique: il est archétypique. Vous réécrivez l'histoire du possible. Et ce pouvoir implique une responsabilité: incarner le changement et ouvrir la voie à d'autres.

En fin de compte, transcender les cycles générationnels ne signifie pas échapper à ses origines. Il s'agit de les *valoriser* , en choisissant ce que l'on conserve et ce que l'on abandonne avec amour. C'est une reconquête de l'autonomie, une déclaration selon laquelle on n'est pas défini par la rareté dont on a hérité, mais par l'abondance que l'on est prêt à créer et à diffuser.

Et lorsqu'il est accompli avec intégrité, ce changement devient une fréquence – une fréquence que vos descendants, et peut-être votre communauté entière, ressentiront. Non pas comme une proclamation forte, mais comme une invitation discrète: *vous pouvez vivre différemment. Vous avez le droit de vous épanouir.* Et dans cette vérité simple mais radicale réside le début d'une nouvelle lignée.

Générosité alignée sur l'âme: donner par excès, pas par obligation

La véritable générosité, examinée de près, ne se mesure pas à l'ampleur du don, mais à l'énergie avec laquelle il est offert. L'acte de donner – qu'il s'agisse d'argent, de temps ou de présence – véhicule une fréquence invisible qui transmet plus que l'offrande elle-même. Soit il élargit le donateur et le donataire, soit il diminue subtilement l'un pour élever l'autre. Dans le contexte de la richesse consciente, la générosité devient plus qu'une impulsion éthique ou une responsabilité sociale. Elle devient une pratique spirituelle – une circulation sacrée de l'abondance qui honore l'interconnexion, l'action et la plénitude. La générosité en accord avec l'âme, dans cette optique, est un don qui naît du *débordement* plutôt que de *l'obligation* . Il ne s'agit ni de performance, ni de culpabilité, ni d'apaisement ; c'est l'épanouissement naturel d'une source comblée.

Donner de son excédent signifie que son offrande est exempte de toute forme d'épuisement. Elle n'est pas obtenue par sacrifice ni motivée par la peur de la désapprobation. C'est le fruit d'un réservoir intérieur bien rempli – émotionnel, spirituel et financier. Lorsque la générosité naît de ce réservoir, elle élève autant celui qui donne que celui qui reçoit. Elle reflète une vision du monde de la suffisance: la compréhension qu'il y a suffisamment et que le partage ne diminue pas, mais multiplie.

Pourtant, en pratique, une grande partie de nos dons est enchevêtrée dans une programmation subconsciente. Pour beaucoup, notamment ceux issus de cultures collectivistes ou de communautés marginalisées, la générosité a toujours été un mécanisme de survie. Le partage des ressources était souvent nécessaire à la pérennité du groupe. Au fil du temps, ce partage, fondé sur la survie, a été canonisé comme une vertu, même lorsqu'il épuisait l'individu. Il en résulte un schéma subtil mais omniprésent: donner par réflexe et non par choix ; par pénitence et non par joie.

C'est particulièrement vrai chez les créateurs de richesse de première génération, profondément attachés à leurs racines. Leur réussite, durement acquise et souvent solitaire, devient un contrat tacite: « Je dois maintenant compenser tout ce qui m'a manqué avant. » Ils peuvent se retrouver à soutenir financièrement leur famille élargie, des causes communautaires, voire des connaissances, non pas par vocation, mais par nécessité . Dans ce modèle, donner devient une forme de fuite énergétique – une lente érosion de la souveraineté financière masquée par la compassion.

Le passage à une générosité en harmonie avec l'âme commence par *le discernement* . Il exige de se demander non seulement « Puis-je donner? », mais aussi « Est-ce un don pur? » Un don pur est exempt de ressentiment, d'attentes cachées ou de négation de soi. Il est offert librement et en harmonie avec soi-même. Il dit: « Ceci est à moi de le donner, et je l'offre avec clarté et intégrité. » Ce discernement n'est pas de l'égoïsme, c'est de la gestion. Lorsque le don est en harmonie avec l'âme plutôt qu'avec l'ego, il devient durable, nourrissant et catalyseur.

Prenons l'exemple de Nina, une directrice artistique très performante qui, après avoir connu un succès financier important, s'est sentie obligée de verser des sommes importantes à une fondation familiale créée par ses proches. Bien que la cause fût honorable – la réforme de l'éducation dans les zones défavorisées – , Nina ressentait une certaine dissonance. Elle n'avait pas été consultée sur la vision de la fondation, et son fonctionnement manquait de transparence. Pourtant, elle a contribué pendant des années, chaque fois avec un sentiment croissant de décalage. Finalement, elle a fait une pause et a réorienté ses ressources vers un programme de mentorat local qu'elle avait personnellement cofondé avec deux anciens élèves. Il ne s'agissait plus d'une question d'apparence ou d'apaisement, mais de résonance. Son don est devenu non seulement charitable, mais *vivant* .

Cet exemple met en évidence un élément crucial de la générosité en accord avec l'âme: *la relation* . Tout don ne doit pas nécessairement être relationnel au sens littéral, mais il doit l'être en conscience. Il doit refléter un lien, que ce soit avec les personnes qu'il soutient, les valeurs qu'il promeut ou l'impact qu'il vise. Le don détaché, bien qu'il soit fiscalement avantageux, active rarement les circuits humains profonds de l'empathie, de l'engagement et de l'épanouissement. À l'inverse, lorsque le don est lié à votre histoire vécue, à votre parcours de croissance ou à votre raison d'être, il devient régénérateur.

Les neurosciences modernes confirment ce constat. Des études sur l'altruisme révèlent que les actes de générosité volontaire et significative activent les centres de récompense du cerveau, en particulier le striatum ventral et le cortex préfrontal. Cette activité neuronale est moins intense lorsque le don est contraint, performatif ou ambivalent. Autrement dit, notre biologie réagit différemment selon l' *esprit* du don. Lorsqu'elle est alignée, la générosité renforce la résilience émotionnelle, réduit le stress et améliore le bien-être.

Au niveau systémique, la générosité en accord avec l'âme nous invite également à reconsidérer notre *façon* de donner. La philanthropie traditionnelle place souvent le donateur comme supérieur – le bienfaiteur, le sauveur, la main éclairée. Cette dynamique de pouvoir perpétue la hiérarchie, même sous couvert de bienveillance. Le don conscient démantèle ce paradigme. Il reconnaît l'interdépendance. Il respecte l'action du bénéficiaire. Il passe de la charité à la solidarité – de « Je donne parce que tu as besoin » à « Je donne parce que nous sommes connectés, et ton épanouissement fait partie du mien ».

Cette philosophie transparaît dans l'œuvre d'Anand Giridharadas, dont la critique de la philanthropie d'élite met en lumière la façon dont la richesse peut perpétuer les inégalités qu'elle cherche à atténuer. Son œuvre nous rappelle que la véritable générosité implique non seulement une redistribution, mais aussi une responsabilisation. Elle pose des questions difficiles: *d'où vient cette richesse? Qui a été exclu de son accumulation? Quels changements structurels doivent accompagner mes dons individuels?* Ces interrogations ne nient pas la valeur de la générosité. Elles la renforcent. Elles garantissent que nos dons ne sont pas un baume pour la culpabilité, mais un phare de conscience.

Concrètement, cela signifie intégrer la générosité à votre architecture financière, non pas comme une simple réflexion, mais comme un pilier. Qu'il s'agisse d'un pourcentage de dons intégré à votre budget, d'un fonds de dotation orienté vers vos valeurs ou d'un soutien communautaire informel et structuré, la clé réside dans l'intentionnalité. La générosité ne doit pas compromettre votre bien-être financier. Elle doit l'exprimer.

De plus, donner avec excès exige de *s'occuper d'abord de sa propre coupe* . On ne peut pas faire circuler ce qu'on n'a pas cultivé. L'épuisement émotionnel, le burn-out et le ressentiment ne sont pas des signes d'échec, mais de déséquilibre. Ils signalent le besoin de faire une pause, de se recalibrer et de restaurer ses réserves intérieures. Ainsi revigorée, la générosité devient joyeuse plutôt qu'encombrante. Elle devient un acte d'affirmation, et non d'amputation.

Le cycle naturel de l'eau est une métaphore élégante de cette dynamique. Une source alimente une rivière, qui nourrit la terre, qui réapprovisionne l'aquifère, qui alimente la source. Brisez ce cycle à tout moment – prélèvement excessif, pollution, manque de repos – et tout le système s'effondre. De même, la générosité en harmonie avec l'âme exige une circulation qui honore la source. Vous êtes la source. Votre bien-être, votre clarté, votre harmonie – ce ne sont pas des luxes ; ce sont des prérequis.

Enfin, la véritable abondance *exige* la circulation. La richesse accumulée stagne. Elle engendre peur, isolement et distorsion. La richesse circulée – partagée avec discernement, offerte avec cœur – amplifie. Elle renforce la confiance, le lien et la continuité. Elle transforme le donneur, le receveur et l'espace entre eux. Il ne s'agit pas d'un optimisme New Age ; c'est la réalité économique. Des études en économie comportementale confirment que les communautés caractérisées par une entraide et une responsabilité financière collective plus élevées sont plus performantes que celles qui sont animées par la concurrence et l'isolement, notamment en temps de crise.

La générosité en accord avec l'âme ne consiste pas à donner davantage. Il s'agit de donner *véritablement* . Elle vous invite à devenir un vecteur d'abondance, non seulement matériellement, mais aussi énergétiquement. Elle vous met au défi de vous demander: d'où vient mon don? Que nourrit-il? Que révèle-t-il sur ma vision du monde?

Et surtout: que signifierait donner comme si votre intégrité en dépendait – non pas parce que vous y êtes obligé, mais parce que vous *le pouvez?* C'est l'essence même de la générosité en accord avec l'âme. Non pas une obligation, mais un débordement. Non pas un épuisement, mais un dévouement. Et dans cet espace, donner devient non pas une transaction, mais une transmission.

Concevoir votre plan d'impact: imaginer une vie de contribution utile

La véritable richesse ne se mesure pas uniquement à ce que nous accumulons, mais à l'effet d'entraînement de notre façon de vivre, de donner et de diriger. Dans le contexte d'une croissance financière consciente, concevoir un *plan d'impact* consiste à aligner ses valeurs personnelles, ses ressources financières et son objectif de vie au sein d'une stratégie cohérente qui laisse une empreinte significative sur les personnes, les systèmes et l'avenir. Il s'agit d'un puissant passage d'un héritage passif à une influence active, de l'accumulation à l'activation. Fondamentalement, un plan d'impact n'est pas une question de charité ; c'est une question d'intentionnalité. C'est l'architecture d'une vie qui façonne les autres non seulement par la richesse matérielle, mais aussi par le temps, les compétences, les relations et la résonance spirituelle.

Ce concept s'inspire de la philanthropie stratégique et de l'entrepreneuriat social, mais va au-delà. Il pose la question: *quelle présence est-ce que je souhaite exercer dans le monde?* Qu'hériteront mes décisions, non seulement sur le plan financier, mais aussi émotionnel et éthique? Ces questions ne sont pas réservées aux milliardaires ou aux personnes proches de la retraite. Elles sont pertinentes à toutes les étapes de la vie, car l'impact ne commence pas lorsque l'on est prêt à « donner », mais lorsqu'on choisit d' *avancer* .

Concevoir votre plan d'impact repose sur trois piliers essentiels: la conscience de soi, la clarté structurelle et l'adaptation continue. Premièrement, la conscience de soi est fondamentale. Vous devez comprendre la confluence unique de vos dons, privilèges, blessures et aspirations. C'est le terreau psychique sur lequel naît toute contribution significative. Trop souvent, on tente de créer un impact à partir de l'abstraction, en soutenant des causes à la mode, déconnectées ou performatives. La véritable résonance naît de l'intégration de vos expériences vécues dans votre influence.

Prenons par exemple l'histoire de Malachi, un immigré de deuxième génération qui a créé une entreprise de conseil en logiciels prospère. Ses premières années ont été marquées par la marginalisation systémique, le sacrifice de sa mère et la résilience silencieuse de sa communauté. Au départ, Malachi donnait à de grandes organisations caritatives internationales, mais se sentait émotionnellement désinvesti. Après s'être engagé dans le coaching et la recherche ancestrale, il a changé de cap. Il a commencé à financer des programmes locaux d'éducation technologique pour les jeunes réfugiés de sa ville natale, reflétant le soutien qu'il n'a jamais reçu. Son projet n'a pas été construit sur des feuilles de calcul ; il a été façonné par la mémoire, l'empathie et la réappropriation.

Ceci nous amène au deuxième pilier: la clarté structurelle. Une vision sans stratégie est synonyme de sentiment. Concevoir son impact signifie concrétiser son intention. Cela peut impliquer la création d'un fonds à vocation philanthropique, la création d'une fondation, la création d'une entreprise sociale, le mentorat au sein d'un système ou l'investissement dans des fonds d'impact. Mais ces instruments ne doivent pas être choisis de manière réactive: ils doivent servir une vision plus large. La structure est source de durabilité. Elle permet à votre impact d'aller au-delà de l'humeur, de la bande passante ou de la performance. Un plan directeur ancre la vision dans la réalité.

Prenons le cas d'Elise et Jordan, deux artistes qui sont passés de revenus à la demande à des revenus réguliers grâce à l'octroi de licences et à l'enseignement en ligne. Leur stabilité financière s'est accrue, tout comme leur désir de contribuer. Plutôt que de consacrer de l'argent à des causes abstraites, ils ont créé une « subvention Creative Commons » pour permettre aux artistes émergents de couleur d'accéder à un espace de travail, à du mentorat et à un soutien en santé mentale. Ils ont reversé 10 % de leur bénéfice net mensuel à un fonds communautaire et ont mis en place un processus de candidature co-conçu avec d'anciens bénéficiaires. Leur modèle de don ne s'est pas inspiré de la philanthropie d'élite ; il a émergé naturellement de leur écosystème. Leur modèle était simple, évolutif et ancré dans leur travail.

Le troisième pilier – l'adaptation continue – est souvent négligé dans les modèles traditionnels d'héritage. Trop souvent, on conçoit un plan directeur puis on le fige: des fondations ancrées dans le passé, des objectifs statiques ou des legs rigides. Mais la vie évolue. Les valeurs s'approfondissent. Les besoins évoluent. Un plan directeur d'impact véritablement conscient est un document vivant. Il est revu, révisé et réimaginé. Il s'adapte aux changements sociaux, aux bouleversements économiques, à l'épanouissement personnel et aux transitions générationnelles. Il ne s'accroche pas à la forme ; il reste fidèle à sa fonction: faire la différence de manière nécessaire, et non pas seulement par nostalgie.

Concrètement, cela pourrait impliquer de revoir votre vision d'impact chaque année, parallèlement à votre bilan financier. Vous pourriez également interroger vos enfants, vos mentorés ou vos collaborateurs sur l'impact de votre contribution. Est-elle valorisante ou dépendante? Perpétue-t-elle le contrôle ou cultive-t-elle l'autonomie? Est-elle motivée par l'héritage ou la pertinence? Ces questions créent des boucles de rétroaction qui affinent non seulement vos dons, mais aussi *la manière dont* vous les donnez, et pourquoi.

Il est tout aussi important de reconnaître que l'impact n'est pas toujours visible. Certaines des contributions les plus transformatrices sont intimes, lentes et invisibles au public. Accompagner un jeune jusqu'à l'âge adulte. Financer la thérapie d'un cousin. Créer un jardin régénérateur dans un désert alimentaire. Créer une œuvre artistique qui guérit les traumatismes intergénérationnels. Ces actes ne font pas toujours la une des journaux, mais ils créent *des effets concrets*: des vagues de possibilités qui transforment la façon dont les autres pensent, ressentent et agissent. Votre plan d'impact doit tenir compte de ces micro-mouvements, et non pas seulement de macro-interventions.

C'est ici que l'esprit rencontre la structure. Lorsque votre impact est porté à la fois par une clarté stratégique et une résonance profonde, il devient magnétique. Vous attirez des collaborateurs alignés, catalysez des résultats inattendus et incarnez un leadership qui transcende les indicateurs. Vous cessez d'être généreux et commencez *à incarner la responsabilité* . Et c'est peut-être là l'aspect le plus radical d'un plan d'impact: il dissout la distinction binaire entre le donateur et le bénéficiaire. Vous n'avez pas d'impact en tant que sauveur, mais en tant que participant à un développement commun.

De plus, à mesure que vous concevez ce plan, vous constaterez peut-être que votre guérison s'accélère. Donner de manière intégrée apaise souvent les blessures intérieures. Cela permet de retrouver sa capacité d'agir. Cela transforme la honte en carburant, l'isolement en héritage. L'impact n'est donc pas une destination, c'est un *chemin vers le devenir* . C'est un miroir qui reflète qui vous devenez tout en révélant ce que le monde peut recevoir à travers vous.

En fin de compte, votre plan d'impact est une lettre d'amour à l'avenir. Il dit: « Je n'ai pas seulement cherché à réussir, j'ai cherché à servir. Je n'ai pas seulement amassé des richesses, je les ai distribuées avec soin. Je n'ai pas seulement existé, j'ai laissé une empreinte. »

Et cette empreinte, si elle est façonnée consciemment, durera plus longtemps que votre nom, votre marque ou vos actifs. Elle perdurera dans les personnes que vous avez élevées, les systèmes que vous avez remodelés et les histoires qui vous ont survécu. C'est là la véritable mesure de la richesse. Et elle commence non pas un jour, mais maintenant. Par un choix, une offrande, un plan – écrit non seulement avec de l'argent, mais avec du sens.

La mort, la dignité et la richesse que vous laissez derrière vous: se préparer financièrement et spirituellement à la fin

La mort est la seule certitude que nous partageons tous, et pourtant, elle reste l'un des sujets de conversation les plus négligés de notre époque, tant sur le plan émotionnel que financier. La société moderne, en quête de longévité et de réussite matérielle, a cultivé une étrange amnésie autour de la mortalité, comme si l'ignorer pouvait retarder son arrivée. Ce déni, bien qu'ancré culturellement, a un coût. Il laisse les familles démunies, les richesses mal utilisées et des héritages plus profonds non racontés. Pour ceux qui cherchent à vivre en conscience et à s'enrichir intentionnellement, affronter la fin n'est pas morbide. C'est sage. C'est digne. Et c'est essentiel.

Ce chapitre propose une approche audacieuse et holistique de la mort, non seulement sous l'angle de la préparation financière, mais aussi à travers le champ plus nuancé des rituels de clôture énergétique et d'héritage. Nous explorons ce que signifie bien mourir, non seulement avec un testament signé, mais avec son essence transmise, ses affaires en ordre et ses relations intactes. Le véritable héritage ne commence pas par ce que l'on laisse derrière soi, mais par la façon dont on se prépare à se libérer de ce que l'on a conservé.

La dimension financière de la planification de fin de vie est relativement simple en principe: testaments, fiducies, procurations, directives anticipées en matière de soins de santé et droits de succession. Pourtant, en pratique, elle est semée d'embûches. Selon de récentes enquêtes mondiales, plus de la moitié des adultes de plus de quarante ans n'ont pas rédigé de testament légal. Encore moins nombreux sont ceux qui ont communiqué clairement leurs volontés à leur famille. Ce vide engendre souvent confusion, conflits et litiges coûteux, transformant le deuil en impasse.

Rédiger un testament est un acte de clarté. Mais élaborer un plan successoral intentionnel est un acte de sollicitude. C'est une expression d'amour et de responsabilité qui perdure au-delà de notre vivant. Cela répond à des questions que vous ne pourrez résoudre que lorsque vous serez présent. Qui héritera de quoi et pourquoi? Qui gérera vos affaires en cas d'inaptitude? Quelles valeurs devraient guider la répartition de vos biens? Ces décisions, prises tôt et mises à jour régulièrement, épargnent à vos proches le fardeau de deviner vos intentions.

Prenons l'exemple de Mateo et Ari, un couple homosexuel d'une cinquantaine d'années qui avaient bâti ensemble une entreprise de décoration d'intérieur prospère. Bien qu'ils aient tout partagé pendant deux décennies, ils n'avaient aucun document successoral officiel. Lorsque Mateo est décédé subitement d'un accident vasculaire cérébral, sa famille biologique, séparée depuis des années, a contesté la propriété de la maison et des biens commerciaux du couple. Le deuil a été aggravé par la bureaucratie et la trahison. Ce n'est qu'au terme d'une bataille juridique ardue qu'Ari a pu conserver ce qu'ils avaient bâti ensemble. Un testament ou une fiducie correctement rédigés auraient pu éviter cette issue.

Au-delà de la légalité se cache une dimension plus profonde: la clôture énergétique. Ce concept fait référence à la préparation émotionnelle et spirituelle à la mort, qui transcende les formalités administratives. Il comprend des conversations qui apaisent les tensions, des expressions de gratitude, des bénédictions transmises des aînés à la génération suivante, et la transmission d'histoires, de valeurs et d'enseignements qu'aucun document ne peut contenir. La clôture énergétique consiste à quitter ce monde vide de regrets et empli de présence.

Dans de nombreuses traditions autochtones, cette dimension de préparation est au cœur des rituels funéraires. Les mourants sont encouragés à raconter leurs expériences de vie, à confesser leurs tensions non résolues et à transmettre leur sagesse à leurs descendants. Ces conversations ne sont pas seulement cathartiques, elles sont fondamentales. Elles ancrent la génération suivante dans un sentiment d'appartenance et d'identité. Pourtant, dans la culture occidentale, où la mort est souvent médicalisée et séquestrée, ces rituels sont de plus en plus rares. Par conséquent, les familles héritent de biens, mais pas de sens.

Réintroduire de tels rituels dans la vie moderne requiert une intention. Cela peut être aussi simple que d'enregistrer une série de messages vidéo à vos enfants, racontant vos choix, vos valeurs et l'amour que vous ressentiez, mais que vous n'avez peut-être pas toujours su exprimer. Cela peut être de rédiger une « lettre de legs », partageant vos croyances spirituelles, vos leçons financières et vos espoirs pour les générations futures. Ou encore, d'organiser une cérémonie – pendant que vous êtes encore en bonne santé – où vous proclamez vos bénédictions à voix haute et constatez l'impact de votre vie en temps réel.

De tels actes ne profitent pas seulement aux autres. Ils sont profondément apaisants pour soi-même. Ils procurent un sentiment d'accomplissement, de cohérence et de paix. Accompli avec réflexion, ils permettent à la mort de devenir non pas une rupture, mais un rite de passage.

Cela ne signifie pas que chaque décès est simple ou que chaque famille est réceptive. Certaines relations restent brisées. Certaines histoires sont douloureuses. Mais même dans ces cas, votre préparation peut prévenir de nouveaux dommages. En formulant clairement vos volontés, en désignant des exécuteurs testamentaires responsables et en créant des structures qui reflètent vos valeurs les plus profondes, vous réduisez le risque que l'ambiguïté ne soit instrumentalisée. Ce faisant, vous offrez non seulement un héritage matériel, mais aussi une clarté émotionnelle.

Le concept de « nettoyage après la mort », popularisé par la pratique suédoise du *döstädning* , ajoute une dimension supplémentaire à la pleine conscience. Ce processus consiste à se débarrasser progressivement des biens matériels devenus inutiles, en sachant que quelqu'un d'autre devra un jour s'en occuper. Ce n'est pas une tâche pénible, c'est un acte de grâce. Il reconnaît l'impermanence des choses et laisse de la place à ce qui compte le plus.

De plus, votre planification successorale peut – et doit – s'étendre à la structure de votre patrimoine. Vos investissements sont-ils conformes à votre éthique? Vos dons reflètent-ils vos convictions? Avez-vous créé des fonds de dotation ou des fonds d'impact qui poursuivront votre action? La richesse consciente ne s'arrête pas à l'accumulation: elle évolue vers *la circulation* . Vous avez la possibilité de créer des véhicules qui continueront de transmettre vos valeurs longtemps après votre décès.

Un exemple frappant est celui de Ravi, médecin et enseignant qui, au cours des dix dernières années de sa vie, a créé un fonds de bourses pour les étudiants ruraux en médecine intégrative. Mais il ne s'est pas contenté d'une question d'argent. Il a compilé un recueil d'enseignements, de méditations enregistrées et de récits de sa carrière, le tout conservé dans un dépôt numérique accessible à ses futurs bénéficiaires. Son héritage n'a pas seulement été financé, il a été *ressenti* . Son décès a été pleuré, mais sa présence est restée.

Ce type de planification successorale ne nécessite pas une fortune colossale, mais une conception réfléchie. Que ce soit par de modestes économies, des dons créatifs ou des réflexions profondément personnelles, l'important est de veiller à ce que ce que vous avez construit, intérieurement et extérieurement, ne disparaisse pas sans partage. La mort n'est pas un vide, mais un réceptacle.

En fin de compte, le patrimoine que vous laissez derrière vous ne se limite pas à votre bilan. Il reflète la personne que vous êtes devenue de votre vivant. Il reflète l'intégrité avec laquelle vous avez géré le pouvoir, la générosité avec laquelle vous avez partagé et la sagesse que vous avez été disposé à exprimer. Se préparer à la mort avec intelligence financière et spirituelle n'est pas morose, c'est libérateur. Cela libère vos proches. Cela clarifie votre impact. Cela confère de la dignité à votre départ.

Vous n'êtes pas seulement l'auteur de votre vie, vous êtes le gardien de votre héritage. La façon dont vous affrontez votre fin fait partie de votre histoire. Rendez-la consciente. Rendez-la complète. Et ce faisant, vous faites de votre richesse – matérielle et énergétique – un don durable, non seulement pour vos héritiers, mais aussi pour l'évolution de l'humanité.

Tableau de vision interactif: La carte de l'héritage – Concevoir une mission financière multigénérationnelle

L'héritage est souvent perçu comme un concept statique, gravé dans la pierre après le départ. Mais dans le contexte d'une gestion responsable de la richesse et d'une gestion générationnelle, l'héritage n'est pas un monument au passé. C'est un projet vivant pour l'avenir. Il évolue, respire et s'adapte à chaque génération qu'il touche. La *Carte de l'héritage* est un outil de visualisation guidée qui redéfinit l'héritage non pas comme un legs définitif, mais comme une mission permanente: un plan dynamique indiquant comment votre patrimoine, vos valeurs et votre sagesse continueront de servir tout au long de votre vie. Cette approche remet en question la notion obsolète d'héritage comme simple transfert de propriété et la remplace par un modèle participatif et intentionnel d'une intention multigénérationnelle.

Le concept de carte patrimoniale s'inspire de diverses disciplines: philanthropie stratégique, gouvernance familiale, planification financière, apprentissage visuel et même rituel spirituel. Fondamentalement, il s'agit à la fois d'un exercice de réflexion et d'un cadre tactique. L'objectif n'est pas simplement de visualiser ce que vous laisserez derrière vous, mais d' *aligner votre trajectoire patrimoniale à long terme sur vos convictions les plus profondes* . Il vous invite à imaginer ce que vous construisez non seulement pour vos enfants ou vos successeurs, mais aussi avec eux. Cette distinction est fondamentale: l'héritage est moins une question de *don* que de *co-création* .

Une carte patrimoniale diffère d'un tableau de visualisation classique en ce qu'elle ne se concentre pas uniquement sur les étapes personnelles ou les symboles matériels de réussite. Elle intègre plutôt des dimensions telles que la littératie financière, l'héritage émotionnel, l'impact communautaire, la continuité spirituelle et la conscience systémique. Elle invite à se demander: quelles valeurs est-ce que je souhaite que mon patrimoine perpétue? Quels types de décisions cet argent devrait-il permettre de prendre, non seulement aujourd'hui, mais dans cinquante ans? Comment m'assurer que mes ressources favorisent l'autonomisation, et non le sentiment d'avoir droit à quelque chose?

Le processus commence par une introspection. Avant de fixer des repères visuels ou des objectifs stratégiques, la carte nécessite un inventaire personnel. Cela implique de revisiter les moments clés de votre vie où l'argent a façonné le sens: périodes de pénurie, d'abondance, de don, de réception et de recadrage. Ces histoires contiennent des indices. Elles révèlent les thèmes qui ont régi votre relation à la richesse et exposent les croyances que vous avez intériorisées ou transcendées. Cartographier ces points d'origine n'est pas sentimental, c'est stratégique. Car sans comprendre votre propre récit financier, il devient presque impossible d'en construire un qui transcende les générations avec clarté.

Une fois ce travail de réflexion posé, la vision commence. La carte vous invite à définir cinq vecteurs principaux: valeurs, vision, vecteurs, voix et vélocité. *Les valeurs* représentent les principes fondamentaux que vous souhaitez voir incarner par votre patrimoine: intégrité, justice, créativité, résilience ou communauté. *La vision* décrit les impacts spécifiques que vous souhaitez avoir: accès à l'éducation, régénération environnementale, préservation culturelle ou autonomisation entrepreneuriale. *Les vecteurs* sont les outils financiers et structurels qui porteront votre vision, tels que les fiducies, les fonds à vocation consultative, les portefeuilles d'investissement ou les entreprises. *La voix* capture le récit dont vous souhaitez qu'on se souvienne, non seulement dans les documents juridiques, mais aussi dans les lettres, les récits, les rituels et les enseignements. La *vélocité quant à elle,* cartographie le rythme souhaité pour le déploiement de votre héritage, que votre impact soit destiné à s'étendre lentement dans le temps ou à déclencher une transformation rapide dans le présent.

Ces catégories ne fonctionnent pas en vase clos ; elles sont intrinsèquement interconnectées. Par exemple, si l'équité est l'une de vos valeurs et que votre vision est de financer les futures générations d'entrepreneurs sociaux issus de communautés défavorisées, votre véhicule pourrait inclure un fonds d'impact géré en partie par vos descendants, votre voix étant portée par une réunion annuelle de partage d'expériences contextualisant l'origine du fonds. La vélocité pourrait être planifiée sur trente ans, avec des réajustements périodiques tous les cinq ans. Une telle précision transforme une intention vague en une feuille de route concrète.

Des exemples concrets illustrent le concept de la Carte Héritage. Prenons le cas de Laila, avocate spécialisée dans les droits civiques, qui a amassé un patrimoine modeste mais stable grâce à des investissements judicieux et à l'accession à la propriété. Plutôt que d'attendre sa mort pour distribuer son héritage, elle a impliqué ses enfants adultes dans un processus de conception collective. Ensemble, ils ont élaboré une stratégie de dons sur plusieurs décennies, alliant leurs passions: l'engagement de Laila pour la justice, l'expertise de sa fille en éducation et l'intérêt de son fils pour la politique environnementale. Ils ont élaboré un calendrier de dons commun, avec rotation trimestrielle des personnes choisissant la cause, et des séances de réflexion obligatoires y ont été intégrées. Ils ont également rédigé des lettres de legs et enregistré de courtes vidéos expliquant les injustices historiques et les aspirations qui ont influencé leurs décisions. La carte n'était pas une affiche murale, mais un contrat vivant de co-gestion.

Les bienfaits psychologiques de ce processus sont considérables. S'engager dans la cartographie de l'héritage réduit la peur de l'insignifiance qui accompagne souvent le vieillissement. Cela transforme la planification de fin de vie en un acte créatif. Pour les jeunes générations, cela dissipe l'ambiguïté et le sentiment de droit acquis qui engendrent si souvent des conflits après l'héritage. Lorsque l'héritage devient un dialogue plutôt qu'un monologue, les familles se renforcent, gagnent en cohésion et sont plus tournées vers l'avenir. Elles commencent à considérer la richesse non pas comme une ressource limitée, mais comme un écosystème évolutif d'énergie, de perspicacité et d'impact.

Il est essentiel que la Carte de l'Héritage intègre également *des rituels* . Il ne s'agit pas d'un geste symbolique. Dans ce contexte, le rituel est l'intégration intentionnelle d'un sens dans l'action. Qu'il s'agisse d'allumer une bougie lors de votre séance de visualisation de l'héritage, d'intégrer des récits ancestraux dans vos réunions financières ou de concevoir un rite de passage pour les enfants qui atteignent un âge important et héritent d'une partie du fonds de dons familial, ces petites cérémonies ancrent la carte dans une expérience incarnée. Elles créent la mémoire. Elles signalent l'importance. Elles ancrent des valeurs abstraites dans des pratiques concrètes.

Cette approche s'intègre également parfaitement à d'autres modalités. Pour ceux qui ont recours à des thérapies somatiques, au coaching narratif ou au travail de constellation familiale, la Carte Héritage devient un outil complémentaire. Elle offre un canevas pour recadrer les traumatismes financiers intergénérationnels et les transformer en orientation consciente. Elle permet de mettre en lumière les loyautés invisibles qui peuvent entraver la croissance financière – comme la croyance subconsciente selon laquelle surpasser ses parents est déloyal – et de les remplacer par un rééquilibrage ciblé.

Une carte patrimoniale véritablement puissante transcende les objectifs personnels et ose façonner la culture. Elle considère l'argent non seulement comme une sécurité personnelle, mais aussi comme une influence sociale. Elle pose la question: *comment puis-je utiliser mon capital pour lutter contre les inégalités, nourrir la créativité ou faire évoluer les paradigmes?* L'héritage devient alors non pas l'ombre de votre vie, mais son prolongement le plus lumineux. Il vous permet de passer de la propriété à l'orchestration.

Et surtout, il n'est pas nécessaire qu'elle soit parfaite. Une carte d'héritage est itérative. Elle est revue, remodelée et réimaginée au fil de votre vie. L'objectif n'est pas la permanence, mais l'alignement. Pas la rigidité, mais la résonance. C'est votre boussole, pas votre cage.

Dans un monde de plus en plus dominé par les indicateurs à court terme, la réussite transactionnelle et les clivages générationnels, créer une mission financière multigénérationnelle grâce à une carte patrimoniale est un acte de prévoyance radical. Cela confirme que votre richesse – matérielle, émotionnelle, intellectuelle et spirituelle – compte non seulement aujourd'hui, mais aussi pour l'avenir que vous ne verrez peut-être jamais. Cela confère de la dignité à l'œuvre de votre vie en veillant à ce que son essence ne disparaisse pas, mais vibre pour l'avenir.

En fin de compte, la Carte de l'Héritage ne se résume pas à ce que vous laissez derrière vous, mais à ce que vous mettez en œuvre. Créée avec clarté, soin et courage, elle devient non seulement un outil d'héritage, mais aussi un témoignage de vie intentionnelle.

Conclusion
La monnaie de la conscience

Pendant des générations, la richesse a été évaluée selon des critères statiques: patrimoine net, titres de propriété, relevés de dividendes, le maigre réconfort des soldes de comptes. Pourtant, à la fin de ce livre, une vérité plus profonde émerge: la richesse n'est pas ce que l'on saisit, mais ce que l'on déplace. Il s'agit d'un changement non seulement de pensée, mais aussi d'être: un rééquilibrage de la prospérité, de la thésaurisation à la circulation, de la propriété à l'orchestration. Dans ce paradigme émergent, la monnaie ne se forge pas uniquement dans la monnaie ou le marché, mais dans la motivation. Elle imprègne vos décisions, vos échanges, et même la façon dont vous partagez l'addition avec un inconnu à un dîner. Ce flux ne façonne pas seulement votre histoire financière ; il se répand, imprimant les contours émotionnels et éthiques de votre communauté.

Ce chapitre n'est pas une conclusion claire et nette. Il s'agit plutôt d'une respiration avant le saut: un appel à l'intégration, à absorber ce qui précède et à en faire l'expérience concrète. Vous êtes maintenant invité à incarner cette convergence de savoir-faire financier et de sensibilité spirituelle. Non pas sous forme de théorie, mais de rituel. Il ne s'agit pas de devenir un maître des marchés ou un magicien de la manifestation ; il s'agit de devenir un intendant, celui qui comprend l'argent comme un mouvement, et non comme une mesure. Car lorsque la conscience entre en jeu, l'argent cesse d'être une source de tension ou de statut. Il devient un vecteur de cohérence, de choix, de confiance.

Au fil de ces pages, vous avez décortiqué des préjugés hérités, passé au crible des habitudes subconscientes et exploré les dimensions neurobiologiques, quantiques et somatiques de votre réalité financière. Vous avez découvert des exercices non seulement informatifs, mais aussi catalytiques, conçus pour vous toucher du mieux possible. Vous avez remis en question l'évangile de la rareté, démantelé le piédestal de la supériorité, réimaginé l'humble budget comme une sorte d'échafaudage spirituel et en êtes venu à considérer l'abondance non pas comme un excès, mais comme un alignement. Mais ne confondons pas introspection et achèvement. Le travail ne s'achève que lorsque votre richesse devient cinétique, qu'elle vous traverse avec une direction, et non une dérive.

Ce mouvement – ce flux – n'est pas de la charité sous couvert de vertu. Il ne s'agit pas de donner ce dont on n'a pas besoin. Il s'agit de réciprocité, de reconnaître que l'argent ne circule pas dans le vide. Chaque livre, chaque roupie, chaque dollar porte une trace – de votre humeur, de votre lucidité, de votre peur, de votre intégrité. Voici donc l'invitation la plus profonde: prenez le temps de réfléchir avant de dépenser. Demandez-vous: « Qu'est-ce que j'alimente? » « À qui est-ce que je souscris par ce choix? » et, peut-être plus poignant encore, « Est-ce ainsi que je souhaite que ma force vitale circule? »

Prenons l'exemple de Nina, conseillère financière chevronnée auprès des ultra-riches. Pendant des années, elle a été l'architecte de portefeuilles performants. Mais le choc de la mort l'a poussée à reconsidérer sa situation. Ses feuilles de calcul sont restées, mais l'essence de son travail a évolué. Elle a commencé à encourager ses clients à ressentir leurs investissements, et non plus seulement à les analyser. À orienter leurs fonds vers la résilience climatique, la dignité des travailleurs, des projets régénérateurs – des initiatives qui rapportaient des dividendes non seulement en termes de devises, mais aussi en termes de conscience. Ses clients n'ont pas seulement constaté des rendements différents ; ils sont devenus d'autres personnes. Leur sentiment de suffisance s'est accru. Leur anxiété face à la richesse a diminué. Leurs stratégies n'ont pas seulement changé, leur état d'esprit, lui.

Voilà donc le cœur de la monnaie consciente: l'argent comme moyen, et non comme fin. Un moyen par lequel votre éthique devient visible, vos valeurs audibles, votre présence indéniable. Il ne s'agit plus de contrôle ou de conquête. Il s'agit de collaboration – avec soi-même, avec le système, avec l'âme.

Cela ne signifie pas pour autant qu'il faille négliger les aspects pratiques. Conservez les feuilles de calcul. Conservez les prévisions. Mais laissez-les respirer. Qu'elles reflètent non seulement des chiffres, mais aussi des nuances. Lorsque vous budgétisez, soyez vigilant. Lorsque vous investissez, vérifiez l'intégrité. Lorsque vous dépensez, soyez attentif à la résonance. Posez-vous les questions étranges et gênantes: « Cet achat reflète-t-il la personne que je suis en train de devenir? » « Est-ce que cela me restreint ou ouvre-t-il un horizon plus vaste? » Toutes les réponses ne seront pas faciles. C'est là tout l'intérêt.

Plus généralement, cette relation réinventée à la richesse vous invite à un leadership discret, non pas sur le podium, mais bien vécu. Celui qui transforme les cultures familiales, remodèle les conversations à table, redessine les contours d'un lieu de travail. Il vous demande d' être celui qui parle ouvertement d'argent sans honte. Qui impose des limites avec grâce. Qui fait preuve d'empathie dans les revenus et de transparence dans les transactions. Qui apprend à ses enfants à allier intelligence émotionnelle et aisance financière. Pas haut et fort. Pas parfaitement. Mais systématiquement.

Ce leadership est subtil. Il transparaît dans votre façon de réagir aux pressions financières. Dans le soin avec lequel vous répartissez les ressources. Dans le silence que vous gardez lorsqu'une fanfaronnade circule dans la pièce – et dans votre sourire, privilégiant la profondeur à l'apparence. Ces gestes, aussi modestes soient-ils, sont ceux où la conscience se manifeste. Non pas sous les projecteurs, mais dans la couture.

Et soyons honnêtes: il ne s'agit pas d'une exécution parfaite. Attendez-vous à des faux pas. Il y aura des moments de contraction, des poussées d'ego, la vieille voix de la pénurie murmurant son refrain familier. Ce n'est pas un échec. C'est la boucle de rétroaction de la croissance. Il ne s'agit pas de maintenir un alignement performatif. Il s'agit de rester réactif, prêt à changer de cap lorsque l'on s'égare. La conscience de l'argent n'est pas linéaire. Elle est évolutive. Elle est en spirale. Elle ondule. Elle bourdonne.

Pour ancrer cela, de nombreux lecteurs apprécient les rituels personnels: des gestes simples et récurrents qui donnent du sens à l'argent. Vous pourriez organiser des réflexions mensuelles, non seulement pour suivre vos dépenses, mais aussi pour évaluer votre niveau émotionnel. Ou encore, tenir un journal hebdomadaire sur la façon dont vos choix financiers façonnent votre estime de soi. Ou encore, chaque saison, vous asseoir avec vos comptes et vous demander: « Qu'est-ce qui m'a changé et qu'ai-je changé? » Ces rituels ne sont pas des tâches. Ce sont des soins. Ils ancrent la conscience dans un rythme, permettant à la conscience de s'enraciner.

Et au final, et c'est la vérité, votre richesse ne se mesurera pas en chiffres. Elle se ressentira dans votre liberté. Dans le calme qui vous envahit lorsque vos choix reflètent vos valeurs. Dans la joie de voir vos ressources toucher des vies – élever, restaurer, inspirer.

Ce livre n'a jamais été uniquement consacré à l'argent. Il a été question d'action. De présence. De possibilités. De se rappeler que l'on n'est pas un spectateur sur le marché: on est un compositeur de systèmes qui guérissent ou nuisent, restreignent ou élargissent, réduisent au silence ou renforcent.

Alors, lorsque vous quitterez ces pages et reviendrez à la trame de votre vie, gardez ceci en tête: vous n'êtes pas fait pour accumuler. Vous êtes fait pour harmoniser. Pour devenir un canal, non seulement de prospérité, mais aussi de sens. Pour laisser vos transactions être porteuses de transformation. Vos choix, votre conscience.

Ce faisant, vous changez bien plus que vos comptes. Vous changez le secteur. Vous changez l'avenir.

Un flux intentionnel à la fois.

Lier tout cela ensemble: votre nouvelle relation avec la richesse

L'étape finale de toute transformation significative est l'intégration. C'est là que la compréhension devient incarnation, que l'apprentissage devient mode de vie. Au fil de ce livre, vous avez exploré l'argent de manière multidimensionnelle, non pas comme une ressource statique à acquérir, mais comme un courant vivant qui reflète votre conscience. Vous avez examiné des croyances héritées, repensé des récits autodestructeurs, adopté la science vibratoire de la valeur et exploré le croisement subtil mais puissant de la spiritualité, de la neurobiologie et de la finance. Maintenant, en reliant le tout, nous passons de la théorie au rythme. Il ne s'agit pas de conclure, mais de *s'ouvrir* à unc nouvelle façon d'être en relation avec la richesse.

Au cœur de ce nouveau paradigme se trouve une vérité radicale mais bien ancrée: la richesse ne se résume pas à ce que l'on *détient* , mais à la façon dont on la *fait circuler* . Cette redéfinition est d'une simplicité trompeuse. Pourtant, elle bouleverse tout. Dans les paradigmes traditionnels, la richesse est perçue comme une accumulation: amasser des actifs, renforcer sa sécurité et mesurer la réussite grâce à des indicateurs visibles. Dans ce cadre évolutif, la richesse est repensée comme *une circulation intentionnelle*: une interaction dynamique entre donner et recevoir, épargner et partager, construire et s'abandonner. Elle ne se limite pas à ce que l'on possède, mais à la façon dont cette richesse s'harmonise, se déplace, s'élève et se régénère.

Considérez la différence entre un réservoir et une rivière. Un réservoir peut contenir de vastes quantités d'eau, mais s'il stagne, il devient toxique. Une rivière, en revanche, nourrit chaque environnement qu'elle traverse, même lorsqu'elle coule vers l'incertitude. La richesse consciente se comporte davantage comme une rivière. Elle coule en accord avec un but, ajuste son cours en toute conscience et permet à l'abondance d'être à la fois une expérience personnelle et un don collectif.

Cette orientation a de profondes implications. D'une part, elle dissout le clivage artificiel entre intelligence financière et intégrité spirituelle. Vous n'avez plus à choisir entre tableurs et âme, pragmatisme et détermination. Vous êtes désormais équipé pour élaborer des budgets comme des rituels de respect, investir avec stratégie et intuition, et donner non par culpabilité ou par devoir, mais par excès sincère. Vous comprenez que la manifestation sans action est un fantasme, et qu'une planification financière sans résonance incarnée est vaine. Cette intégration – le sacré et le systémique – est ce qui donne à votre patrimoine son véritable élan.

Vivre cette nouvelle relation avec la richesse exige cependant *de la constance* . Pas de perfection. Pas de performance. Mais une participation quotidienne et consciente à votre propre épanouissement. Cela exige de se demander régulièrement: « Suis-je en phase avec ce à quoi j'accorde le plus de valeur? » « Cette décision financière reflète-t-elle la personne que je suis en train de devenir? » « Mon argent est-il orienté vers l'expansion ou la contraction, vers la peur ou vers la liberté? »

Prenons par exemple l'histoire de Ravi et Anya, deux éducateurs qui ont entamé ce parcours en se sentant coincés entre leurs salaires modestes et leurs rêves ambitieux. Ils avaient essayé toutes les applications de gestion budgétaire, tous les ateliers de manifestation, et se sentaient toujours pris dans des cycles de pénurie. Grâce à une réflexion financière consciente, ils ont réalisé que leur résistance émotionnelle à recevoir était liée à des récits d'enfance sur le sacrifice de soi et la culpabilité face à l'abondance. En s'engageant dans des pratiques d'incarnation,. de régulation du système nerveux et de stratégies de dépenses axées sur les valeurs, quelque chose a changé, non seulement dans leurs revenus, mais aussi dans leur *identité* . Ils ont commencé à proposer du mentorat rémunéré dans leurs domaines de passion, ont créé un fonds commun pour les microcrédits communautaires et ont restructuré leurs dépenses afin de privilégier la joie créative. En un an, ils ont doublé les revenus de leur foyer, non pas par la hâte, mais par l'harmonie. Leur argent a commencé à refléter qui ils étaient *au fond d'eux-mêmes* .

Voilà l'essence même de la nouvelle relation à la richesse: elle naît non pas d'une ambition alimentée par la rareté, mais d'une résonance spirituelle. Lorsque votre système nerveux se sent en sécurité, votre corps devient réceptif. Lorsque votre histoire est intégrée, votre énergie devient magnétique. Et lorsque votre argent est le prolongement de votre mission, il trouve sa place dans les lieux qui comptent.

Mais l'intégration n'est pas seulement intérieure. Elle est collective. L'ultime frontière de la conscience financière est *le service* . Lorsque vous commencez à comprendre que votre patrimoine s'inscrit dans un champ plus vaste d'énergie collective, vos choix prennent une nouvelle dimension. Vous passez de l'accumulation par ego à la distribution par impact. De l'héritage comme héritage à l'héritage comme *influence vivante* . Cela ne signifie pas s'effacer. Cela signifie se développer. Cela signifie reconnaître qu'en s'élevant, vous entraînez les autres avec vous, non par obligation, mais par choix.

Vous pouvez choisir d'encadrer de jeunes entrepreneurs, de lancer des entreprises éthiques, de soutenir l'agriculture régénératrice ou de financer des bourses d'études dans des communautés défavorisées. Vous pouvez instaurer des rituels familiaux qui enseignent à la prochaine génération non seulement comment gagner de l'argent, mais aussi comment *discerner*. Vous pouvez créer des structures d'investissement qui orientent l'argent vers l'innovation, la guérison et la justice. Ces choix ne nécessitent pas d'être millionnaire. Ils exigent une volonté *délibérée* . Passer d'une gestion passive à une gestion participative.

En effet, l'un des gestes les plus radicaux dans cette économie est de donner du sens à son argent. Avant un achat, prenez le temps de vous demander: « Est-ce cohérent? » Examinez votre portefeuille d'investissement et demandez-vous: « Reflète-t-il l'avenir auquel je crois? » Apprenez à vos enfants non pas que l'argent est mauvais ou rare, mais qu'il est *énergie* – et qu'avec l'énergie vient la responsabilité.

Cet état d'esprit vous protège également contre la régression vers des schémas anxieux. Lorsque des difficultés financières surviennent – et elles surviendront – vous n'êtes plus déstabilisé. Vous comprenez que votre valeur ne dépend pas de vos revenus. Que votre flow n'est pas de votre faute. Que chaque contraction invite à un rééquilibrage. Vous disposez d'outils: respiration, recadrage, exercices du système nerveux, rituels de gratitude. Vous n'êtes pas à la merci des circonstances extérieures. Vous participez activement à votre propre retour au flow.

De plus, cette nouvelle relation invite à *la joie* . Elle redonne du plaisir à l'acte de gagner, de donner, d'épargner et de dépenser. Elle laisse place à la célébration sans honte, à la générosité sans épuisement, à l'investissement sans appréhension. Elle vous autorise à vous épanouir – *et* à redéfinir ce que signifie s'épanouir.

Ainsi, alors que ce chapitre vous invite à relier le tout, il n'offre pas de conclusion. Il offre une *continuité* . Car l'évolution financière n'est pas une liste de contrôle. C'est un rythme. Une pulsation. Une pratique. Votre relation à la richesse continuera d'évoluer – à mesure que vous grandissez, que le monde change, que vos désirs s'affinent. L'important est de rester en phase. De revenir constamment au centre. De laisser l'argent être un miroir – non pas de qui vous étiez, mais de qui vous *devenez* .

Le monde a plus que jamais besoin d'êtres humains soucieux de leurs finances. De personnes capables de canaliser l'abondance sans arrogance, de gérer les ressources avec respect et d'incarner une forme de prospérité qui élève plutôt qu'elle n'extrait. Vous faites désormais partie de ce mouvement. Une révolution silencieuse du capital conscient, où l'argent n'est plus seulement un moyen, mais un *message* .

Laissez-le dire: Je suis éveillé. Je suis aligné. Je suis dans le flux. Et grâce à ce flux, j'élève tout ce que je touche.

À propos de l'auteur

Arman Lefevre est un stratège financier et un coach transformationnel qui aide chacun à combler le fossé entre richesse et bien-être. Grâce à une approche unique alliant éducation financière, coaching mental et alignement intuitif, Arman a guidé des milliers de personnes vers la prospérité et la paix. S'inspirant à la fois de l'économie moderne et des traditions de sagesse ancestrales, son ouvrage permet aux lecteurs de transformer leur relation à l'argent, d'une relation stressante à une relation durable. Ses écrits allient outils concrets et réflexions profondes, idéal pour ceux qui recherchent plus que de simples feuilles de calcul.

www.ingramcontent.com/pod-product-compliance
Lightning Source LLC
LaVergne TN
LVHW101415051026
849519LV00005BC/1762